Hisham Matar wuchs als Kind in Libyen auf, doch die Diktatur unter Gaddafi hat seine Familie früh zerstört. Er selbst lebt seit langem in England, sein Vater wurde in das berüchtigtste Gefängnis von Libyen verschleppt. In dem kurzen Zeitfenster nach Gaddafis Sturz und vor dem neuen Bürgerkrieg kehrt Hisham Matar in seine Heimat zurück, um endlich vor Ort nach seinem Vater zu suchen. Sein Buch ist ein bewegendes Dokument.

HISHAM MATAR, Sohn libyscher Eltern, wurde 1970 in New York City geboren, wuchs in Tripolis und, nach der Emigration der Familie, in Kairo auf. Seit 1986 lebt Hisham Matar in England. Er hat zwei international vielbeachtete Romane verfasst, »Im Land der Männer« und »Geschichte eines Verschwindens«, die mit zahlreichen Literaturpreisen ausgezeichnet wurden. Für seine Memoiren »Die Rückkehr. Auf der Suche nach meinem verlorenen Vater« erhielt Hisham Matar u. a. den Geschwister-Scholl-Preis, den PEN/Jean Stein Book Award, den Folio Prize und den Pulitzerpreis. Zuletzt erschien bei Luchterhand »Ein Monat in Siena«.

Hisham Matar

Die Rückkehr

Auf der Suche nach meinem verlorenen Vater

Aus dem Englischen
von Werner Löcher-Lawrence

btb

Inhalt

MONTENEGRO KOSOVO **BULGARIEN**

Rom
ITALIEN ALBANIEN MAZEDONIEN

TÜRKEI

• Ankara

GRIECHENLAND

• Athen

MALTA

MITTELMEER

Tripolis Al - Baida Derna
• Misrata Bengazi Tubruq Alexandria
Zliten **Kyrenaika** Gouvernement
al - Minufiyya • Kairo

Sirte
Brega

El Agheila Adschdabiya
(Konzentrationslager)

ÄGYPTEN

LIBYEN

ER **TSCHAD** **SUDAN**

1. Falltür

Früher Morgen, März 2012. In einer Lounge des Kairoer Flug-hafens saßen meine Mutter, meine Frau Diana und ich in einer auf den gefliesten Boden geschraubten Sitzreihe. Flug 835 nach Bengasi, verkündete eine Stimme, werde planmäßig starten. Von Zeit zu Zeit warf mir meine Mutter einen nervösen Blick zu. Auch Diana schien besorgt. Sie legte eine Hand auf meinen Arm und lächelte. Ich sollte aufstehen und mir die Beine ver-treten, sagte ich mir, doch mein Körper rührte sich nicht. Nie hatte ich mich zu größerer Reglosigkeit fähig gefühlt.

Das Terminal war fast leer. Uns gegenüber saß ein einzelner Mann. Er war etwa Mitte fünfzig, übergewichtig und wirkte er-schöpft. Etwas an der Art, wie er dasaß, die Hände im Schoß gefaltet und leicht nach links gebeugt, drückte Resignation aus. War er Ägypter oder Libyer? Wollte er dem Nachbarland ei-nen Besuch abstatten, oder kehrte er nach der Revolution nach Hause zurück? War er für oder gegen Gaddafi gewesen? Viel-leicht war es ja auch einer jener Unentschlossenen, die ihre Zweifel für sich behalten hatten.

Die Stimme informierte uns, dass das Flugzeug jetzt zum Einsteigen bereit sei. Ich stand ganz vorne in der Schlange, Diana neben mir. Mehr als einmal war ich mit ihr bereits in Nordkalifornien gewesen, wo sie geboren war. Ich kannte die Pflanzen dort, die Entfernungen und die Farbe des Lichts, mit der sie aufgewachsen war. Jetzt endlich fuhr ich mit ihr in mein

Land. Sie hatte die Hasselblad und die Leica dabei, ihre zwei Lieblingskameras, und hundert Filme. Diana arbeitet mit großer Genauigkeit. Wenn sie einmal etwas angefangen hat, verfolgt sie es bis zum Ende, was mich fasziniert, in diesem Moment aber auch besorgt machte. Ich will Libyen nicht noch mehr geben, als es mir bereits genommen hat.

Mutter ging an den Fensterscheiben auf und ab, durch die man hinaus auf die Rollbahn sehen konnte. Sie telefonierte. Mehr und mehr Leute, hauptsächlich Männer, strömten in das Terminal, und hinter Diana und mir hatte sich eine lange Schlange gebildet, die durch den Raum mäanderte. Ich gab vor, etwas vergessen zu haben, und zog Diana zur Seite. Nach all den Jahren zurückzukehren war keine gute Idee, dachte ich plötzlich. Meine Familie hatte Libyen 1979 verlassen, vor dreiunddreißig Jahren. Das war die Kluft, die den Mann vom damals achtjährigen Jungen trennte. Das Flugzeug würde sie überqueren, und so eine Reise barg zweifellos Gefahren. Sie konnte mir eine Fähigkeit rauben, an deren Erwerb ich hart gearbeitet hatte, die Fähigkeit, fern von Orten und Menschen zu leben, die ich liebe. Joseph Brodsky, Nabokov und Conrad, sie alle hatten recht gehabt. Diese Schriftsteller waren nie in ihre Heimat zurückgekehrt, sondern hatten versucht, jeder auf seine Weise, ohne sie auszukommen. Was du hinter dir zurücklässt, löst sich auf. Kehre zurück, und du siehst dich mit dem Verschwinden oder der Entstellung dessen konfrontiert, was du einmal geliebt hast. Aber Dmitri Schostakowitsch, Boris Pasternak und Nagib Machfus hatten ebenfalls recht: Verlasse deine Heimat nicht. Gehe, und die Verbindungen zu deinem Ursprung werden abgeschnitten. Du wirst zu einem toten Baum, hart und leer.

Was tust du, wenn du weder gehen noch zurückkehren kannst?

Im Jahr zuvor, im Oktober 2011, hatte ich mit dem Gedanken gespielt, niemals nach Libyen zurückzukehren. Ich war in New York, es war kalt und zugig, und ich wanderte den Broadway hinauf, als sich die Überlegung in meinem Kopf auszuformen begann. Sie hatte etwas Makelloses, eine Idee, die ohne mein Zutun entstanden war. Wie in jugendlichen Momenten der Trunkenheit fühlte ich mich mutig und unbesiegbar.

Ich war im Monat zuvor nach New York gekommen, das Barnard College hatte mich als Gastdozent zum Thema Exilliteratur und Entfremdung eingeladen. Aber es gab auch eine frühere Verbindung zur Stadt. Im Frühjahr 1970 waren meine Eltern nach Manhattan gezogen, als mein Vater zum ersten Sekretär der libyschen Vertretung bei den Vereinten Nationen ernannt worden war. Im Herbst dieses Jahres wurde ich geboren. Drei Jahre später, 1973, kehrten wir nach Tripolis zurück, und seitdem hatte ich New York vielleicht vier, fünf kurze Besuche abgestattet. So war es zwar meine Geburtsstadt, aber dennoch ein Ort, den ich kaum kannte.

In den vielen Jahren seit unserer Flucht aus Libyen haben meine Familie und ich Beziehungen zu verschiedenen Ersatzstädten aufgebaut: Nairobi war die erste Station 1979, und wir sind seither oft dort gewesen. Kairo wurde im Jahr darauf zur Heimstatt unseres neuen Lebens im Exil, auf unbestimmte Zeit. Rom war immer ein Urlaubsziel; mit fünfzehn ging ich zur weiteren Ausbildung nach London und habe dort über neunundzwanzig Jahre lang hartnäckig versucht, mir ein Leben aufzubauen. In meinen frühen Dreißigern zog ich nach Paris, ich hatte London über, die Stadt verdross mich, und ich schwor mir, nie nach England zurückzukehren, nur um zwei Jahre später doch wieder dort zu landen. Aber wo ich auch war, hatte ich mir immer vorgestellt, eines Tages ruhig und in Frieden auf jener fernen Insel zu leben, auf der ich geboren wurde, Manhattan. Ich malte mir aus, wie mir ein neuer Bekannter vielleicht auf einer Dinnerparty, in einem Café oder der Umkleide eines Schwimmbads die alte, ermüdende Frage stellte: »Wo kommst du her?« und ich, unbeeindruckt und frei von aller Unruhe, beiläufig antwortete: »Aus New York.« In meinen Phantasien gefiel es mir, dass diese Aussage gleichermaßen wahr und falsch war, wie bei einem Zaubertrick.

Dass ich in meinem vierzigsten Lebensjahr, als sich Libyen selbst zerriss, nach Manhattan zog, und das am 1. September, dem Tag, da 1969 ein junger Hauptmann namens Muammar al-Gaddafi König Idris absetzte und viele mein Leben bestimmende Dinge ihren Ursprung genommen hatten – wo ich lebe, in welcher Sprache ich schreibe und auch diese Gedanken jetzt formuliere –, das alles machte es schwer, die Vorstellung zu ignorieren, dass da eine Art göttlicher Wille am Werk war.

In jeder politischen Geschichte Libyens bilden die 1980er Jahre ein besonders entsetzliches Kapitel. Regimegegner wurden auf öffentlichen Plätzen und in Sportarenen aufgehängt, aus dem Land geflohene Dissidenten verfolgt und einige von ihnen entführt oder umgebracht. Es gab aber auch den ersten bewaffneten, entschlossenen Widerstand gegen die Gewaltherrschaft. Mein Vater war eine der prominentesten Figuren der Opposition. Die Organisation, der er angehörte, hatte ein Ausbildungslager im Tschad, südlich der libyschen Grenze, sowie mehrere Untergrundzellen im Land selbst. Vaters Armeelaufbahn, seine kurze Amtszeit als Diplomat und das private Vermögen, das er als erfolgreicher Geschäftsmann in den 1970er Jahren hatte ansammeln können, indem er so verschiedene Dinge wie Mitsubishi-Automobile und Converse-Schuhe importierte, machten ihn zu einem gefährlichen Feind. Der Staat hatte versucht, ihn zu kaufen, hatte versucht, ihn einzuschüchtern. Ich weiß noch, wie ich eines Nachmittags, da war ich zehn, elf Jahre alt, neben ihm in unserer Wohnung in Kairo saß und das Gewicht seines Arms auf meinen Schultern spürte. Im Sessel uns gegenüber saß einer der Männer, die ich »Onkel« nannte, Männer, die, wie ich irgendwie wusste, seine Verbündeten oder Anhänger waren. Das Wort »Kompromiss« fiel, und Vater sagte: »Ich verhandle nicht. Nicht mit Kriminellen.«

Wann immer wir in Europa waren, trug er eine Waffe bei sich. Bevor wir ins Auto stiegen, mussten wir in sicherer Entfernung warten, während er auf die Knie ging und unter den Wagen sah, die Hände ans Fenster legte, hineinspähte und nach einer möglichen Verdrahtung suchte. Männer wie er waren in Bahnhöfen und Cafés erschossen oder mit dem Auto in die Luft gesprengt worden. Während der 80er Jahre, als ich noch in Kairo lebte, hatte ich in der Zeitung vom Tod eines renommierten libyschen Wirtschaftswissenschaftlers gelesen. Er war im Hauptbahnhof in Rom aus dem Zug gestiegen, ein Fremder hatte ihm eine Pistole an die Brust gehalten und abgedrückt. Das Foto neben dem Artikel zeigte den Toten von Zeitungen bedeckt, wahrscheinlich vom Tag des Attentats, nur die polierten Lederschuhe sahen darunter hervor. Ein andermal war es ein Bericht über einen in Griechenland erschossenen libyschen Studenten, der in einem Athener Straßencafé auf dem Monastiraki-Platz gesessen hatte, als ein Motorroller neben ihm hielt und der Mann hinter dem Fahrer eine Pistole zog und ihn mit mehreren Schüssen tötete. In London wurde ein libyscher Nachrichtensprecher des BBC World Service ermordet, und im April 1984 kam es zu einer Demonstration vor der libyschen Botschaft am Londoner St. James's Square. Ein

Botschaftsmitarbeiter schob ein Fenster im ersten Stock hoch und feuerte mit einer Maschinenpistole in die Menge. Eine Polizistin, Yvonne Fletcher, wurde getötet, elf libysche Demonstranten erlitten zum Teil lebensgefährliche Verletzungen.

Gaddafis Verfolgung exilierter Regimekritiker, die vom späteren Chef des Auslandsgeheimdienstes Mussa Kussa auf einer öffentlichen Kundgebung Anfang der 8oer Jahre publik gemacht wurde, bezog auch die Familien der Dissidenten mit ein. Mein einziger Bruder Ziad war fünfzehn, als er ins Internat in die Schweiz kam, kehrte aber schon einige Wochen später, mitten im Halbjahr, nach Kairo zurück. Wir holten ihn vom Flugplatz ab, und als er zwischen den Leuten im Ankunftsbereich auftauchte, sah er weit blasser aus, als ich ihn in Erinnerung hatte. Ein paar Tage zuvor hatte ich Mutter einige Telefonanrufe machen sehen, mit zitternden Händen hatte sie die Nummern gewählt.

Die Schweizer Schule lag abgeschieden hoch in den Alpen. Die einzige öffentliche Verkehrsverbindung zum nächsten Dorf bestand in einer Seilbahn, die nur tagsüber ein paar Stunden in Betrieb war. Zwei Tage hintereinander sah Ziad einen Wagen vor dem Haupttor der Schule stehen. Drinnen saßen vier Männer, alle langhaarig, was typisch war für die Leute von Gaddafis Revolutionskomitees. Spätabends wurde Ziad dann ans Telefon im Schulbüro gerufen, und die männliche Stimme am anderen Ende sagte: »Ich bin ein Freund deines Vaters. Du musst genau tun, was ich dir sage: Verlasse sofort die Schule und nimm den ersten Zug nach Basel.«

»Warum? Was ist passiert?«, fragte Ziad.

»Das kann ich dir jetzt nicht sagen. Du musst dich beeilen. Nimm den ersten Zug nach Basel. Ich erwarte dich dort, und dann erkläre ich dir alles.«

»Aber es ist mitten in der Nacht«, sagte Ziad.

Der Mann gab keine weiteren Erklärungen, sondern wiederholte nur wieder: »Nimm den ersten Zug nach Basel.«

»Das geht nicht. Ich weiß ja nicht mal, wer Sie sind. Bitte rufen Sie nicht wieder an«, sagte Ziad und legte auf.

Der Mann rief daraufhin Mutter an, die in der Schule anrief. Auch sie sagte Ziad, er müsse die Schule sofort verlassen, und erklärte ihm, was genau er zu tun habe.

Ziad weckte seinen Lieblingslehrer, einen jungen Cambridge-Absolventen, der wahrscheinlich gedacht hatte, es müsse toll sein, in den Alpen Literatur zu unterrichten und zwischendurch Ski zu fahren.

»Sir, mein Vater muss operiert werden, und er möchte mich vorher noch sehen. Ich muss mit dem ersten Zug nach Basel. Würden Sie mich bitte zum Bahnhof fahren?«

Der Lehrer rief meine Mutter an, und sie bestätigte Ziads Geschichte. Der Rektor musste geweckt werden. Auch er rief meine Mutter an, und als sie ihm alles bestätigt hatte, checkte Ziads Lehrer den Zugfahrplan. Der nächste Zug nach Basel ging in vierzig Minuten. Wenn sie sich beeilten, konnten sie ihn noch erreichen.

Sie mussten an dem Wagen vorbei, es gab keinen anderen Weg. Ziad beugte sich vor und nestelte an einem Schuhriemen, als sie an den Männern vorbeikamen. Der Lehrer fuhr vorsichtig die sich ins Tal windende Straße hinunter. Nach ein paar Minuten tauchten Scheinwerfer hinter ihnen auf, und der Lehrer sagte: »Ich glaube, die folgen uns.« Ziad tat so, als hätte er nichts gehört.

Am Bahnhof angekommen, schoss Ziad ins Innere und versteckte sich auf der Toilette. Er hörte den Zug einfahren, wartete, bis er vollständig zum Halten gekommen war, gab ein paar Sekunden dazu, damit die Zuggäste aus- und einsteigen konnten, rannte dann los und sprang noch mit auf. Die Türen schlossen sich, der Zug fuhr ab. Ziad war sicher, dass er seine Verfolger abgehängt hatte, doch dann kamen die vier Männer den Gang herunter. Sie sahen ihn, und einer lächelte ihm zu. Sie folgten ihm von einem Waggon zum anderen und murmelten: »Junge, glaubst du, du bist ein Mann? Dann komm und zeig es uns.« Ganz vorne im Zug stand der Schaffner und schwatzte mit dem Lokführer.

»Diese Männer verfolgen mich«, sagte Ziad zu ihm, und zweifellos bebte seine Stimme vor Angst, denn der Schaffner glaubte ihm sofort und sagte, er solle sich neben ihn setzen. Die Männer zogen sich in den nächsten Wagen zurück. Als der Zug in Basel ankam, sah Ziad auf dem Bahnsteig Männer in Uniform stehen. Bei ihnen war der Partner meines Vaters, der in der Schule angerufen hatte.

Ich weiß noch, wie Ziad uns das alles am Esstisch erzählte. Ich war völlig überwältigt, und ein Gefühl von Sicherheit und Dankbarkeit erfüllte mich, aber auch eine neue Angst, die scharf in meinem Inneren pulsierte. Anzusehen war sie mir nicht. Während Ziad erzählte, tat ich so, als faszinierte mich sein Abenteuer, später am Abend jedoch war ich niedergeschlagen, und die Sache ging mir nicht mehr aus dem Kopf. Ich musste immer wieder daran denken, was die Männer gesagt hatten. Ziad hatte es uns mehrere Male vorgeflüstert, wobei er den drohenden Ton und den Tripoliser Akzent perfekt traf: »Junge, glaubst du, du bist ein Mann? Dann komm und zeig es uns.«

Kurz darauf musste ich zu einem Augenspezialisten. Mutter setzte mich in ein Flugzeug, und ich flog allein, obwohl ich erst zwölf war, von Kairo nach Genf, wo mich mein Vater abholen sollte. Wir telefonierten noch einmal, bevor es zum Flughafen ging.

»Wenn du mich aus irgendeinem Grund nach der Ankunft nicht sehen solltest, geh zur Information und sag ihnen, sie sollen diesen Namen ausrufen«, sagte er und las mir einen der Namen vor, unter denen er reiste. Ich kannte ihn gut. »Was immer du tust«, wiederholte er, »gib ihnen nicht meinen richtigen Namen.«

Ich kam in Genf an, sah ihn nicht und ging zur Information, um zu tun, was er gesagt hatte. Als mich die Frau hinter der Theke nach dem Namen fragte, geriet ich jedoch in Panik. Ich konnte mich nicht daran erinnern. Als sie sah, wie durcheinander ich war, lächelte sie und gab mir das Mikrofon: »Magst du ihn selbst ausrufen?« Ich nahm das Mikrofon und sagte mehrmals: »Vater, Vater«, bis ich ihn mit breitem Lächeln auf mich zulaufen sah. Es war mir peinlich, und ich weiß noch, wie ich ihn auf dem Weg aus dem Flughafen fragte: »Warum durfte ich nicht deinen richtigen Namen sagen? Wovor hast du denn Angst?« Wir liefen durch das Gedränge und kamen dabei an zwei Männern vorbei, die Arabisch sprachen, mit einem perfekten libyschen Akzent. Wenn ich damals unseren Dialekt hörte, durchfuhr mich jedes Mal eine wilde Angst. »Wie sieht dieser Jaballa Matar eigentlich aus?«, fragte der eine den anderen. Ich verstummte und beschwerte mich anschließend nie wieder über die komplizierten Reisevorkehrungen meines Vaters.

Es kam für ihn nicht in Frage, mit seinem richtigen Pass zu reisen. Er benutzte falsche Dokumente mit Pseudonymen. In Ägypten fühlten wir uns sicher. Aber im März 1990 wurde Vater vom ägyptischen Geheimdienst aus unserer Kairoer Wohnung entführt und an Gaddafi ausgeliefert. Er kam ins Gefängnis Abu Salim in Tripolis, das als »Endstation« bekannt war: Dorthin schickte das Regime all diejenigen, die es vergessen wollte.

Mitte der 1990er riskierten einige Leute ihr Leben, um drei Briefe meines Vaters zu uns, seiner Familie, zu schmuggeln. In einem von ihnen schreibt er: »*Die Grausamkeit dieses Ortes übertrifft bei weitem alles, was wir über die Gefängnisfestung der Bastille gelesen haben. Alles ist von Grausamkeit durchsetzt, doch ich bin und bleibe stärker als ihre Unterdrückungstaktiken … Mein Kopf weiß nicht, wie man sich beugt.*«

In einem anderen Brief steht dieser Satz: »*Manchmal verstreicht ein ganzes Jahr, ohne dass ich die Sonne sehe oder aus dieser Zelle gelassen werde.*«

In ruhiger, genauer und mitunter ironischer Sprache demonstriert er ein erstaunliches Bemühen um Geduld:

Und jetzt eine Beschreibung dieses noblen Palastes … Die Zelle ist ein Betonkasten. Die Wände sind aus vorgefertigten Teilen zusammengesetzt. Es gibt eine Stahltür, durch die keine Luft dringt, und etwa dreieinhalb Meter über dem Boden ein Fenster. Das Mobiliar folgt ganz dem Stil Ludwigs XVI.: eine alte Matratze, von meinen zahlreichen Vorgängern durchgelegen und an vielen Stellen aufgerissen. Die Welt hier ist leer.

Durch diese Briefe und die Aussagen von Gefangenen, die ich mithilfe von Amnesty International, Human Rights Watch und der Schweizer NGO TRIAL bekommen habe, wissen wir, dass mein Vater wenigstens von März 1990 bis April 1996 in Abu Salim war, worauf er aus seiner Zelle geholt und in einen anderen, geheimen Teil des Gefängnisses oder in ein anderes Gefängnis verlegt oder hingerichtet wurde.

Ende August 2011 fiel Tripolis, und die Revolutionäre brachten Abu Salim unter ihre Kontrolle. Sie brachen die Zellentüren auf, und endlich konnten die in die Betonkästen gepferchten Männer hinaus in die Sonne. Ich saß zu Hause in London und verbrachte den Tag am Telefon mit einem der Männer, die da auf die Stahltüren einhämmerten. »Moment, Moment«, rief er, und ich hörte, wie sein Vorschlaghammer auf Metall traf. Es klang nicht wie eine im Freien hängende Glocke, sondern wie eine, die tief in der Erde begraben war, eine ferne Erinnerung: *Ich will da sein, und ich will nicht da sein.* Zahllose Stimmen riefen durcheinander: »Gott ist groß!« Er überließ den Hammer einem anderen Mann, und ich hörte ihn keuchen, jeder Atemzug voll des Sieges und der Entschlossenheit. *Ich will da sein, und ich will nicht da sein.* Sie kamen zu einer Zelle im Keller, der letzten noch verbliebenen. Wieder Geschrei, die Leute wetteiferten darum, selbst Hand anzulegen. Mein Mann rief: »Was? Da drin?« Durcheinander. Dann rief er: »Bist du sicher?«, kam zurück ans Telefon und sagte, in der Zelle sei eine wichtige Person aus Adschdabiya, der Heimatstadt meines Vaters, seit vielen Jahren schon sitze er da in Einzelhaft. Ich konnte nicht sprechen. *Ich will da sein, und ich will da sein.* »Bleib dran«, sagte der Mann am Telefon, er wiederholte es alle paar Sekunden: »Bleib dran.« Ob es zehn Minuten dauerte oder eine Stunde, kann ich nicht sagen. Als sie die Tür endlich aufbekamen, fanden sie einen alten, blinden Mann in einem fensterlosen Raum. Seine Haut hatte seit Jahren keine Sonne gesehen. Sie fragten ihn nach seinem Namen, er konnte ihn nicht nennen. Aus welcher Familie stammte er? Er wusste es nicht. Wie lange war er schon hier? Er hatte offenbar sein Gedächtnis verloren, aber er besaß etwas: ein Foto meines Vaters. Warum? Was hatte er mit Vater zu tun? Der Gefangene wusste es nicht. Obwohl er sich an nichts erinnern konnte, war er glücklich, frei zu sein. Das war das Wort, das der Mann am Telefon gebrauchte: »glücklich«. Ich wollte nach dem Foto fragen. War es ein neues oder ein altes? Hing es an der Wand, hatte der Mann es unter seinem Kissen versteckt, oder lag es neben seinem Bett? Gab es ein Bett? Hatte der Gefangene ein Bett? Ich stellte keine dieser Fragen, und als der Mann sagte: »Es tut mir leid«, dankte ich ihm und legte auf.

Bis Oktober, während ich mich auf meinen Unterricht in New York zu konzentrieren versuchte, hatten die Revolutionäre auch die übrigen politischen Gefängnisse gestürmt, eines nach dem anderen, jeden einzelnen geheimen unterirdischen Raum. Zellen wurden geöffnet, Männer befreit und ihre Namen veröffentlicht. Vater war nicht unter ihnen. Zum ersten Mal ließ sich die Wahrheit nicht mehr verleugnen. Es war klar, dass er erschossen, gehängt, verhungert oder zu Tode gefoltert worden war. Niemand weiß, wann, und die es wussten oder wissen, sind tot oder geflohen, haben zu große Angst zu reden, oder es interessiert sie nicht. War es im sechsten Jahr seiner Gefangenschaft, als seine Briefe aufhörten? War es bei dem Massaker in jenem Jahr in Abu Salim, als 1270 Gefangene zusammengetrieben und erschossen wurden? Oder ist er einsam und allein umgekommen, vielleicht im siebten, achten oder neunten Jahr? Oder erst im einundzwanzigsten, als die Revolution ausbrach? Vielleicht während eines der vielen Interviews, in denen ich das Regime anklagte? Aber vielleicht war Vater ja gar nicht tot, wie Ziad auch weiterhin glaubte, selbst nachdem alle Gefängnisse geöffnet worden waren. Vielleicht war er in Freiheit, wie mein Bruder hoffte, und fand wegen eines Gedächtnisverlusts, weil er nicht mehr sehen, sprechen oder hören konnte, nicht zurück zu uns und irrte wie Gloucester in *König Lear* umher. *»Gebt mir die Hand: Ihr seid nur einen Fuß / Vom letzten Rand«*, sagt Edgar zu seinem blinden Vater, der beschlossen hat, sein Leben zu beenden. Seine Worte wollen mir seit fünfundzwanzig Jahren nicht aus dem Kopf.

Es muss die Geschichte von dem Gefangenen sein, der sein Gedächtnis verloren hatte, die Ziad glauben ließ, dass Vater vielleicht doch noch lebte. Ein paar Tage nach meiner Ankunft in New York rief er an und bat mich, jemanden zu suchen, der ein Bild von Vater produzieren konnte, wie er heute aussähe; er wollte, dass wir es überall im Land verteilten und online stellten. »Vielleicht erkennt ihn jemand«, sagte er. Ich sprach mit einer forensischen Künstlerin in Kanada, die so viele Fotos von ihm, seinen Geschwistern und meinem Großvater wie nur möglich wollte. Nachdem ich sie damit versorgt hatte, rief sie an und stellte eine Reihe Fragen über die Umstände, die er im Gefängnis hatte ertragen müssen: Was hatte er zu essen bekommen, wie groß war die Wahrscheinlichkeit von Folter und Krankheit? Zehn Tage später kam die Zeichnung, Vater mit unbarmherzig herunterhängenden Wangen, tief in den Schädel eingesunkenen Augen, und die schwache Narbe auf der Stirn war stark hervorgehoben. Das Schlimmste an der Zeichnung war ihre Glaubwürdigkeit. Ich fragte mich, was sich sonst noch verändert haben konnte. Was war zum Beispiel aus seinen Zähnen geworden, die Dr. Mazzoleni in Rom einmal jährlich überprüft hatte? Wir alle waren zu dem italienischen Zahnarzt gegangen und insgeheim stolz gewesen, wenn er wieder einmal sagte: »Sie sollten Libyen und seinen Mineralien für Ihre ausgezeichneten Zähne dankbar sein.« Und was war mit seiner Zunge und ihrer ganz eigenen Art, meinen Namen zu modellieren, was mit der die Lautstärke bestimmenden Kehle und den übrigen Teilen des Resonanzkörpers, dem Kopf mit seinen Nasenlöchern und anderen Höhlungen, dem Gewicht von Knochen, Fleisch und Hirn – all dem, was den Klang seiner sanften Stimme geformt hatte? Wie würde sich seine neue, ältere Stimme anhören? Ich schickte Ziad das Bild nicht, und nach einer Weile hörte er auf, danach zu fragen. Erst bei unserem nächsten Treffen zeigte ich es ihm, und er sah es an und sagte: »Das ist er nicht wirklich.« Ich stimmte ihm zu und steckte es zurück in den Umschlag. »Zeig es Mutter nicht«, fügte er noch hinzu.

An jenem kalten Oktoberabend in New York begann ich sowohl an meiner Fähigkeit zu zweifeln, nach Libyen zurückzukehren, als auch an meinem Willen, es nicht zu tun. Ich ging zurück in unsere Wohnung auf der Upper West Side und sagte Diana nichts von dem »makellosen« Gedanken, der mir auf dem Broadway gekommen war. Wir aßen zu Abend, anschließend sammelte ich die Teller ein und spülte sie langsam. Danach hörten wir Musik und machten einen Spaziergang durch die dunklen Straßen. In der Nacht schlief ich kaum. Aber mir wurde Folgendes klar: Nie nach Libyen zurückzukehren bedeutete, mir nie mehr zu erlauben, darüber nachzudenken, was letztlich auch eine Form von Widerstand war, und von Widerstand hatte ich genug.

Ich verließ das Haus bei Tagesanbruch und war froh über New Yorks Gleichgültigkeit. Wie ein Waisenkind seine Mutter sehen mag, die es auf den Stufen einer Moschee zurückgelassen hat, hatte ich immer Manhattan betrachtet. Es bedeutete mir nichts und doch alles. In Augenblicken der Verzweiflung stand es für die Möglichkeit, mich am Ende aus dem Exil zu mogeln. Meine Beine waren schwer. Mir wurde bewusst, wie alt ich geworden war, aber auch, dass sich da immer noch etwas Jungenhaftes in mir rührte, als hätte, als wir Libyen verließen, ein Teil von mir aufgehört, sich weiterzuentwickeln. Ich war so, wie David Malouf sich Ovid in seiner Verbannung vorstellte: durch das Exil infantilisiert. Ich ging zu meinem Büro im College, um mich in meine Arbeit zu versenken, und dachte unterwegs über meine Vorlesung am Nachmittag nach, die sich mit Kafkas *Prozess* beschäftigen würde. Ich dachte an Ks Güte gegenüber den beiden Männern, die kamen, um ihn hinzurichten, seine finstere, heroische Kapitulation und das, was er sich sagte: »... das einzige, was ich jetzt tun kann, ist, bis zum Ende den ruhig einteilenden Verstand behalten«, und die verbessernde, bedauernde Entdeckung: »Ich wollte immer mit zwanzig Händen in die Welt hineinfahren ...« Es war gut, sagte ich mir, dass ich über meine Vorlesung nachdenken konnte. Ich ging über einen Gitterrost im Bürgersteig. Darunter war ein Raum, kaum hoch genug, um darin stehen zu können, und ganz sicher nicht breit genug, um sich hinzulegen. Ein tiefer, grauer Kasten im Boden. Ich hatte keine Ahnung, wozu er diente. Ohne zu wissen, wie es geschah, fand ich mich auf den Knien wieder und spähte hinein, aber so sehr ich mich auch bemühte, ich konnte keine Falltür entdecken, kein Rohr oder etwas, das hinausführte. Es überkam mich unversehens. Ich weinte und konnte mich dabei hören.

2. Schwarzer Anzug

1980 lebte meine Familie in Ägypten, und ich saß als Kind oft über dem Atlas und versuchte auszurechnen, wie viele Kilometer es von unserer Wohnung bis zur Grenze waren. Jedes Jahr sollte Gaddafi sterben oder gezwungen sein, das Land zu verlassen. Jedes Jahr sollten wir nach Hause zurückkehren. 1985, nicht lange nach Ziads nur knapp gelungener Flucht aus der Schweiz, bat ich darum, in ein Internat in Europa gehen zu dürfen. Ich entschied mich für England, aber nach dem, was Ziad passiert war, würde ich unter einem anderen Namen gehen müssen. Wir mochten die Musik von Bob Marley und Bob Dylan, und so schlug Ziad vor, ich solle mich Bob nennen. Ich sollte so tun, als wäre ich Christ, der Sohn einer Ägypterin und eines Amerikaners. 1986 flog ich nach England und lebte zwei Jahre mit meiner neuen Identität. Zu Anfang kam es mir überraschend einfach vor. Es gefiel mir sogar, so zu tun, als wäre ich ein anderer.

Es gab da ein Mädchen, das ich mochte. Ihre Haut hatte die Farbe von festem Honig, ihre Augen waren groß und schimmerten wie poliertes Holz. Sie war eine Leseratte. Alle paar Tage sah ich sie mit einem anderen Buch in der Bibliothek. Ihre Selbstsicherheit hatte etwas Geheimnisvolles, und die Wärme, die sie ausstrahlte, da war ich sicher, zeugte von einem gefestigten Leben. Ich stellte mir vor, wie die Worte klingen mochten, die aus ihrer Kehle kamen, traute mich aber nie, sie anzusprechen, und da sie in keinem meiner Kurse war, hörte ich ihre Stimme erst beim Frühlingsfest. Sie kam quer durch den Raum und fragte mich zu meiner grenzenlosen Überraschung, ob ich mit ihr tanzen wolle. Wir tanzten ein paar Lieder lang und standen anschließend nebeneinander an der Wand. Als es so weit war, dass wir Jungen mit dem Bus zurückgebracht wurden, begleitete sie mich den langen Weg zur Straße hinunter. In der Hecke zirpten die Grillen, das einzige Licht kam von einer fernen Laterne. Wir blieben stehen. Sie legte ihren Mund auf meine Wange und ließ ihn lange dort. Ich erinnere mich noch an das zarte Glühen ihrer Lippen. Ich konnte vor Glück kaum schlafen. Aber dann am nächsten Morgen, als sie zu mir gelaufen kam, in der Schlange vorm Speisesaal, reagierte ich abweisend und sagte kein Wort. Ich konnte mir nicht vorstellen, einen Mund zu küssen, der noch nie meinen wirklichen Namen ausgesprochen hatte. Ihr Gesichtsausdruck, verblüfft, sich betrogen fühlend, steht mir heute noch vor Augen.

Das Jahr verging, ich war den Sommer über zu Hause, aß Mutters Essen und hörte meinen Namen und seine verschiedenen Kurzformen, laut und deutlich ausgesprochen, zu Hause wie in der Öffentlichkeit. Wie hatte ich das Arabische vermisst, die Sprache und alles andere: die Gesten, die Verhaltensweisen und die Musik! Als der Tag der Abreise näher kam, schwand meine Ausgelassenheit. Meine Eltern merkten es, und eines Nachmittags kam mein Vater zu mir ins Zimmer. »Ich hoffe, du weißt, dass du deine Meinung jederzeit ändern kannst«, sagte er sanft. Aber nachdem ich so sehr darum gekämpft hatte, ins Ausland zu dürfen, hatte ich das Gefühl, durchhalten zu müssen.

Bei meiner Ankunft in der Schule kam einer meiner Freunde und erzählte mir von einem neuen Jungen.

»Er ist Araber«, sagte er, »und er heißt Hamza.«

»Weißt du, woher er kommt?«, fragte ich.

»Libyen, glaube ich, oder war es der Libanon?«

Ich ging den Namen nachsehen. Er war eindeutig libysch. Sein Vater arbeitete für die Regierung, und ich zweifelte nicht daran, wenn er meinen wirklichen Familiennamen herausbekam, würde er ihn erkennen. Mittlerweile war Vater einer der bekanntesten Führer der Opposition. Als Hamza und ich uns sahen, streckte er die Hand aus und begrüßte mich auf Arabisch: »*Marhaba.*« Er lächelte auf eine Weise, die mir bald schon vertraut sein würde. Wir wurden sofort Freunde. Wir mochten die gleiche Musik, und wenn wir mittwochnachmittags frei hatten und die meisten anderen Jungen in den Pub gingen, suchten er und ich nach einem guten Restaurant. Einmal sagte er, er liebe mich wie einen Bruder. Ich erwiderte, mir gehe es genauso.

Hamza sprach kaum von Libyen. Ich war seit acht Jahren nicht dort gewesen und wünschte mir, ihn danach fragen zu können. Einmal, bei einer Gruppenwanderung durch den Wald, begann ich geistesabwesend ein libysches Volkslied zu summen. Er hörte es. »Der beste Freund meines Bruders ist Libyer«, sagte ich. »Er hat uns mal zu einer Hochzeit eingeladen. Das war irre. Und er bringt immer Musikkassetten mit. Kennst du die Melodie? Wie heißt das Lied? Wie geht der Text?«

Etwa zu der Zeit begann mich mein Betreuer, die einzige Person neben dem Rektor, die von meiner wahren Identität wusste, zu sich nach Hause einzuladen. Er war Waliser, sah aus wie Ted Hughes und war, genau wie der Dichter, ein passionierter Fischer. Er roch immer nach Zigarre. Manchmal klopfte er abends, wenn gerade das Licht ausgemacht worden war, an meine Tür und flüsterte: »Robert, Telefon.« Dann folgte ich ihm nach unten in seine Wohnung, wo er mit seiner Frau, ihren vier Kindern und zwei Hunden lebte. Wir setzten uns an den Küchentisch, er schenkte mir ein kleines Glas Rotwein ein, und seine Frau briet mir ein Ei. Er nannte mich nie bei meinem richtigen Namen, und doch gab er mir hin und wieder die Möglichkeit zu sein, wer ich wirklich war.

Diese besondere Sache, wenn aus einer Freundschaft so etwas wie eine Zuflucht wird, entstand zwischen Hamza und mir. Das Jahr endete, was hieß, dass jeder seinen eigenen Weg gehen würde, und ich fragte mich, wie unsere in der Schule so hermetisch abgeschottete Verbindung außerhalb weiterbestehen sollte. Insgeheim war ich erleichtert, als er einen Studienplatz in Cardiff bekam. Ich würde nach London gehen. Zum Abschied trafen wir uns, Hamza und ich, mit anderen Schülern im Pub eines nahen Dorfes. Es war ein ausgelassener Abend voller Versprechungen, dass wir auf ewig in Kontakt bleiben würden. Mehr als einmal sah ich in die Gesichter und hörte das Wort »unmöglich« in meinem Kopf. Wie sollte ich diese Menschen je wiedersehen, sogar die mir liebsten unter ihnen? Ich beschloss zu gehen, wollte aber noch zur Toilette, bevor ich mich zum Bahnhof aufmachte. Hamza folgte mir. Ich erinnere mich an unsere Gesichter nebeneinander im Spiegel, als wir uns die Hände wuschen. Wir umarmten uns. »Mann«, sagte er. »Ich werde dich vermissen.« Ich erinnere mich an die Form seines Ohrs, auf das sich mein Blick konzentrierte. Es war, als sagte ich die Worte gegen meinen Willen.

»Hamza, ich bin Libyer. Ich heiße Hisham Matar. Ich bin der Sohn von Jaballa Matar.«

Er ließ nicht los, doch ich fühlte, wie sich sein Körper versteifte.

»Es tut mir leid«, sagte ich, ohne sicher zu sein, wofür ich mich da entschuldigte.

Als wir uns ansahen, flossen Tränen über unsere Gesichter. Wir umarmten uns noch einmal, gingen zurück an die Theke und tranken weiter. Alle blieben, bis der Pub zumachte, und keiner von uns beiden sagte etwas zu den anderen. Er sagte kein einziges Mal »Hisham«.

Er bestand darauf, beim Leben seines Vaters, wie er schwor, ein Taxi zu zahlen, das mich zurück nach London brachte. Unterwegs musste ich den Fahrer bitten anzuhalten. Ich übergab mich neben die Autobahn.

Jahre später ging ich mit Diana die Marylebone Road hinauf und sah ihn uns entgegenkommen. Er hatte mich eindeutig zuerst gesehen, denn da war das Lächeln wieder auf seinem Gesicht. Wir schüttelten uns die Hände und umarmten uns. Ich stellte ihm Diana vor, und er zeigte jene stolze Schüchternheit, die enge Freunde empfinden, wenn sie deine Liebste zum ersten Mal treffen. Wir suchten in unseren Taschen nach Zetteln und schrieben unsere Telefonnummern auf, aber schon währenddessen war ich mir sicher, wir wussten beide, dass weder er noch ich anrufen würde.

Mir ist immer noch nicht ganz klar, warum mein fünfzehnjähriges Ich, das in einer liebenden, offenen Familie lebte, Ägypten verlassen wollte, die Pferde, das Rote Meer und das Mittelmeer, die Freunde, Thunder, den deutschen Schäferhund, den ich eigenhändig fütterte und der alles andere als ein wilder Donner war, und, vielleicht am bedeutendsten, warum ich sogar meinen Namen hinter mir lassen und dreitausendfünfhundert Kilometer nach Norden fliegen wollte, um mit vierzig englischen Schuljungen in einem großen, ungeheizten, steinernen Haus inmitten durchnässter Felder und unter einem so gut wie nie aufreißenden Himmel zu leben, wo ich Robert hieß und nur manchmal Bob.

Etwa fünf Jahre zuvor, mit zehn, hatte ich mich in die Landschaft verliebt. Wir waren in London, und als wir hörten, dass ein Cousin in einem Internat in Somerset war, oder war es Dorset?, Devon?, beschlossen wir, mit dem Zug von Paddington in Richtung Westen zu fahren. Ich erinnere mich noch an den Bahnhof und wie der Waggon leichter zu werden schien, als wir die Enge und Dichte der Hauptstadt hinter uns ließen. Es war unmöglich, nicht aus dem Fenster zu sehen. Die dicken grünen Hecken kamen näher und verschwanden. Wasser floss in Flüssen und Bachen, verweilte in Tropfen auf Blättern und machte die Luft beißend und feucht. Wir verließen den Zug und fuhren mit dem Auto weiter, zwischen hoch neben der Straße aufwachsenden Hecken hindurch. Je länger wir unterwegs waren, desto enger und tiefer wurden die Wege, als wollte die Erde uns in sich aufnehmen. Das Licht veränderte sich nicht. Die Abwechslung lag in den dicht verschränkten Wolken, die Bäuche blass, die Ränder einen Ton dunkler. Das alles erweckte in mir den Eindruck – und es war, wie ich heute sehe, ein merkwürdiger Gedanke für einen Zehnjährigen –, wenn ich hier etwas ablegen würde, etwas von persönlichem Wert für mich, das für niemanden sonst von Wert war und deshalb leicht Schaden nehmen konnte, würde es keiner anrühren. Und später könnte ich zurückkommen und würde es genau da finden, wo ich es zurückgelassen hatte.

Das konnte jedoch nicht der alleinige Grund für die seltsame Entscheidung sein, in ein englisches Internat zu wollen. Schließlich hatte ich die Wahl, ich hätte auch in die Schweiz gehen können, ein Land, das mir immer schon gefallen hatte, oder nach Amerika, das mir als das aufregendste Land dieser Welt erschien. Aber ich denke, mir fiel damals, bei meinem ersten Besuch schon, mit zehn Jahren, eine Art Übereinstimmung mit diesem fremden Ort auf. Mit den Jahren hat diese Übereinstimmung so viel Tiefe gewonnen, dass ich mich heute weniger durch die Zeit, die ich dort verbracht habe, mit England verbunden fühle, als von Natur aus.

Das mag meine Entscheidung für England erklären, jedoch nicht meinen Abschied von Kairo. Vielleicht traute ich der Beständigkeit des Lebens meiner Eltern nicht, des Lebens, das sie sich in Ägypten geschaffen hatten und in dem viele Entscheidungen ausgesetzt waren, weil »wir bis dahin wieder in Libyen sind«. Es ist nicht so, dass sich England beständiger anfühlte, aber ich dachte, hier könnte ich mein Schicksal selbst in die Hand nehmen.

Meine Verliebtheit in die englische Landschaft verdunkelte sich allerdings bereits am ersten Tag. Meine Eltern hatten gesagt, ich solle nach der Ankunft in Heathrow mit einem schwarzen Londoner Taxi direkt zur Schule fahren, doch was sie für eine komfortable Lösung hielten, erwies sich als äußerst anstrengend. Der Londoner Taxifahrer verfuhr sich, die Nacht brach an, und der Mann wurde immer ungeduldiger und drohte damit, mich mit meinem riesigen Koffer auf einer der verlassenen kleinen Landstraßen allein zu lassen.

In Nachhinein denke ich, dass ich ihn vielleicht schon vorher verärgert hatte. Er war zum Tanken an eine Tankstelle gefahren und hatte den Motor laufen lassen. Für mich, der ich aus Kairo kam, wo die Fahrer ihre Motoren bei jedem Halt abstellten, schien das eine schreckliche Verschwendung. Ich war dazu erzogen, mit allem sparsam umzugehen. Ein paar auf dem Teller verbliebene Körner Reis ließen meine Mutter fragen: »Was haben dir diese Reiskörner getan?« Als der Londoner Taxifahrer wieder in seinen Wagen stieg, fragte ich also: »Entschuldigen Sie bitte, aber warum haben Sie Ihren Motor nicht ausgemacht?« Er sah mich im Rückspiegel an und sagte: »Genau das ist es, Junge: Es ist *mein* Motor.« Nach einer weiteren Stunde Herumirren durch die Düsternis hielt er schließlich an und sagte, ich solle aussteigen. Ich blieb stumm. Entnervt nahm er die nächste Abzweigung, und als die Straße auf eine Anhöhe zusteuerte, sah ich etwa fünfzig Meter entfernt zwei Reiter.

»Halt«, sagte ich, winkte den beiden verzweifelt zu und rief: »Hallo! Hallo!«

Sie sahen mich. Zwei Frauen. Später erfuhr ich, dass sie die Töchter des örtlichen Bauern waren und fast nie so spät ausritten, aber zu meinem Glück suchten sie ihren Hund, der seit dem Nachmittag verschwunden war. Sie schienen etwas älter als Ziad und ich und auch selbst nur ein paar Jahre auseinander zu sein. Sie blieben auf ihren Pferden sitzen, einer Stute und einem Hengst, beide größer als das Taxi, das Fell gut gebürstet und schimmernd.

In Kairo war ich jeden Morgen um fünf Uhr aufgestanden, um vor der Schule reiten zu gehen. Und wenn ich abends mit den Jungs loszog und wir manchmal bis zum Ruf zum Morgengebet unterwegs waren, ging es zu den Ställen hinter den Pyramiden von Gizeh, und wir ritten hinaus in die Wüste. Wenn die Pferde warm waren und sich die Sonne über den Horizont schob, galoppierten wir den gesamten Weg zurück. Ich legte mein Gesicht so nahe wie möglich an die Mähne, in die Wärme des Tierhalses, und lauschte dem Atem, der wie von einem Kolben eingesogen und ausgestoßen wurde. Der Stalljunge rieb mit seiner Hand über das Fell, zeigte auf den weißen Schaum des Schweißes und rief, dass wir die Tiere für den Rest des Tages ruiniert hätten. Wir zahlten ihm das Doppelte, und wenn er immer noch wütend war, nahmen wir ihn mit zum Frühstück ins Mena House Oberoi.

Die beiden englischen Pferde waren mindestens zweimal so schwer wie unsere in Kairo. Sie waren für Landarbeit und Jagd gezüchtet, nicht für wilde Rennen. Die Schwestern kannten die Schule. Die Ältere deutete auf einen Turm in der Ferne und sagte dem Fahrer in einem Befehlston, der mir insgeheim gefiel: »Nun, wenn Sie da unten sitzen bleiben, sehen Sie ihn nicht, oder?« Er stieg aus und sah den dunklen, steinernen Turm aus einer Ansammlung hoher Bäume ragen, deren Blätter sich bereits verfärbten. Während die ältere Schwester ihm den Weg erklärte, saß die jüngere ganz still auf ihrem Pferd und sah mich an. Sie hatte rote Hände von der kalten Abendluft, und der Unterschied zwischen diesem dunklen Rot und dem blassen Rosa ihres Gesichts kam mir seltsam vor.

Vier Tage bevor Mutter, Diana und ich nach Bengasi fliegen sollten, kam ich aus London nach Kairo. Unterwegs klärte sich eine alte Frage. Plötzlich verstand ich, warum meine Freunde immer angenommen haben, dass ich nach mehr als einem Vierteljahrhundert in England am Ende in ein anderes Land ziehen würde. Etwas an mir und meinem Leben, wie ich es mir in London eingerichtet habe, scheint unbeständig; wobei mich der Verdacht, dass ich jeden Moment meine Zelte abbrechen könnte, immer gestört, aber auch beruhigt hat. Oft entnerven mich Exilanten, die wie ich in London gelandet sind, sich aber im Gegensatz zu mir dem Land ergeben und eine resignierte Beständigkeit ausstrahlen, wie sie mir fehlt. Die unverhüllte Übernahme einheimischer Eigenheiten oder des örtlichen Dialekts ist mir immer schon wie eine Art Demütigung vorgekommen. Und doch glaubte ich wie ein eifersüchtiger Lieb-haber, Londons Geheimnisse besser zu kennen als die Englän-der selbst. Als nach dem Besuch Tony Blairs in Libyen im Jahr 2004 etliche Mitglieder des inneren Kreises um Gaddafi in der englischen Hauptstadt Häuser zu kaufen begannen, manch-mal auch in meiner Nachbarschaft, sagte ich mir, dass mein London nicht ihres sei. Ich verspürte Dankbarkeit dafür, in ei-ner Stadt gelandet zu sein, zu deren Grundcharakter die Ver-schwiegenheit gehört. Auf meinem Flug von London nach Kai-ro begann ich die Logik dieser Widersprüche zu verstehen; sie ließen sich nicht auf die Stadt, auf London, zurückführen, son-dern auf mein Leben in Wartestellung. Wie mir klar wurde, hatte ich mein ganzes Leben seit meinem achten Lebensjahr, seit meine Familie Libyen verlassen hatte, wartend verbracht. Meine stumme Verurteilung der mit mir im Exil Lebenden, die sich an ihre neue Heimat anzupassen versuchten, kurz: meine sture Hingabe an meine Entwurzeltheit, war eine Art Treuebe-kundung für das alte Land, vielleicht aber auch nicht mal für Libyen, sondern für den Jungen, der ich bei unserer Flucht ge-wesen war.

Ich blieb neben der Warteschlange auf dem Kairoer Flughafen stehen und tat so, als hätte ich etwas vergessen oder mir wäre plötzlich etwas eingefallen. Insgeheim sehnte ich mich nach unserer Londoner Wohnung. Ich sah die verlassene Arbeitsflä-che in der Küche vor mir, den Blick aus den hinteren Fenstern, die graue Ruhe des Zwielichts, die Möbel, unsere Bilder, die Bücherreihen. Wir sollten einige Tage in Kairo verbringen und wieder nach London zurückkehren. Ich hatte Mustafas Num-mer bei mir, des Fahrers, den Diana und ich in Kairo immer anriefen. Er war sicher nicht weit vom Flughafen entfernt, und in ein paar Stunden konnten wir alle wieder um Mutters Esstisch sitzen. Und vielleicht lachten wir eines Tages sogar darüber, wie gefährlich nahe wir einer Rückkehr nach Libyen gekommen waren.

Ich fragte mich, warum ich den schwarzen Anzug angezogen hatte, den ich im Jahr zuvor gekauft hatte, als ich für einen flüchtigen Moment überzeugt war, dass ein Leben in schwarzen Anzügen etwas Klösterliches, Friedliches hätte. Seit dem Kauf hatte ich ihn nur zweimal getragen und mich beide Male unwohl gefühlt, da er mir so schlecht passte und ich dennoch so unglaublich viel für ihn ausgegeben hatte. Und jetzt wollte ich in diesem schlecht sitzenden Ding zurück nach Hause. Ich war am Morgen sehr früh aufgestanden, hatte ein weißes Hemd und den schwarzen Anzug angezogen und mir Zeit damit gelassen, eine Krawatte auszusuchen, sie mir umgebunden, dann aber wieder losgemacht und zurück in den Schrank gehängt, denselben Schrank, den ich als Junge gehabt hatte, denn das Zimmer in Kairo, in dem Diana und ich vor unserer Abreise nach Libyen schliefen, beide auf der Seite, um auf die schmale Matratze zu passen, war mein altes Kinderzimmer. Ich war fünfzehn. Ich war einundvierzig. Ich war acht.

Meine Mutter stand immer noch am Fenster des Flughafens und sprach mit Ziad. Es war das dritte Mal, dass er an diesem Morgen anrief. Wir drei, Ziad, meine Mutter und ich, hatten eigentlich gemeinsam nach Libyen zurückkehren wollen, wobei wir, ohne dass wir es je ausgesprochen hätten, natürlich nie *alle* gemeinsam zurückkehren konnten, war Vater doch nicht mehr bei uns. Aber Ziad hatte nicht so lange warten können, und so war er schon neun Monate früher, im Juni 2011, als der Krieg noch tobte, zurückgegangen. Ich erinnere mich an den Tag, als er anrief, um mir zu sagen, dass er nur mehr zweihundert Kilometer von der libyschen Grenze entfernt sei. Diana und ich waren gerade in einem entlegenen Teil Südfrankreichs, wo ich eine Einleitung für Turgenews *Am Vorabend* schrieb. Ziads Stimme brach immer wieder ab, und ich fuhr auf eine Anhöhe, um einen besseren Empfang zu bekommen. Wann immer er bisher überlegt hatte, allein zurückzukehren, hatte er mich angerufen, und ich hatte es ihm ausreden können. Dieses Mal rief er erst an, als er schon sechs Stunden gefahren war, erst nördlich auf Alexandria zu, dann nach Westen über die Küstenstraße in Richtung ägyptisch-libysche Grenze. Er wollte nicht darüber diskutieren, sondern es mir nur sagen. Die Verbindung brach ab, und immer, wenn ich ihn zurückzurufen versuchte, kam ein Besetztzeichen. Alle, stellte ich mir vor, Verwandte, Freunde und Bekannte, riefen ihn an, um ihm alles Gute zu wünschen.

Ich hatte mich an diesem Morgen, während sich Ziad von seiner Frau und seinen vier Kindern verabschiedete, mit den Handlungen eines fiktiven Mannes, Andrei Bersenjew aus *Am Vorabend*, befasst. Es gab da ein Detail, das ich bei früheren Lesungen übersehen hatte: »Ein geheimes und unbestimmtes Gefühl blieb indessen in seinem Herzen zurück; er war traurig und seine Traurigkeit nicht guter Art. Sie hinderte ihn jedoch nicht, die *Geschichte der Hohenstaufen* wieder vorzunehmen und bei der Stelle, wo er am Vorabende stehen geblieben war, fortzufahren.« Bersenjew ist ein russischer Philosophiestudent, der sich am Vorabend des Krimkrieges mit einer deutschen Dynastie des Mittelalters beschäftigt, was vielleicht genauso absurd ist wie ein libyscher Schriftsteller, der während der blutigen Tage der Revolution des 17. Februar in einer Hütte in Frankreich sitzt, um ein paar Tausend Wörter über einen anderthalb Jahrhunderte alten Roman zu schreiben.

In der kurzen Zeit, die wir redeten, hatte ich in Ziads Stimme den resoluten Ton gehört, den er anschlägt, wenn er annimmt, dass ich Einwände gegen das Gesagte haben könnte. Es wäre sinnlos gewesen, ihn vor den Gefahren zu warnen und daran zu erinnern, dass wir uns versprochen hatten, gemeinsam zurückzukehren. Als ich ihn also schließlich wieder erreichte, sagte ich, wie wundervoll es sei, dass er endlich wieder nach Hause komme. Er erwiderte, er werde sich melden, sobald er im Land sei.

Später an diesem Tag brachte mich Diana zum Plage des Brouis, den sie auf dem Weg nach Cap Lardier entdeckt hatte. Wir kletterten in das felsige Naturschutzgebiet und die unerwartete Stille, die Bäume in der Nähe des Meeres schaffen. Ins veränderte Licht. Die Feuchtigkeit der Luft wurde ein wenig stärker spürbar und der Pfad immer wieder so schmal, dass wir nicht nebeneinander bleiben konnten. Es war angenehm, hinter ihr zu gehen. Unter hohen Kiefern und Eukalyptusbäumen. Es gab wilde Blumen und gelegentlich einen Schmetterling. Der Pfad wand sich, führte auf und ab. Manchmal waren wir nahe am Wasser, so nahe, dass wir es berühren konnten, manchmal ging es so hoch hinauf, dass wir von weit oben aufs Meer hinaussahen. Immer wieder blieben wir stehen und genossen den Ausblick. Mein Handy steckte in der Tasche der Badehose. Seit Beginn der Revolution hatte ich es ständig bei mir: Es lag auf der Arbeitsfläche der Küche, wenn ich kochte, auf dem gefliesten Boden, wenn ich ein Bad nahm. Aber jetzt waren wir so weit von allem weg, dass ich kein Netz mehr hatte. Ich schlug vor zurückzugehen, aber Diana wollte weiter, hatten wir doch längst mehr als die Hälfte des Weges zur Bucht hinter uns gebracht. Angst gibt keiner gern zu. Ich folgte ihr, stumm und ungeduldig. Am Plage des Brouis dann fand mein

Telefon ein Signal. Meine Mutter hatte mir eine Nachricht geschickt. Ziad war angekommen und hatte sich eine SIM-Karte gekauft. Sie las die Nummer vor, aber ich hatte keinen Stift. Ich hörte die Nachricht ein weiteres Mal ab und schrieb die Zahlen mit dem Fuß in den Sand, groß genug, dass man sie aus einem vorbeifliegenden kleinen Flugzeug hätte entziffern können. Diana hob den Blick zum Ende der Bucht, wo drei Möwen in der Luft trieben. Sie hatten die Flügel ausgebreitet und zogen sie zwischendurch immer wieder kurz ein, um einen Meter oder zwei abzusinken, als spielten sie den Absturz, stellten sich tot, aber dann ließen sie sich gleich wieder in die Höhe tragen und wiederholten den Vorgang. Das Ganze schien kein klares Motiv zu haben. Vielleicht machte es ihnen einfach Spaß. Vielleicht kamen sie immer an diese Stelle, weil sie genau wussten, wie der Bogen der Bucht den Wind einfing. Ziad antwortete beim ersten Klingeln. Er nannte mich bei meinem alten Spitznamen und lachte. Ich lachte auch.

Es war das erste Mal, dass er zurückfuhr. Nach dem Fall von Tripolis im August fuhr er wieder, und Mutter kam mit. Ich war der Letzte, der Jüngste und Letzte, war wieder das Kind, dem man befahl, zuerst die Gläser seiner Eltern und seines älteren Bruders zu füllen, bevor es sich selbst etwas einschenkte.

3. Das Meer

Am 1. September 1969, vierzehn Monate vor meiner Geburt, geschah etwas, das den Lauf der libyschen Geschichte verändern und mein Leben prägen sollte. In meiner Vorstellung sehe ich einen libyschen Armeeoffizier gegen zwei Uhr nachmittags den St. James's Square überqueren und auf die damalige libysche Botschaft in London zusteuern. Er war in offizieller Mission in der englischen Hauptstadt. Der Offizier war beliebt bei seinen Kameraden, auch wenn seine leichte Zurückhaltung manchmal für Arroganz gehalten wurde. Er hatte es sich zum Ziel gesetzt, seitenweise Gedichte auswendig zu lernen, was ihm viele Jahre später, als er eingesperrt wurde, Trost und Gesellschaft bot. Etliche Gefangene haben mir erzählt, wie sie abends, wenn es still wurde im Gefängnis und man, mit Onkel Mahmouds Worten, »eine Stecknadel fallen hören konnte, oder die leisen Tränen eines Mannes«, wie sie da der Stimme dieses Mannes lauschten, der so stetig und leidenschaftlich Gedichte rezitierte. »Sie gingen ihm nie aus«, erzählte mir sein Neffe, der zur selben Zeit im Gefängnis saß. Und ich weiß noch, wie dieser Mann, dem die Gedichte niemals ausgingen, mir einmal sagte: »Ein Buch auswendig zu kennen ist so, als trügst du ein Haus in deiner Brust.«

Es war ein Routinebesuch der Botschaft, vielleicht wollte er Post abholen oder einen Bericht über den Fortgang seiner Mission abgeben. Ich stelle mir vor, wie er beim Betreten der Botschaft seine Mütze abnimmt. Auf den Fluren herrscht reger Betrieb, die Botschaftsangestellten laufen herum. Andere drängen sich um ein Radio. Ein siebenundzwanzigjähriger Hauptmann, von dem noch nie jemand gehört hat, ist in Tripolis einmarschiert und hat die Macht übernommen. Mein Vater rennt aus der Botschaft, winkt ein Taxi heran und fährt zum Flughafen.

So erinnere ich mich daran, so hat mein Vater uns die Geschichte zum ersten Mal erzählt. Wir waren in London, Ziad und ich gingen mittlerweile zur Universität, und Vater war gerade in der Stadt. Wir hatten ihn in unserer kleinen Wohnung bekocht und alle zu viel gegessen, worauf wir entweder im Regent's Park spazieren gingen, Vater zwischen uns, oder uns auf die beiden Einzelbetten im Schlafzimmer legten und redeten. Ich kann es nicht mehr genau sagen. Wenn es der Park war, war es einer jener langen Sommernachmittage, an denen das Licht für Stunden unverändert bleibt, als hielte die Sonne auf ihrem Weg inne. War es das Schlafzimmer, sprachen wir mit gesenkter Stimme, müde, aber zu froh, dass er da war, um ein Schläfchen zu machen. So oder so, ich weiß noch, wie er sagte, dass er aus der Botschaft rannte, um ein Taxi anzuhalten. Aber der St. James's Square ist nicht gerade für heftigen Verkehr bekannt, wahrscheinlich wartete er eine Weile vor der Botschaft, ging dann um die Grünanlage in der Mitte des Platzes und bog in eine der abzweigenden Straßen (ich stelle mir vor, dass er geht und nicht rennt). Er kannte London nicht sehr gut und lief vielleicht nicht östlich zur Regent Street oder südlich zur Pall Mall. Wäre ich bei ihm gewesen, hätte ich genau gewusst, was am besten war. Er nahm ein Taxi direkt nach Heathrow und buchte einen Platz im ersten Flug nach Tripolis.

Kurz bevor er entführt wurde, erzählte Vater die Geschichte in Kairo noch einmal und fügte neue Einzelheiten hinzu: Als er in die Botschaft kam und hörte, dass es einen Staatsstreich gegeben hatte, sprang er auf die Empfangstheke im Eingangsbereich und holte das Bild des Monarchen von der Wand, dem er gedient und den er bewundert hatte. Erst da begriff ich, dass mein Vater nicht allein aus Sorge zurück nach Hause geeilt war, als er vom Sturz von König Idris hörte, sondern auch aus Begeisterung für eine neue, republikanische Zeit. Ich begriff, warum der alte Zeitungsausschnitt mit dem Bild von König Idris, der im Rahmen des Chiffoniers im Schlafzimmer meiner Eltern steckte, immer etwas Melancholisches für mich gehabt hatte. Niemand verlor ein Wort über ihn, niemand entfernte ihn. Während der Jahre meiner Kindheit verblich er einfach.

Während mein Vater unterwegs nach Hause war, beförderte sich Libyens neuer Herrscher Muammar al-Gaddafi vom Hauptmann zum Oberst und gab den Befehl, hohe Militärs zu verhaften. Mein Vater wurde direkt vom Flughafen ins Gefängnis gebracht. Fünf Monate später wurde er freigelassen, verlor Rang und Uniform und kehrte zu seiner Frau und seinem dreijährigen Sohn Ziad zurück. Anschließend verfuhr das neue Regime mit meinem Vater wie mit den meisten hochrangigen Offizieren aus Idris' Zeiten. Da es sich die Militärs nicht zu Feinden machen wollte, andererseits aber ihre mögliche Gegnerschaft fürchtete, schickte es sie ins Ausland, oft auf unbedeutende Diplomatenposten. So gewann man Zeit, einen neuen Sicherheitsapparat aufzubauen. Mein Vater bekam schon bald nach seiner Freilassung eine Verwaltungsstelle in der Ständigen Vertretung Libyens bei den Vereinten Nationen. In dem kurzen Zeitfenster zwischen der Freilassung meines Vaters und seiner Abreise nach New York wurde ich gezeugt; in einer Zeit der Unsicherheit, aber auch des Optimismus, da mein Vater, wie es seine erneute Erzählung der Botschaftsgeschichte nahelegte, große Erwartungen mit dem neuen Regime verband. Vielleicht sah er seine Einkerkerung, seine Entfernung aus der Armee und vorübergehende Verstoßung als natürliche, vielleicht sogar reversible, durch den historischen Wandel bedingte Erschütterungen. Wie viele seiner Generation inspirierte ihn das Beispiel Ägyptens, wo, angeführt von Gamal Abdel Nasser, eine junge, säkulare, nationalistische Republik mit panarabischen Bestrebungen die alte korrupte Monarchie beseitigt hatte. Gaddafi hatte seiner Bewunderung für Nasser Ausdruck verliehen und Nasser ihm seine volle Unterstützung zugesagt. Und so denke ich, dass mein Vater, so ungern er Libyen verließ, nicht verzweifelt nach New York ging. Es dauerte ein paar Jahre (während Gaddafi alle bestehenden Gesetze abschaffte und sich zum Führer auf Lebenszeit ernannte), bis mein Vater die wahre Natur des neuen Regimes erkannte.

Selbst er, der so gar nichts für Aberglauben übrighatte, muss es für ein böses Omen gehalten haben, als er an seinem ersten Tag in New York die First Avenue zum Gebäude der Vereinten Nationen überquerte und Zeuge eines Unfalls wurde, bei dem ein Lastwagen einen Radfahrer erfasste und zerfetzte. Die Gliedmaßen lagen auf dem Asphalt verstreut. Mein Vater sammelte Knochen und Fleischstücke ein und legte sie pietätvoll neben den Körper, der mit dem verbogenen Rad auf dem Bürgersteig gelandet war. Ich habe die unumkehrbaren, gewaltsamen Veränderungen, die meiner Familie und meiner Heimat während der nachfolgenden vier Jahrzehnte widerfuhren, immer mit dem Bild meines Vaters verbunden, eines Dichters, aus dem zunächst ein Offizier und dann, widerwillig, ein Diplomat wurde, wie er mit Anzug und Krawatte fern von zu Hause die Glieder eines Toten zusammensucht. Er war damals einunddreißig. Ich wurde später in diesem Jahr geboren.

1973, noch vor meinem dritten Geburtstag, trat mein Vater von seinem Posten bei den Vereinten Nationen zurück. Er sagte, er und seine Frau vermissten die Heimat und sie wollten, dass ihre beiden Söhne in Libyen aufwüchsen. Das stimmte zwar, war aber zweifellos nicht die ganze Wahrheit, und ich nehme an, das Regime wusste das. Seine Einwände gegen die Eingriffe der Regierung in die Zivilgesellschaft sowie die gezielten Methoden, mit denen sie die Unabhängigkeit der Rechtsprechung und die Freiheit der Presse einschränkte, waren nicht unbemerkt geblieben. Seit er sie auf öffentlichen Versammlungen vorgebracht hatte, genoss er die Aufmerksamkeit der Machthabenden. Es hieß, dass sie sogar seine Art zu gehen störe, da sie Trotz ausstrahle. Als ich das zum ersten Mal hörte, dachte ich, wie scharfsichtig. Selbst als Kind hatte ich mir nicht vorstellen können, dass mein Vater vor jemandem den Kopf beugte, und schon damals wollte ich ihn beschützen. Er war für mich immer der Inbegriff der Unabhängigkeit, was zusammen mit seinem ungeklärten Schicksal meine eigene Unabhängigkeit komplizierte. Wir brauchen einen Vater, gegen den wir uns auflehnen können. Wenn ein Vater weder tot noch lebendig ist, wenn er ein Geist ist, stößt die Auflehnung ins Leere. Ich bin der Sohn eines ungewöhnlichen Mannes, vielleicht sogar eines großen Mannes, und als ich mich, wie die meisten Kinder, gegen ihn, so wie ich ihn wahrnahm, auflehnte, tat ich es, weil ich mich vor den Folgen seiner Überzeugungen fürchtete. Verzweifelt versuchte ich ihn von seinem gefährlichen Pfad abzubringen. Damals erfuhr ich zum ersten Mal, wie beschränkt die Möglichkeiten sind, einen anderen Menschen in diesem Sinne zu beeinflussen. Meine Ambitionen in Bezug auf meinen Vater waren einfach: Wie der berühmte Sohn in der *Odyssee*, wie die meisten

Söhne, nehme ich an, »wär ich doch lieber der Sohn von einem glücklichen Manne, den bei seiner Habe das ruhige Alter beschliche«, aber im Gegensatz zu Telemach leide ich auch nach fünfundzwanzig Jahren noch unter der Ungewissheit über das Schicksal meines Vaters. Ich sehne mich nach der Endgültigkeit von Beerdigungen, ihrer Sicherheit. Wie es sein muss, die Hände um die Knochen zu schließen, auszuwählen, wohin ich sie lege, die Erde über ihnen zu berühren und ein Gebet zu singen.

In den 70er Jahren lebten wir mitten in Tripolis, nicht weit vom Haus meiner Großeltern mütterlicherseits entfernt. Ich sehe noch die hohen Eukalyptusbäume im Garten vor dem Haus, ihre großen lebendigen Schatten auf der Erde, schwarze Klauen auf den Autos. Wenn der Wind ging, bewegten sich Schatten und Licht. Ziad und ich spielten auf dem gepflasterten Stück neben dem Haus Fußball, wo ich auch zum ersten Mal miterlebte, wie ein Schaf geschlachtet wurde. Es lebte, und dann plötzlich lebte es nicht mehr. Das Tier trat heftig um sich und schnaubte nach Luft, die durch die Nase eintrat und durch den offenen Hals wieder entwich. Das Blut floss schwarz und zäh wie Dattelsirup herunter. Kleine, durchsichtige Blasen wuchsen um das Maul herum. Ich schnipste mit den Fingern und klatschte neben den weit geöffneten Augen in die Hände. Als das Schaf nicht reagierte, fing ich an zu weinen. Später ging ich noch mal zu ihm. Der Körper hing kopflos und gehäutet an einem Pfahl, und die Fettschicht um ihn herum war dünn und licht wie ein Wolkenschleier in der Dämmerung. Augenblicke danach schon saß ich mit den anderen am Tisch, aß Leber und Nieren, mit Chili, Zwiebeln, Knoblauch, Petersilie und Koriander kurz gebraten, und stimmte zu, dass alles viel besser schmeckte als sonst, weil das Fleisch, wie die Erwachsenen sagten, so »unglaublich frisch« sei.

Ein paar Jahre später zogen wir in die Nähe des El-Medina-el-Seyahiya-Club an den westlichen Rand von Tripolis. Ein neues Haus. Der Geruch frischer Farbe. Die leere Atmosphäre von Räumen, in denen noch niemand geschlafen hatte. Ein kahler Garten. Meine Mutter pflanzte Rosenbüsche vors Haus, eine Weinrebe dahinter. Jedes Jahr trug sie Trauben, klein wie Perlen, und wenn man sie ein, zwei Wochen, nachdem sie reif waren, aß, brannte einem die Süße in der Kehle. Wir pflanzten Zitronen- und Orangenbäume. Es waren mit die stürmischsten Jahre der Gaddafi-Zeit. Revolutionskomitees wurden eingesetzt, um Widerspruch zu bestrafen. Alle Bereiche des Lebens wurden überwacht, Kritiker des Regimes hingerichtet. Die Komitees hängten Studenten vor der Kathedrale von Bengasi und den Toren der Universität auf, und der Verkehr wurde umgeleitet, um dafür zu sorgen, dass die Pendler die herabbaumelnden Leichen sahen. Als »antirevolutionär« und »imperialistisch« geltende Bücher und Musikinstrumente wurden aus Läden, Schulen und Privathäusern geholt, auf öffentlichen Plätzen aufgehäuft und verbrannt. Im Fernsehen waren Intellektuelle, Geschäftsleute, Gewerkschafter und Studenten zu sehen, wie sie in Handschellen auf der Erde saßen und vor laufender Kamera Geständnisse ablegten.

Meine Eltern versuchten, Ziad und mich von dem Wahnsinn, der außerhalb des Hauses stattfand, unter anderem dadurch abzuschirmen, dass wir jede Minute des Tages beschäftigt waren. Nach der Schule kamen wir gerade rechtzeitig für unseren Klavierunterricht nach Hause, aßen zu Mittag und gingen zum Schwimmen in den El-Medina-el-Seyahiya-Club. Den Rest des Tages verbrachten wir am Meer, das Meer war unser Reich. Es gab dort nur wenige Erwachsene, und die waren so exzentrisch, dass sie uns vorkamen, als hätten wir sie erfunden. In der Nähe des Hafens saß den ganzen Tag ein Mann mit milchigen Augen und angelte, aber niemand von uns hat je gesehen, dass er etwas fing. Oder El-Hindi, der Indianer, der irgendwie in Tripolis gelandet war: Eine Geschichte besagte, er sei aus Amerika geflohen, weil er einen Weißen umgebracht habe, laut einer anderen war er auf einer Weltreise gewesen und, als er durch Tripolis kam, dermaßen überwältigt von der Schönheit unserer Stadt, dass er beschloss, nie wieder wegzugehen. Manchmal verbanden sich die beiden Geschichten auch. Er stellte sich immer auf die Brücke beim Hafen, sprang mit ausgebreiteten Armen kopfüber in die Tiefe und führte sie erst kurz vorm Eintauchen zusammen. Wir standen alle in einer Reihe da und sahen zu. Für mich bedeutete Schwimmen damals, so weit aufs Meer hinauszukraulen, bis ich kein Land mehr sehen konnte. Dann ließ ich mich im Wasser treiben und drehte mich so oft im Kreis, bis ich die Orientierung verlor.

An jenem Tag im Juni, in Südfrankreich, dem Tag, als Ziad nach Libyen fuhr, schwamm ich aufs selbe Mittelmeer hinaus und erinnerte mich lebhafter als je zuvor, dass es mein Vater gewesen war, der mir das Schwimmen beigebracht hatte. Mit einer Hand hielt er mich unter dem Bauch und sagte: »Genau so geht's.« Ich hatte niemals Angst vor dem Meer. Bis er verschwand.

4. Das Land

Das Flugzeug war voll. Wir setzten uns, doch dann stand Mutter noch einmal auf, um mich ans Fenster zu lassen. »Damit du dein Land sehen kannst«, sagte sie. Die Flugzeugtüren wurden geschlossen. Ich holte mein Tagebuch heraus und begann zu schreiben, langsam und wohlüberlegt. Die Panik, zum Beispiel die Träume, in denen ich mit offenem Mund daliege und nichts herauskommt, war aus dem Verlust geboren. Oder der Traum, der immer wieder kam, nachdem sie meinen Vater entführt hatten, der Traum, in dem ich feststelle, dass ich zu weit aufs Meer hinausgetrieben bin. Wo ich auch hinsehe, ist Wasser, und ich spüre nicht nur Angst, sondern auch die Art von Schwindel, die mit dem Bedauern einhergeht. Die Worte, die ich zu schreiben versuchte, das Notizbuch und der Stift, das Flugzeug, der Blick auf die Rollbahn vor meinem Fenster, meine Begleiterinnen – die Frau, die mich geboren hatte, und die, an deren Seite ich zu einem Mann gereift war –, all das erschien rein theoretischer Natur.

Im Terminal, vor dem Abflug, hatte Mutter, die zweifellos meine Nervosität spürte, noch verschmitzt gefragt: »Wer kehrt zurück? Suleiman el-Dewani oder Nuri el-Alfi?« Suleiman el-Dewani und Nuri el-Alfi sind die exilierten Protagonisten in meinen Romanen *Im Land der Männer* und *Geschichte eines Verschwindens*. Sie wollte mich aufmuntern, gleichzeitig wollte sie mich aber auch vor dem warnen, was ich, wie sie wusste, vorhatte: nach meinem Vater zu suchen. Sie hatte miterlebt, wie ich mich in den Jahren, seit wir Vater verloren hatten, verändert hatte. Aus meinem anfänglichen Schock und dem Schweigen war Wut geworden, dann heftiger Aktionismus und daraus resultierend eine Kampagne, die mich während der zwei Jahre vor der Revolution vollkommen in Beschlag nahm. Die ganze Zeit war Mutter voller Sorge gewesen. Ich vermutete schon seit langem, dass ihre Ängste nicht nur den Gefahren galten, denen ich mich durch die Suche nach meinem Vater aussetzte, oder dem, was ich womöglich herausfinden könnte, sondern auch etwas weit Spezifischerem, nämlich der täglichen Rastlosigkeit, die eine solche Suche hervorruft, weil sie deinen Körper erfasst, deine Tage und alles, was du tust. Mutter wusste, dass mein Wille, herauszufinden, was geschehen war, zu einer Obsession geworden war. Und was ihre in einem Ton zwischen Ernsthaftigkeit und Spaß formulierte Frage im Flughafenterminal tatsächlich bedeutete, war, dass sie lieber mit meinen beiden fiktionalen Charakteren zurückkehren wollte als mit dem Geist meines Vaters, den sie Anwesend-Abwesend nennt.

Nach unserer Flucht aus Libyen hatte ich monatelang immer wieder auf meinem Bett gelegen und mir meine Rückkehr ausgemalt. Ich stellte mir vor, wie ich die Erde küsste, wie ich meinen Streitwagen wieder bestiege, jenes Fahrrad, auf das ich so aufpasste und das ich jede Woche ölte. Wie ich meine Cousins und Cousinen umarmen würde. Mittlerweile waren es alles erwachsene Männer und Frauen mit Kindern. Unsere Flucht hatte in Etappen stattgefunden. Zuerst, das war 1979, hatten Mutter, Ziad und ich das Land verlassen. Ein Jahr später fuhr Vater nach Süden durch die weite Libysche Wüste und überquerte die durchlässige Grenze zum Tschad. In der Hauptstadt N'Djamena stieg er in ein Flugzeug nach Rom, wo meine Eltern ihr Haupt-Bankkonto hatten. Ohne fürchten zu müssen, dass ihre Gespräche abgehört wurden, telefonierten er und meine Mutter wie frisch Verliebte stundenlang zwischen Rom und Kairo. Vielleicht ging es bei ihren Gesprächen nicht nur um die beiden Dinge, die jedes Exil bestimmen: Sehnsucht und Logistik. Vielleicht waren ihm Zweifel gekommen, vielleicht hatte Mutter, so entschlossen sie gewesen war, mit einem Mal wirklich begriffen, was es bedeutete, fern von zu Hause zu leben. Er kaufte Dinge, die er für sein neues Leben wollte: handbemaltes Porzellan, Federkissen und silberne Kronleuchter. Der Trost des Schönen. Als er zu uns nach Kairo kam, zogen wir in eine größere, bessere Wohnung, und ich begriff, dass wir nicht mehr nach Libyen zurückkehren würden und ich hereingelegt worden war. Ich wollte zurück in mein Land. Mutter versuchte mich zu trösten. »Lass ihn«, sagte Vater. »Er gewöhnt sich daran.« Das war das Grausamste, was er je gesagt hatte. Es war grausam und fast wahr. Aber schon da wurde mir klar, mehr durch seine Stimme als durch seine Worte, und auch durch die Art, wie er stand, von mir abgewandt, dass auch er den Verlust betrauerte. Es gibt einen Moment, in dem du begreifst, dass du und dein Vater oder deine Mutter, dass ihr anders seid, und dazu kommt es normalerweise, wenn euch eine ähnliche Leidenschaft verzehrt.

Da war es, das Land. Rostig gelb. Von der Farbe frisch geheilter Haut. Vielleicht werde ich endlich befreit. Das Land wurde dunkler. Sprießendes, dünnes Grün bedeckte die Hügel. Und plötzlich das Meer meiner Kindheit. Wie oft romantisieren Exilanten die Landschaft ihrer Heimat. Ich hatte mich davor gehütet. Nichts regte mich mehr auf als ein Libyer, der ins Schwärmen geriet, wenn er von »unserem Meer«, »unserem Land« und dem »leichten Wind unserer Heimat« sprach. Insgeheim war ich jedoch überzeugt, dass es kein Licht wie das zu Hause gab, und ich glaubte auch immer noch, dass jedes andere Meer, so schön es sein mochte, nichts als ein Hochstapler war. Als ich jetzt durch das Flugzeugfenster auf das Land hinuntersah, dachte ich, dass es womöglich noch stärker leuchtete als in meiner Erinnerung. Und dass es die ganze Zeit existiert hatte, über all die Jahre geblieben war, was es war, und ich es wiedererkannte, fühlte sich wie ein Austausch an, ein Ruf und sein Echo, der gegenseitige Ausdruck des Erkennens.

Wir landeten. Ich schrieb Datum und Zeit auf: Es war der 15. März 2012, 10 Uhr 45. Erst da wurde es mir bewusst: Nach all den Versuchen, eine für uns alle passende Zeit zu finden, hatten Diana, Mutter und ich uns schließlich zufällig auf die Tage geeinigt, an denen sich die erste Woche meines Vaters in Gefangenschaft zum zweiundzwanzigsten Mal jährte. Er hatte uns geschrieben, wie er auf dem Boden einer Zelle im Gefängnis Abu Salim aufgewacht war, die Hände hinter den Rücken gefesselt, die Augen verbunden. Ein paar Türen den Gang hinunter konnte er die Stimme des stellvertretenden Chefs des ägyptischen Geheimdienstes hören.

Oberst Mohammed Abdel Salam [el-Mahgoub], der Mann, der alles eingefädelt hatte, war uns nach Libyen vorausgereist. Es war ein schmutziges Geschäft. Das ägyptische Regime verkaufte sich und sein Gewissen. Der Handel fand im vollen Wissen Hosni Mubaraks statt.

Während ich aus dem Flugzeugfenster sah, fragte ich mich, ob sie Vater im Flugzeug die Augenbinde abgenommen hatten. Gaben sie ihm wenigstens die Chance, das Land noch einmal aus der Luft zu sehen? Jahre später traf ich einen Mann, der behauptete, jemanden getroffen zu haben, der zu der Zeit auf dem Flugfeld in Tripolis gearbeitet hatte und sich daran erinnerte, wie ein Privatjet gelandet und ein Mann herausgeführt worden war. Zeit und Datum passten, und der Beschreibung des Passagiers nach konnte es mein Vater gewesen sein. »Sein Haar war weiß. Er war gut gekleidet, trug Handschellen und eine Augenbinde. Er hatte einen stolzen Gang.« Das hier war das Land, das mein Vater mehr als jedes andere liebte. »Tretet in keinen Wettstreit mit Libyen ein. Den werdet ihr immer verlieren«, hatte er einmal gesagt, als wir zu dritt versuchten, ihn von seiner offenen Opposition gegen Gaddafi abzubringen. Das Schweigen, das darauf folgte, war Ausdruck unserer Uneinigkeit, sie hatte historische Ausmaße. Da stand eine Nation gegen die vertraute Wirklichkeit einer Familie. Ich betrachtete die wilden Blumen neben der Landebahn. Der Frühling stand in voller Blüte. Als wir aus dem Flugzeug stiegen, waren die vertrauten Gerüche in der Luft wie eine Decke, von der man nicht weiß, dass man sie braucht, aber in dem Augenblick, da sie auf den Schultern liegt, ist man dankbar dafür. Ein Freund aus meiner Kindheit, Cousin Marwan al-Tashani, Richter in Bengasi, stand mit einer Kamera am Fuß der Gangway und lächelte.

5. Blo'thaah

Je tiefer wir nach Bengasi hineinkamen, desto stofflicher wurde die Welt. Wir fuhren zu Marwans Haus, wo uns eine große Familienversammlung erwartete. Nach dem Essen stahl ich mich davon, um einen Spaziergang zu machen. Ich fühlte mich stark und merkwürdig losgelöst, abgesondert, allerdings nicht so wie nach einem Traum, wenn man das Gefühl hat, sich, wie man so sagt, »von außen zu betrachten«, sondern so verstrickt in alles, dass es sinnlos schien, noch ängstlich zu sein.

Als wir in unser Hotel eincheckten, ging die Sonne bereits unter. Diana und ich hatten ein Zimmer, Mutter ihr eigenes direkt daneben, beide mit Blick aufs Meer. Wir wohnten im vierten Stock, und der rechteckige Rahmen unseres Fensters war halb Meer, halb Himmel. Das Telefon hörte nicht auf zu klingeln. Ich habe nur einen Bruder, aber einhundertdreißig Cousins und Cousinen, was bedeutete, dass wir Hunderte Leute zu besuchen hatten. Aber ich hatte schon vor unserem Aufbruch aus London beschlossen, dass mein erster Besuch Onkel Mahmoud und meinen Tanten, Vaters Geschwistern im nahen Adschdabiya, gelten würde, der Stadt, in der er aufgewachsen war. Am nächsten Morgen machten wir uns auf die zweistündige Reise nach Süden.

Onkel Mahmoud ist der jüngste Bruder meines Vaters. Er wurde 1955 geboren, Vater 1939. Auf alten Fotos wirkt Vater ernst und gelassen und schon in seiner Jugend sehr gepflegt.

Onkel Mahmoud hatte in den 1960ern und 70ern lange Haare, und hinter seinen Augen lauerte immer ein Lachen. Vater wurde in ein von Benito Mussolini regiertes Libyen hineingeboren und war 1943, als die Italiener und Deutschen in Nordafrika geschlagen wurden und Libyen an die Engländer und Franzosen fiel, vier Jahre alt. Am 24. Dezember 1951, als unser Land unter König Idris seine Unabhängigkeit erlangte, war er zwölf. Vier Jahre darauf wurde Onkel Mahmoud geboren. 1969, im Jahr nach Gaddafis Coup, war Vater dreißig und Onkel Mahmoud vierzehn. Mahmoud war für Ziad und mich gleichzeitig Onkel und Bruder, ein seltener Verbündeter mit Insider-Kenntnissen der Erwachsenenwelt. Als Vater aus dem diplomatischen Corps in New York ausschied und wir zurück nach Tripolis zogen, wohnte Onkel Mahmoud bei uns. Er liebte Voltaire und russische Romane, war von einer verträumten Empfindsamkeit und vergaß oft, den Herd auszustellen. Im Gegensatz zu anderen Erwachsenen widersetzte er sich nie meinem Wunsch, hinaus in den Garten zu gehen, selbst nach dem Mittagessen nicht, wenn die Sonne gnadenlos von Himmel brannte und der Rest der Familie ein Schläfchen machte. Wir spielten Fußball oder setzten uns in den Schatten der Eukalyptusbäume. Ich wusste, dass er mich geradeheraus und aufrichtig liebte, und dieses Wissen fühlte sich an wie eine große Freiheit. Während unserer Jahre im Exil sagte mein Vater mir oft, dass ich ihn an seinen kleinen Bruder erinnerte.

In der Woche im März 1990, als mein Vater entführt wurde, kamen Agenten des Geheimdienstes zu Onkel Mahmoud nach Adschdabiya. Andere Agenten kamen zu Hmad Khanfore, meinem angeheirateten Onkel, und den Söhnen meiner Tante väterlicherseits, meinen Cousins Ali und Saleh Eshnayquet. Alle vier wurden verhaftet. Sie gehörten einer der von der Organisation meines Vaters im Land gegründeten Untergrundzellen an. Die Verhaftungen waren so gut koordiniert, dass jeder glaubte, die anderen drei seien noch frei. Jeder nahm an, er sei der Einzige, der verhört und gefoltert wurde. Im Januar 2011, als sich die Revolutionen in Tunesien und Ägypten entwickelten, wurde das libysche Regime nervös und ließ einige politische Gefangene frei, um die öffentliche Unzufriedenheit zu beschwichtigen. Ich schöpfte Hoffnung. Die öffentliche Kampagne, um meinen Vater und seine Verwandten freizubekommen, die ein paar Jahre zuvor gestartet worden war, erreichte ihren Höhepunkt, und am 3. Februar des Jahres wurden die vier, meine Onkel und Cousins, nach einundzwanzig Jahren Gefängnis in die Freiheit entlassen, nur mein Vater nicht. Zwei Wochen später, ermutigt durch die erfolgreichen Staatsstreiche in Tunesien und Ägypten, brach in ganz Libyen der Aufstand los.

Direkt nach seiner Freilassung hatte ich von London aus mit Onkel Mahmoud telefoniert. Er saß im Auto und wurde nach Hause gefahren. Er sagte nichts über die Rolle, die ich bei der Erlangung seiner Freiheit gespielt haben mochte, doch ich konnte seine Dankbarkeit spüren, was mir unangenehm war. Er fragte, ob ich einen bestimmten libyschen Dichter in Dublin kannte: »Erkundige dich mal nach ihm, er hat dich in einem Artikel genannt. Und erinnerst du dich, dass du der arabischen BBC ein Interview gegeben hast?« Es war eines der ersten Interviews nach dem Erscheinen meines ersten Romans, und ich weiß noch, wie ich dachte, dass mein Vater, wenn er noch lebte, es vielleicht hörte. »Ich habe mir das Radio direkt ans Ohr gehalten und jedes Wort verfolgt«, sagte Onkel Mahmoud. Dann zitierte er mit außergewöhnlicher Genauigkeit einige der Fragen, die der Interviewer mir gestellt hatte, sowie meine Antworten darauf. Während der nächsten Minuten fing alles, was er sagte, mit »Erinnerst du dich noch ...« an. Er zählte Begebenheiten auf, meine kindlichen Eigenarten und Dinge, die wir gemeinsam unternommen hatten. Und kurz bevor er auflegte, sagte er: »Verlier nicht die Hoffnung.«

Als ich mich auf die Reise vorbereitete, hatte ich mir geschworen, mir bei der Suche nach meinem Vater alles, was ich über Intuition, Instinkt und Einfühlungsvermögen gelernt hatte, bewusst zu machen und so bedacht anzuwenden wie nur möglich. Ich wollte offen und unvoreingenommen sämtliche Orte besuchen, die mir etwas darüber sagen konnten, was mit ihm geschehen war. Einer davon, zu dem Diana mich begleiten wollte, war das Gefängnis Abu Salim in Tripolis, in dem Vater eingekerkert gewesen war. Ich stellte mir vor, wie wir über den berüchtigten Hof gingen, auf dem so viel Blut geflossen war, und durch die langen Korridore mit den Türen, die von den Revolutionären aufgebrochen worden waren. Doch je näher unsere Reise rückte, desto unwahrscheinlicher schien es, dass ich Abu Salim würde besuchen können. Ich wusste, Diana wollte das Gefängnis fotografieren, ich sah die Aufnahmen bereits in meiner Vorstellung. Aber noch bevor wir in Libyen landeten, hörte ich mich sagen, dass wir unter keinen Umständen nach Abu Salim fahren würden. Ich kann mich an kein anderes Mal erinnern, dass ich meiner Frau etwas verboten hätte. Der Gedanke, sagte ich ihr, dass sich jemand, den ich liebte, an diesem Ort aufhalte, sei mir unerträglich. So erklärte ich es Diana, tatsächlich aber lag der Grund bei mir: Mir fehlte die Kraft für Abu Salim. Ich hatte Angst, in die Zellen zu treten, von denen ich jahrelang gehört, die ich mir vorgestellt hatte und die bis tief in meine Träume gedrungen waren, finstere

Orte, an die ich mich mehrfach gewünscht hatte, um endlich wieder mit meinem Vater vereint zu sein. Angst, an diesen Ort zu kommen, an dem sein Geruch, seine Gegenwart und sein Geist noch spürbar waren (das mussten sie). Angst, dass mich das auf ewig zerstören könnte.

Wenn ich darüber nachdenke, was mit ihm geschehen sein mag, spüre ich, wie sich ein Abgrund in mir öffnet. Ich versuche mich an den Wänden festzuklammern, doch sie sind rau und unsicher, aus weichem Lehm, der im Regen wegbricht, und die Öffnung ist rund wie bei einem Brunnen. Unserem Brunnen. Denn auch wenn meine Familie seit Generationen in Adschdabiya wohnt, gibt es noch einen anderen Ort etwa dreißig Kilometer tiefer in der Wüste, unser älteres, abgeschiedeneres Zuhause. Bis zum Tod meines Großvaters zog die Familie jedes Jahr für die Frühlingsmonate dorthin und wohnte in Zelten. Noch heute hält sie ihre Kamele dort, und meine Cousins fahren oft zum Picknick hin. Zwei uralte, tief in den Leib der Wüste gegrabene Wasserspeicher sammeln das wenige Regenwasser. Der Name des Ortes, dessen Bedeutung und sprachlichen Ursprung wir nicht kennen, ist Blo'thaah. Mein Vater wurde da geboren, im Frühling 1939.

Der Abgrund öffnet sich heute ebenfalls, wenn ich darüber nachdenke, warum ich, als ich in Libyen war, nie nach den Männern gesucht habe, die Vater im Gefängnis kennenlernten, besonders nicht nach dem, den Ziad bei seiner Rückkehr nach Libyen 2011 getroffen und der behauptet hat, Mitte der 90er in der Zelle neben Vater gesessen zu haben. Nachbarn. Wie oft bin ich seinen Bericht durchgegangen, den Bericht, den er Ziad gab, in meinem Kopf oder laut mit Diana. Aber wenn ich daran denke, den Mann zu suchen, zu tun, was ein treuer Sohn tun sollte, das Vernünftige, Sinnvolle, und all die Dinge zu hören, die er Ziad über das Leben im Gefängnis erzählt hat, und die Fragen zu stellen, die Ziad vergessen haben mag, bin doch ich in der Familie derjenige, der dafür bekannt ist, gut mit Details zu sein, dann ist da nur wieder diese Angst. »Wann geht dein Flug?«, war zum Beispiel meine Antwort auf Vaters dramatische Ankündigung in London, dass er in das Militärlager seiner Organisation im Tschad gehen wolle, da es Zeit für ihn und seine Männer sei, die Grenze nach Libyen zu überqueren und endlich aktiv zu werden. Das war ein paar Monate, bevor er entführt wurde, und ihr Plan bestand darin, sich nordwärts auf die Hauptstadt vorzuarbeiten, mithilfe von Verbündeten in einigen libyschen Orten Schlüsselstellungen einzunehmen und das Regime zu stürzen. Davon jedoch erzählte er uns nichts, er sagte nur, er wolle in den Tschad und komme womöglich nie wieder, und dass wir uns um unsere Mutter kümmern, auf uns achtgeben und ein ehrbares Leben führen sollten. Kurz zuvor war sein Vater gestorben, und ich sah in seinen Augen, dass er entschlossener war denn je. »Wann geht dein Flug?«, fragte ich, ohne den Fernseher leiser stellen zu wollen, in dem eine Oper lief. Pavarotti riss den Mund weit auf. Ziad weinte. Ich weigerte mich zu weinen.

Die Straße nach Adschdabiya war immer trostlos gewesen, in diesem Jahr jedoch hatte es schwere Regengüsse gegeben, und links und rechts spross wildes grünes Gebüsch. Kleine Bäume standen schief im Wind. Hin und wieder kamen wir an ausgeweideten, in der Sonne dahinrostenden Panzern und Militärtransportern vorbei. Einmal hielten wir und gingen zu einem der Wracks. Der Stahl wölbte sich wie ein riesiges braunrotes Herbstblatt. Am 18. März 2011 war eine regimetreue gepanzerte Kolonne von Adschdabiya auf Bengasi zumarschiert. Gaddafi hatte die Stadt bestrafen, ein Exempel statuieren und die Revolte beenden wollen. Laut mehrerer Berichte waren einige der Transporter und Panzer mit grünen Flaggen und Plakaten beladen gewesen, auf denen zu lesen stand: »Hier war einmal Bengasi.«

An jeder größeren Abzweigung spannte sich ein Seil über die Straße. Junge Männer mit Gewehren standen am Straßenrand. Sie sahen in unser Auto und winkten uns weiter. Sie trugen Kampfanzüge und wurden von der jungen Regierung in Tripolis bezahlt, unterstanden aber nicht deren Befehl. Jeder Kontrollpunkt wurde von einem »Revolutionär« kommandiert, der den Sold verteilte, was zu zahllosen Vorwürfen von Untreue führte. Aber diese Trupps, hieß es, seien kleine Fische, Größere Milizen kontrollierten die Ölfelder, die Häfen und öffentlichen Gebäude. Ein Mitglied des Nationalen Übergangsrates, der faktischen Regierung, erklärte mir, da es noch keine nationale Armee und Polizei gebe, sei das Land auf diese Kämpfer angewiesen. Der Mann sagte auch, der nach der Revolution gefasste Beschluss, all diejenigen zu entschädigen, die das Regime bekämpft hatten, führe zu ungewollten Ergebnissen: Tausende Männer, die sich einen finanziellen Vorteil erhofften, hätten sich seitdem bewaffnet und Straßenkreuzungen und nationale Einrichtungen besetzt. Die Situation sei so verfahren, sagte er, dass die Anzahl derer, die behaupteten, auf der Gewinnerseite des Krieges gekämpft zu haben, eine Viertelmillion erreicht habe.

Bei unserer Ankunft hatte Marwan, der Cousin, der uns vom Flughafen abholte, scherzend gesagt, ich hätte mir keine bessere Zeit aussuchen können, weil er wie die meisten Richter in Bengasi gerade streike und deshalb alle Zeit der Welt für mich habe. Er erzählte mir, wie erst in der Woche zuvor mitten in einer Verhandlung bewaffnete Männer ins Gericht eingedrungen seien und den Richter mit vorgehaltener Waffe dazu gezwungen hätten, einen Freispruch für den Angeklagten zu unterschreiben. Viele im Justizbereich, Richter, Anwälte und Berater, fürchteten Repressalien. Marwan war damit beschäftigt, Möglichkeiten zu erkunden, wie Tripolis dazu zu bringen war, die Sache ernst zu nehmen. Er nahm mich zu einigen Besprechungen mit, und ich wurde Zeuge, wie er die angesehensten Richter des Landes davon überzeugte, die Libysche Richtervereinigung zu bilden, inzwischen eine NGO, die für die Unabhängigkeit der Gerichtsbarkeit eintritt und sie überwacht.

Ähnliche Bemühungen gab es an verschiedenen anderen Fronten. Ich bin nie irgendwo gewesen, wo Hoffnung und Besorgnis ähnlich groß waren. Alles schien möglich, und so gut wie jeder, den ich traf, sprach in einem Atemzug von seinem Optimismus und düsteren Vorahnungen.

In Adschdabiya hielten wir am Hauptkreisverkehr, dem Tim-Hetherington-Platz, neu benannt nach dem englischen Journalisten, der während seiner Berichterstattung über den Krieg in Misrata getötet worden war. Wir kauften Kisten voller Obst. Wieder kam diese Panik in mir auf, nicht zu wissen, wie ich mich Libyen nähern sollte. Der Obsthändler belud unseren Kofferraum. Ich stand neben dem Wagen und erkannte Adschdabiyas trockenes Licht wieder, das Blau seines leeren Himmels, die Art, wie die Hitze dich hält.

Onkel Mahmoud rief auf meinem Handy an. Ich sagte ihm, wir seien nur noch Meter entfernt, und als wir in die vertraute Straße bogen, sah ich ihn vorm Haus stehen. Groß und dünn. Meine Tanten drängten sich hinter ihm. Ich umarmte sie zuerst, und als die Tränen liefen, wusste ich, dass sie um ihren verlorenen Bruder weinten. Wenn die Schwestern meines Vaters wollen, dass ihre Männer oder Kinder etwas versprechen, sagen sie nicht, sie sollen es bei Gott oder dem Propheten schwören, sondern bei meinem Vater, Jaballa. Onkel Mahmoud sagte mit seinem verschmitzten Lächeln: »Kommt, lasst uns keine türkische Seifenoper daraus machen.« Ich umarmte ihn und hielt seinen knochigen Körper lange an mich gedrückt.

Seit seinem Verschwinden hatte ich mich meinem Vater nicht näher gefühlt. Meine Tanten haben seine Augen. Alles, was sie wollten, war, mich anzusehen, und ich wollte sie ansehen. Wir saßen zusammen und hielten uns bei den Händen. Mein Vater hatte so schöne Hände wie sie, mit kühler, weicher Haut.

Licht ist nicht länger willkommen in den Häusern. Es wird ausgesperrt wie die anderen Dinge, die von außen kommen, wie Staub, Hitze und schlechte Nachrichten. Die Architektur, der physische Ausdruck überlegter Gesten, hatte sich in den Jahren meiner Abwesenheit geändert. Sie kehrte der Natur den Rücken zu. In meiner Kindheit hatten die Gärten niedrige Zäune, wenn überhaupt, und solange die Sonne nicht hoch am Himmel stand, wurden die Fenster aufgelassen. Heute verdecken Ziegelmauern den Blick, und die Läden vor den Fenstern sind fast immer geschlossen. Ich konnte in dieser neuen Entschlossenheit, Sonne und Blicke auszusperren, nur eine Art inneren Aufruhr erkennen, persönliche Unruhe. Oft fand ich mich in Räumen wieder, deren Fensterläden seit langer Zeit schon nicht mehr geöffnet worden waren. Mittags, nach mehreren Versuchen, das verzogene Holz aus dem Rahmen zu lösen, war ich gezwungen, zum Schalter neben der Tür zu gehen und das Licht anzumachen. Oft wurde unter einem brennenden Kronleuchter zu Mittag gegessen. Wenn ich die Tür öffnete und mich der Wand aus Licht und dem wie ein umgedrehtes Meer oben schwebenden Blau gegenübersah, hatte ich den Eindruck, dass die Grenze zwischen Innen und Außen den transformativen Übergängen uralter Mythen entsprach.

Nach dem Essen saß ich mit Onkel Mahmoud zusammen, bei geschlossenen Fensterläden. Ich dachte an die zahllosen Fragen, die ich an ihn hatte. Aber ich musste ihn nicht erst zum Reden ermutigen, er wollte über seine Zeit im Gefängnis sprechen. Wir redeten kaum über etwas anderes. Mein Onkel hatte einundzwanzig Jahre in Abu Salim verbracht. Und dem entsprechend, was er mir am Telefon direkt nach seiner Entlassung erzählt hatte, zielten seine Geschichten darauf ab zu beweisen, dass die Machthaber versagt hatten: Er war nicht vernichtet worden, er hatte seine Erinnerung behalten und mit dem Radio, das die Wächter ihm hin und wieder liehen, sogar verfolgen können, was sein Neffe, der Schriftsteller, in London trieb. Seine Geschichten waren der Versuch, die riesige Kluft zwischen der harten Grausamkeit Abu Salims und der Welt draußen zu überbrücken. Vielleicht bedeuteten Onkel Mahmouds Erinnerungen, wie alle Geschichten, einfach: »Ich existiere.«

Er begann damit, mir von seinem ersten Verhör zu berichten, ein paar Minuten nach seiner Verhaftung. Mit Handschellen gefesselt saß er in einem Raum. Wo er sich befand, wusste er nicht. Ihm wurden Stapel Papiere gezeigt, Mitschriften jedes einzelnen Telefongesprächs, ganz gleich, wie bedeutungslos, das in unserer Wohnung in Kairo geführt worden war. Sie zeigten ihm einen großen Schrank mit sechs Schubladen voller Dokumente und Fotografien meines Vaters an öffentlichen

Orten in Kairo, manchmal mit meiner Mutter, meinem Bruder und mir, bei Hochzeiten, gesellschaftlichen Veranstaltungen, im Restaurant, beim Überqueren der Straße. »Sie wussten alles«, sagte Onkel Mahmoud. Jahrelang hatten sie meinen Vater mithilfe der ägyptischen Behörden überwacht. »Dass sie Jaballa hatten, verrieten sie mir nicht«, sagte er. »Das hätte ich nie für möglich gehalten.«

Um ein Uhr nachts, zwölf Stunden nach seiner Verhaftung, wurden Onkel Mahmoud die Augen verbunden, und sie packten ihn in einen Transporter. »Ich hatte keine Ahnung, wo wir waren«, sagte er. »Der Wagen setzte sich in Bewegung, und die Reise schien nicht enden zu wollen. Dann hielten wir. Ich wurde aus dem Transporter geholt und in einen Keller gebracht. Ich dachte, vielleicht haben sie mich in eine jener alten osmanischen Gefängniszellen unter der As-Saraya al-Hamra in Tripolis gebracht. Wie sich herausstellte, waren wir jedoch ganz und gar nicht unter der Erde, sondern nur eine kleine Rampe oder so hinuntergestiegen. Sie führten mich, wandten sich nach links, rechts, links, rechts, mehrmals ging das so, bis mir gesagt wurde, ich solle stehen bleiben. ›Streck die Hände aus.‹ Ich streckte sie aus. Ein Mann gab mir eine Decke. ›Streck die Hände aus‹, sagte er noch einmal, und ich bekam eine Matratze. Dann öffnete er eine Tür. Es war das erste Mal, dass ich dieses schreckliche Geräusch hörte, das mir so vertraut werden sollte, das Geräusch einer schweren, verrosteten, vielleicht zehn Jahre nicht geöffneten Tür, die aufgeschlossen wurde und aufschwang. Er stieß mich ins Innere, knallte die Tür hinter mir zu und schob den Riegel vor. Ich trug keine Handschellen mehr, meine Augen waren aber immer noch verbunden. Ich hatte Angst vor dem, was ich vielleicht sehen würde, und so wartete ich ein paar Minuten, bevor ich die Binde abnahm. Ich war an einem absolut finsteren Ort. Erst nach und nach konnte ich einzelne Dinge erkennen. Ich war fürchterlich durstig, und es fühlte sich an, als sagte mir jemand, ich solle mich umdrehen. Ich tat es und entdeckte einen Wasserhahn. Sauberes, süßes Wasser. Ich trank und dankte Gott. Langsam, wie mit Katzenaugen, begann ich in der Finsternis zu sehen. Ich sah, dass ich in einem kleinen Raum war, vier Wände. Ich fühlte mich benommen und wusste immer noch nicht, wo genau ich mich befand. Ich breitete die Matratze auf dem Boden aus und, das ist jetzt kein Spaß, schlief bereits, bevor mein Kopf sie berührte.

Am Morgen weckte mich das Gespräch zweier Männer. Ich hatte keine Ahnung, wo ich war, ob sich der Raum in einer Wüste befand, für sich existierte oder Teil einer größeren Anlage war. Ein Mann rief: ›Hamid‹, und der andere sagte: ›Ja, Saad.‹ ›Weißt du, wo wir sind?‹ ›Nein, wo bin ich, Saad?‹ ›Du bist in Abu Salim.‹ So erfuhr ich, dass ich an diesem schrecklichen Ort gelandet war. Wir alle hatten von Abu Salim gehört. Ich nahm zunächst an, die beiden Männer wären im selben Raum mit mir, vielleicht hatte man sie so übel zusammengeschlagen, dass sie an den Seiten der Zelle zusammengebrochen waren. Wie sich jedoch herausstellte, und mit der Zeit sollte ich mich an die ganz eigene Welt des Gefängnisses gewöhnen, saßen sie in zwei verschiedenen Zellen, die etwa fünf Türen auseinanderlagen. Ich hatte meine Brille nicht dabei. Ich trat ganz nahe an die Wände heran und las in sie eingeritzte Namen und Datumsangaben. Dann fand ich ein winziges Loch. Ich guckte hindurch und sah einen Mann in einer ganz ähnlichen Zelle wie meiner herumgehen. So stellte ich fest, dass ich einen Nachbarn hatte. Er sah mich, kam näher, blickte durchs Loch und sagte: ›Onkel?‹ Es war dein Cousin Saleh.«

Während jener frühen Tage erfuhren Onkel Mahmoud, Onkel Hamad und meine Cousins Saleh und Ali, dass sie alle dort im Gefängnis saßen, alle im gleichen Trakt. »Unser Trakt war voll«, sagte Onkel Mahmoud. »Aber der gegenüber war leer. Nichts regte sich, nur gelegentlich ging eine Tür auf und zu. Da war jemand, nur wer es war, wusste keiner. Nach sieben Tagen dann hörten wir ihn. Jeden Abend, wenn es im Gefängnis still wurde, rezitierte er bis spät in die Nacht Gedichte. Die Gedichte gehörten zu einer speziellen Form, die in Adschdabiya beliebt war und oft für Elegien benutzt wurde, wegen der schwermütigen Wiederholungen. Es war die Stimme eines älteren Mannes. Wir lauschten ihm, wussten aber nicht, wer er war. Eines Tages rief er meinen Namen. Ich antwortete und fragte, wer er sei. ›Erkennst du mich nicht?‹, fragte er. Ich sagte: ›Nein‹, worauf er verstummte. Weißt du, wie lange er stumm blieb? Eine ganze Woche. Dann rief er wieder meinen Namen und fragte, ob ich ihn immer noch nicht erkennen würde. ›Ich will dir einen Hinweis geben‹, sagte er. ›Deine Hose rutscht.‹ Das war ein Witz, den dein Vater und ich als Kinder gemacht hatten. Ich antwortete nicht. Ich dachte, das muss eine Falle sein. Ich konnte mir nicht vorstellen, dass Jaballa da sein sollte. Wieder verging eine Woche, bis ich ihn erneut meinen Namen rufen hörte. Ali rief und sagte: ›Es ist Onkel Jaballa.‹ Hamad sagte: ›Glaube ihm nicht. Frage ihn nach einem weiteren Zeichen.‹ Das tat ich, und er sagte: ›Ich komme auch aus Blo'thaah.‹ Mir wurde schlecht, als zerrisse es mir das Herz.«

In dem Moment wurden wir unterbrochen. Die Tür zum Garten öffnete sich. Licht drang in den Raum, fest wie Mauerwerk, und verdunkelte drei, vier hereinkommende Gestalten. Wir standen auf, um sie zu begrüßen. Verwandte und Freunde der

Familie. Tee wurde gebracht. Onkel Mahmoud ging im Zimmer herum und schenkte ein, ich folgte ihm mit Keksen und Nüssen. Die gewohnten Allgemeinplätze wurden ausgetauscht, bis die Unterhaltung auf die Sicherheitsprobleme des Landes kam. Je leidenschaftlicher das Gespräch, desto stiller wurde Onkel Mahmoud. Er antwortete auf eine Frage oder einen Ausruf nur noch mit einem einfachen Nicken und einem müden Lächeln, schloss am Ende die Augen und schlief ein. Sein Tee blieb unberührt.

6. Gedichte

Das Land, das Väter und Söhne trennt, hat vielen Reisenden die Orientierung genommen. Man kann sich dort leicht verirren. Telemach, Edgar, Hamlet und zahllose andere Söhne, deren private Dramen im Zeitlosen verlaufen, sind so weit in die unsichere Ferne zwischen Vergangenheit und Gegenwart hinausgesegelt, dass sie hilflos auf den Wellen zu treiben scheinen. Wie alle Männer sind sie durch einen anderen Mann in diese Welt eingetreten, einen Sponsor, der ihnen das Tor geöffnet hat, und das, wenn sie Glück hatten, sanft, mit einem beruhigenden Lächeln und einem ermutigenden Stoß gegen die Schulter. Und die Väter, waren sie doch auch einmal Söhne, müssen gewusst haben, dass der Geist ihrer Hand dort über die Jahre liegen bleibt, bis zum Ende der Zeiten. Und ganz gleich, welche Last diese Schulter zu tragen hat und wie viele Küsse eine Geliebte darauf zurücklassen mag, vielleicht vom geheimen Wunsch getrieben, jeden Anspruch eines anderen auszulöschen, wird sie dennoch für immer treu sein und sich an die Hand des guten Mannes erinnern, der sie und ihren Besitzer in die Welt gebracht hat. Ein Mann zu sein bedeutet, Teil einer Kette aus Dankbarkeit und Erinnerung zu sein, aus Vorwurf und Vergessen, Unterwerfung und Rebellion, bis der Blick des Sohnes so wund und gespannt ist, dass er zurückblickend nur mehr Schatten sieht. Mit jedem neuen Tag entschwindet der Vater weiter in der Nacht, tiefer im Nebel, lässt einzelne Dinge von sich zurück und die so gewaltige wie offensichtliche Tatsache, dass wir, so sehr wir uns auch bemühen, unsere Väter doch nie ganz werden kennen können – was gleichermaßen frustrierend wie gnädig ist, denn wie soll ein Sohn weiterleben, wenn er nicht auch vergisst?

Das denke ich angesichts von Onkel Mahmouds Bericht, wie er erfahren hat, dass Vater nicht sicher zu Hause in Kairo war, sondern nur ein paar Meter entfernt in einer Zelle im gegenüberliegenden Trakt saß. Wie viele andere Geschichten von Männern, die zur gleichen Zeit im Gefängnis waren, eröffnete auch diese mehr Fragen, als sie Antworten gab. Ich hätte gern gewusst, warum Vater so lange wartete, bevor er etwas sagte. Er war bereits seit ein paar Tagen in Abu Salim und muss gehört haben, wie sich Mahmoud, Hamad, Ali und Saleh von Zelle zu Zelle unterhielten. Und warum wartete er, nachdem er sein Schweigen gebrochen hatte und nicht erkannt worden war, eine Woche, bis er es wieder probierte, und als auch dieser Versuch fehlschlug, noch einmal sieben Tage? Was ging ihm durch den Kopf? Worin lag der Grund für seine Zweifel, seine Verschlossenheit? Warum diese Heimlichkeit, warum sagte er nicht einfach: »Mahmoud, ich bin's, dein Bruder Jaballa«? Andererseits konnte ich nicht verstehen, wie Mahmoud und die anderen seine Stimme nicht gleich wiedererkannten, die ihnen doch so vertraut war. Noch bevor Vater Onkel Mahmoud direkt ansprach: »Mahmoud, erkennst du mich nicht?«, wie hatten sie da nicht realisieren können, dass die Stimme des Gedichte rezitierenden Mannes die von Jaballa Matar war? Gut, vielleicht erkannten sie seine Stimme nicht, aber wie hatten sie die Gedichte nicht hellhörig machen können, die mein Vater für seine abendlichen Rezitationen aussuchte? Vaters Gedächtnis war eine Art lebende Bibliothek, in der sich wenigstens ein

Gedicht jedes bedeutenden arabischen Dichters der Neuzeit fand. Aber er wählte keines von Ahmed Shawqi oder einem anderen der zahlreichen Poeten der Nahda-Zeit aus, der sogenannten arabischen Renaissance um die Wende zum zwanzigsten Jahrhundert, und auch keines von Badr Shakir as-Sayyab oder den von ihm so bewunderten Modernisten. Nein, in jenen dunklen, stummen Nächten, in denen es im Gefängnis so ruhig wurde, dass man, wie Mahmoud es ausdrückte, »eine Stecknadel fallen hören konnte, oder die leisen Tränen eines Mannes«, suchte er Zuflucht in der elegischen Beduinen-Dichtung des Alam. Das Wort bedeutet »Wissen«, »Banner« oder »Flagge«, stand aber immer, wenigstens in meinen Augen, für ein durch Verlust gewonnenes Begreifen. Es ist eine poetische Form, die die Vergangenheit der Gegenwart vorzieht und in ganz Kyrenaika beliebt ist, aber nirgends mehr als in Adschdabiya.

Ich stelle mir vor, dass er das Alam mit der gleichen Stimme wie zu Hause rezitierte, einer Stimme, die eine magische Landschaft eröffnete, so unsicher und grenzenlos wie ruhiges, in den Himmel übergehendes Wasser. Das geschah selten. Oft waren mehrere Bitten verschiedener Anwesender nötig, um ihn zu überreden, zum Beispiel gegen Ende jener epischen Dinnerpartys, die meine Eltern in unserer Kairoer Wohnung veranstalteten. Dieser Teil des Abends, der für mich immer zu spät kam, war der Moment, der aller vorangehenden Verrücktheit Sinn verlieh. Es war wie bei einem der Dörfer hoch oben in den Bergen, die wir nach zu vielen verwirrenden Windungen und Wortwechseln erreichten. Mutter sagte: »Genug, kehren wir um«, und Vater entgegnete: »Aber sieh doch, wir sind fast da.« Die Steigung führte in eine Ebene, und schon waren wir mitten im Dorf, geschützt vor der Weite der Landschaft.

Zuerst wurde das Menü zusammengestellt, mit etlichen Änderungen, bis schließlich Einigkeit bestand. Dann setzte sich die Maschinerie in Gang. Jede Quelle wurde genutzt, Diener- und Nachkommenschaft sowie eine Handvoll engagierter Freunde eingesetzt, bis auch noch die letzte gewünschte Zutat lokalisiert und geliefert war. Meine Mutter organisierte die komplizierte Operation mit der Autorität einer Künstlerin im Dienste einer höheren Sache. Stunden verbrachte sie am Telefon und instruierte alle aufs Genaueste, den Metzger, der das Fleisch, den Bauern, der Milch, Joghurt und Käse lieferte, und den Floristen. Mehrmals ging sie zum Obsthändler, und sie fuhr selbst ins Nildelta, über schmale, unbefestigte Straßen in ein kleines Dorf bei Schibin al-Kaum im Gouvernement al-Minufiyya, um, wie sie immer sagte, jede einzelne Taube mit »meinen eigenen Augen« auszusuchen. Ich wurde Muskat kaufen geschickt, in ein Geschäft im Westen der Stadt, dann Gummi arabicum in einem anderen im Osten. Je nach Jahreszeit gab es nur einen Gemüsehändler in ganz Kairo, von dem wir Knoblauch bezogen. Etliche Granatäpfel wurden angefordert und probiert, bevor Mutter ihre Wahl traf, und weil die Ägypter, worauf sie bestand, Olivenöl nicht zu schätzen wussten, bestellte sie ganze Kanister bei ihrem Bruder im Al-Dschabal-al-Achdar-Gebirge, der es dort selbst produzierte. War die libysch-ägyptische Grenze geschlossen, bekam sie es aus der Toskana oder Ligurien. Ziad und ich mussten dann den Fahrer zum Flughafen begleiten, um zu erklären, warum in unserem Haushalt so viel Olivenöl gebraucht wurde. Nach Zahlung der nötigen Bestechungsgelder kehrten wir schließlich mit unserer Beute zu unserer glücklich lächelnden Mutter zurück. Orangenblütenwasser wurde aus ihrer Heimatstadt Derna geliefert oder, wenn das nicht möglich war, aus Tunesien. Am Tag der

Party kam ein Spritzer davon auf den Granatapfel-Obstsalat und in die Krüge kalten Wassers. Die Marmorfliesen wurden ebenfalls damit gewischt.

Vaters Wohlstand (er hatte ein kleines Vermögen damit verdient, japanische und westliche Waren in den Nahen Osten zu importieren) bedeutete nicht nur, dass wir Mutters Exzentrizität pflegen und aufwendig leben konnten, das Geld half auch, Vaters politischen Aktivismus zu fördern. Er richtete einen Fonds für im Ausland studierende libysche Studenten ein und unterstützte verschiedene akademische Projekte wie die Übersetzung einer juristischen Enzyklopädie ins Arabische. Was ihn für das Gaddafi-Regime jedoch wirklich gefährlich machte, war, dass sein politisches Engagement den finanziellen Ressourcen entsprach. Vater war ein Führer. Er wusste, wie man eine Bewegung leitete und organisierte. Er koordinierte einige Schläferzellen in Libyen, richtete im Tschad, nahe der libyschen Grenze, militärische Trainingslager ein und finanzierte das alles nicht nur mit eigenem Geld, sondern besaß auch ein Talent dafür, Spenden zu sammeln, fuhr um die Welt und überzeugte wohlhabende Exil-Libyer davon, seine Organisation zu unterstützen. Ihr Jahresbudget lag in den frühen 8oer Jahren bei sieben Millionen Dollar, zu Ende des Jahrzehnts waren es jedoch schon fünfzehn Millionen. Aber damit nicht genug. Die kleine im Tschad aufgestellte Armee kommandierte er persönlich.

Als ich aufwuchs, hatte ich immer befürchtet, dass unser Geld eines Tages verschwunden sein würde. Ich machte mir Sorgen und fragte ihn bei mehr als einer Gelegenheit: »Wie viel ist noch da?«

»Nun, mein Herr Finanzminister«, antwortete Vater darauf lächelnd. »Sagen wir einfach, das geht dich nichts an.«

»Aber ich will doch nur, dass es keine Probleme gibt.«

»Du wirst keine Probleme haben«, sagte er. »Ich schulde dir eine Universitätsausbildung, danach musst du für dich selbst sorgen.«

Nach seiner Entführung stellten wir fest, dass das Bankkonto fast leer war. Laut der Kontoauszüge waren 1979, als wir Libyen verließen, noch sechs Millionen Dollar darauf gewesen, doch die waren in den etwas mehr als zehn Jahren fast völlig aufgebraucht. Ich ärgerte mich maßlos, vor allem da sich seit Vaters Verschwinden keiner von den zahllosen sogenannten Aktivisten, die in unserer Wohnung ein- und ausgegangen waren, mehr blicken ließ, sogar Vaters engste Verbündete blieben weg. Es war, als hätte uns eine ansteckende Krankheit befallen. Gar nicht begreifen konnte ich, wie er Mutter, die ihr ganzes Leben nicht einen Tag für Geld gearbeitet hatte, ohne ausreichendes Einkommen zurücklassen konnte. Ziad und ich mussten schnellstens Wege finden, die Familie zu unterstützen. Die einzige Erklärung, die mir für die Situation einfallen wollte, war, dass sich Vater des bevorstehenden Sieges gewiss gewesen war. Er musste gedacht haben, Mutter und er würden nach Tripolis zurückkehren, die Wohnung in Kairo verkaufen und vielleicht von den Erträgen des Landes leben, das er in Libyen besaß. Es dauerte etwas, die Implikationen der Handlungen meines Vaters zu verstehen. Was meine Mutter betraf, so betrachtete er mich und Ziad als seine Garanten. Er glaubte, sich auf uns verlassen zu können, was ein Ausdruck tiefen Vertrauens war. Ich weiß nicht zuletzt aus seinen Briefen, dass ihn der Gedanke an seine Söhne in seiner Kerkerexistenz tröstete und beruhigte. Sein Glaube an uns war etwas Unbezahlbares, und ich bin ihm dankbar dafür, dass ich gezwungen war, meinen eigenen Weg zu finden. Sein Verschwinden setzte mich zwar unter Druck und machte meine Zukunft ungewiss, aber wie sich herausstellt, sind Druck und Ungewissheit ausgezeichnete Lehrer.

Während der Jahre in Kairo, als er noch da war, wohnten wir in einem Penthouse, das die gesamte oberste Etage eines großen Gebäudes in el-Mohandisin einnahm. Als wir einzogen, hatten wir einen kilometerweiten Blick bis ans Ende der Stadt, wo die Bauernhöfe begannen, doch sehr schnell wurden rund um uns hohe Häuser gebaut und ließen nur schmale Ausblicke auf den Horizont offen. Vor den Dinnerpartys kamen Männer und lehnten sich gefährlich weit über den Rand, um die Glaswand am einen Ende des Wohnzimmers zu putzen. Am Tag selbst wurde das Räuchergefäß aus Messing in jeden einzelnen Raum getragen und der Rauch hinter den Vorhängen in den Ecken gefangen. Unablässig klingelte es an der Tür, weil Lieferungen eintrafen, und in der Küche, direkt beim Eingang, stand meine Mutter, unterstützt vom Koch und ein paar Küchenhilfen. Das Radio war laut aufgedreht, und es erklangen Lieder von Farid al-Atrash, Najat al-Saghira, Oum Kalthum oder Mohammad Abdel Wahab. Meine Mutter gehörte zu den libyschen Familien, für die Kairo eine Kulturmetropole war. Sie liebte die Stadt und bewegte sich dort ganz ungezwungen. Oft wiederholte sie, was ihre Mutter auch immer gesagt hatte, wenn sie einen Menschen mit grimmigem Gesichtsausdruck sah: »Er kann nichts dafür, er war noch nie in Kairo.« In jenen Tagen verhielt sich meine Mutter, als würde die Welt auf ewig bleiben, wie sie war. Und ich nehme an, das ist es, was man von Müttern erwartet: die Welt zu erhalten und, selbst wenn es eine Lüge ist, so zu tun, als könnte sie erhalten werden. Während mein Vater ganz mit Vergangenheit und Zukunft beschäftigt war, der Rückkehr nach Libyen und der Erneuerung des Landes, widmete sich meine Mutter der Gegenwart. Aus diesem Grund war sie die wahrhaft radikale Kraft meiner Jugend.

Wir lebten in einem politischen Haus, voller Dissidenten und ihren voraussagbaren, oft ermüdenden Gesprächen. Die besonderen Abendessen waren Mutters Vergeltungsschlag gegen diese Umstände. Ihre Besessenheit, wo und wann jede Zutat zu beschaffen war, zusammen mit ihrem außergewöhnlichen Talent als Köchin, führte zu erstaunlichen Ergebnissen und ließ die Männer buchstäblich verstummen. Ich entfloh den Aktivitäten am Tag meist und kam erst abends zurück. Gleich zog Mutter mich in die Küche, bestand darauf, dass ich verschiedene Gerichte probierte, und wollte wissen, ob genug Salz darin war oder ob sie mehr Chili hinzufügen sollte. Der Tisch war so großartig gedeckt, dass es den Gästen entweder die Sprache verschlug oder sie vor lauter Begeisterung nicht aufhören konnten zu reden. Ich erinnere mich an einen geselligen Mann, der unter Idris Minister gewesen war. Bis die Suppe aufgetragen wurde, beherrschte er das Gespräch, dann nahm er den ersten Löffel und verstummte vollkommen. Der ganze Tisch bemerkte es. »Ist alles in Ordnung, Minister?«, fragte Vater. Der Mann nickte, ohne den Blick zu heben. Gelegentlich betupfte er sich das Gesicht mit der Serviette, und ich dachte, er gehört zu denen, die beim Essen zu schwitzen beginnen. Erst als sein Teller leer war und er den Kopf wieder heben musste, sahen wir, wie rot seine Augen waren. Beim Hauptgang dann änderte sich seine Gefühlslage zu offener Freude. All das verschaffte meiner Mutter eine große Befriedigung, und auch wenn mein Vater es zu verstecken versuchte, war sein Stolz doch offensichtlich. Es waren die starken Jahre, in denen meine Eltern trotz der gewohnten alltäglichen Besorgnisse von dem Vertrauen getragen wurden, dass die Zukunft ein freundliches Land war.

Und es war für gewöhnlich bei einem dieser Essen, dass die willkommene Bitte aufkam, leise erst, dann aber weniger scheu von einem weiteren Gast geäußert und schließlich in ein lautes, stürmisches Verlangen mündend. Vaters Wangen röteten sich leicht, doch das Leuchten in seinen Augen verriet seine Freude, und er gab nach. Nichts schien er mehr zu genießen als ein gutes Gedicht. Ein schöner Vers beruhigte ihn und machte die Welt einen Moment lang zu einem guten Ort. Sprache ganz allgemein war für ihn etwas Belebendes und Ermutigendes, und es wurde klar, dass sein anfänglicher Widerstand nur dazu gedient hatte, die Begeisterung der Runde zu testen. Ganz leicht beugte er sich vor, und es geschah: In der zögernden Stille öffnete sich ein neuer Raum. Er wusste genau, wie er seine Stimme einzusetzen hatte, wo die Saiten zu straffen und wo sie zu lockern waren, und er begann und beendete seine Rezitationen, vielleicht als Reminiszenz oder Treue zu seiner Heimatstadt, mit einem Alam.

Mehrfach schon hatte er sich selbst auf dem Feld versucht und mir die Ergebnisse vorgetragen, wenn wir zu zweit im Auto saßen, was leider hieß, äußerst selten. Mein Vater fuhr mich kaum einmal zur Schule, in den Sportclub oder zu Freunden. Einmal bestand meine Mutter darauf, dass er mitkam, um mir bei einem Judo-Wettkampf zuzusehen, worauf ich nicht ganz bei der Sache war, sah ich doch, wie fehl am Platz er wirkte. Es war sein allgemeines Desinteresse an der ägyptischen Mittelklasse, das er nicht ganz zu verbergen vermochte. Fast nie unterhielt er sich mit jemandem um der Unterhaltung willen oder um sich die Zeit zu verkürzen. Ich kann mich nicht erinnern, ihn über Geld, Immobilien oder das Neueste in dieser oder jener Richtung reden gehört zu haben. Er verfügte über eine erstaunliche Fähigkeit, in Gesellschaft zu schweigen, weshalb er oft für überheblich und kalt gehalten wurde. Stolz war er sicherlich. Ich weiß noch, wie er zu einem Vertreter der ägyptischen Regierung, der ihn überreden wollte, aus der Politik auszusteigen, sagte: »Zwischen uns steht nur ein Koffer. Wenn ich hier nicht länger willkommen bin, packe ich morgen schon meine Sachen.«

Meinem Bruder und mir brachte er bei, von niemandem finanzielle Hilfe anzunehmen, besonders nicht von Regierungen, und wenn wir unsererseits jemandem etwas gaben, es so diskret zu tun, »dass die linke Hand nicht weiß, was die rechte da tut«. Einmal sah er, wie ich ein paar Münzen zählte, bevor ich sie einem Bettler gab. »Das nächste Mal machst du keine Vorführung daraus«, sagte er. »Gib so, als würdest du etwas nehmen.« Ich brauchte lange, um das zu verstehen. Wenn wir an Arbeitern oder Straßenfegern vorbeikamen, die gerade zu Mittag aßen und uns einluden, uns zu ihnen zu setzen, wie es die Sitte war (was bedeutete, sie rechneten nicht wirklich damit, dass wir ihrer Aufforderung folgten), ließ sich Vater in seinen guten Sachen zwischen den Männern auf dem Boden nieder, und wenn ich nicht so schnell war wie er, sagte er: »Komm schon, ein ehrliches Essen nährt Hunderte.« Er nahm ein, zwei Bissen an und vollführte seinen Zaubertrick, indem er mitten im Satz ein paar Banknoten unter den Teller schob. Dann sah er auf die Uhr und sagte: »Männer, ihr seid großartig. Danke.« Seine immer sanfte Stimme hob sich, wenn er erfuhr, dass einer der Bediensteten einen Bedürftigen abgewiesen oder eine Katze verscheucht hatte. Die einfache Regel bestand darin, niemanden, ob Mensch oder Tier, zurückzuweisen, der Hilfe brauchte. »Es ist nicht deine Aufgabe, in ihren

Herzen zu lesen«, erklärte er mir einmal, als ich gesagt hatte, dass die Bettelei ein Beruf sei. »Deine Pflicht ist nicht zu zweifeln, sondern zu geben. Stelle keine Fragen an der Tür, und erlaube ihnen erst zu sagen, weswegen sie gekommen sind, wenn sie einen Tee getrunken und etwas gegessen haben.« Die Nachricht verbreitete sich, und so klingelte es täglich zwei-, dreimal an unserer Tür. Meist brauchten die Leute Geld für Essen, die Schule oder Medizin. Einige wollten auch, dass wir in einem Streit vermittelten oder verlorenes Eigentum wiederbeschafften, das ihnen bei einer Auseinandersetzung genommen worden war, einen Wagen, ein Rad, einen Korb. Mein Bruder und ich erledigten das oft ohne Zutun unseres Vaters, als gehörte es zu unserer Ausbildung. Es machte den Kokon unserer Privilegiertheit durchlässig und lehrte mich etwas über die Ungerechtigkeit und Demütigung des Bedürftigseins.

Das andere, was wir unbedingt zu lernen hatten, war, ein Pferd zu reiten, mit einem Gewehr umzugehen und zu schwimmen. Davon war schon Vaters Vater, Großvater Hamed, überzeugt gewesen, und ich nehme an, er hatte es von Umar ibn al-Chattab übernommen. Vater fuhr mit mir an den Rand von Kairo, in die Wüste hinter die Pyramiden von Gizeh, um mir das Schießen mit einem Gewehr beizubringen. Und an jenen seltenen Nachmittagen, da wir allein im Auto saßen, rezitierte er mir seine neuen Kompositionen. Wenn ich ihn dann aufzog, sagte er: »Das sind Meisterwerke, was du verstehen würdest, wenn du nicht ein so ungebildeter Junge wärst«, was mich zum Lachen brachte wie sonst nichts.

Onkel Mahmoud wusste das alles. Und da Vater ihn unbemerkt über seine Anwesenheit informieren wollte, ist es sehr wahrscheinlich, dass er eines seiner eigenen Gedichte rezitierte, wahrscheinlich das, das so beginnt:

Wäre der Schmerz nicht so klar,

Hätte ich gefragt,

Welches Leid soll ich gestehn.

Onkel Mahmoud führte den Umstand, dass er die Stimme seines Bruders nicht erkannt hatte, auf die allgemeine Verwirrung des Gefängnislebens, den Schock der Verhaftung, die endlosen Verhöre und die Desorientierung durch das Eingesperrtsein zurück. »Solche Bedingungen«, sagte er, »beeinträchtigen deine geistigen Fähigkeiten.«

Er sah, dass mich das nicht völlig überzeugte.

»Am Ende«, fügte er hinzu, »wollte ich es wohl einfach nicht glauben.«

Aber der Schock und die Weigerung, schlimme Neuigkeiten zu akzeptieren, konnten nur Mosaiksteine sein, und nach und nach ergab ich mich der einzig glaubhaften Erklärung: Vater wollte allein an seiner Stimme erkannt werden, ohne weitere Hinweise geben zu müssen. Vielleicht ging es ihm, wie mir, vor allem um den Erhalt. Teil dessen, was wir am Leiden fürchten, vielleicht das, wir am meisten daran fürchten, ist die mögliche Wandlung, die es mit sich bringt. Ich habe immer noch Träume, in denen ich ihm ein Fremder zu sein scheine. Einen dieser Träume hatte ich nur Monate nach seinem Verschwinden, und ich kann ihn bis heute nicht vergessen. Darin hatte mein Vater etwas so Extremes durchlebt, dass er mich nicht wiedererkannte. Er sah mich an, als wären wir Fremde. Und so erkannte Onkel Mahmoud Vater vielleicht nicht nur wegen der fremden Wirklichkeit des Gefängnisses nicht, sondern weil Vater ein anderer Mann geworden war. Und vielleicht wusste Onkel Mahmoud das, wollte es aber nicht laut aussprechen. Vielleicht glich seine Reaktion auf die Stimme seines Bruders derjenigen

Dantes, der in die Tiefen der Hölle hinuntersteigt und Ciacco begegnet, einem Mann, den er im Leben gut kannte, der aber nicht wiederzuerkennen ist, und er sagt zu ihm:

> ... *Die Angst, in der du lebest,*
> *Hat dich vielleicht gelöscht in meinem Geiste,*
> *So dass mir scheint, ich hab dich nie gesehen.*
>
> *Doch sag mir, wer du bist, der du geraten*
> *An solch qualvollen Ort, in solche Strafe,*
> *Denn größre gibt's, doch keine so abscheulich.*

Wie Dante muss Onkel Mahmoud gewusst haben, dass es Vaters Stimme war, und wie Ciacco hoffte Vater, sich beweisen zu können, dass er noch war, wer er gewesen.

7. Deine Gesundheit? Deine Familie?

Die Frage, was Vater während seiner Gefangenschaft durchzustehen hatte, verfolgt mich nach wie vor. Dabei fixieren sich meine Gedanken auf die ersten Tage, die ersten paar Stunden. Es scheint, als vernebelte meine Vorstellungskraft, je tiefer es in sein Leben im Gefängnis geht. Ich vermag nur in die Nähe zu sehen. Während der ersten paar Jahre schränkte allein schon der Gedanke, was mein Vater zu erleiden haben mochte, mich ein. Immer wieder wurden wir von den ägyptischen Behörden gewarnt, die uns ruhig halten wollten und deshalb glauben ließen, dass sie ihn an einem sicheren Ort am Rande von Kairo festhielten. Wenn wir öffentlich dagegen aufbegehrten, gab man uns zu verstehen, oder, mit ihren Worten, »zu viel Lärm machten«, würde das »die Situation komplizieren«. Wir glaubten ihnen. Ich war neunzehn. Ich wurde zu einem aufgezäumten Tier, vorsichtig und still. Wenn ich ein Bad nahm oder beim Essen saß, musste ich stets daran denken, was für abscheuliche Dinge sie gerade mit meinem Vater machten. Ich sprach nicht mehr, verließ meine Londoner Wohnung kaum und ging nur zu meinen Veranstaltungen an der Universität oder in die National Gallery. Mehr als ein Jahr nach seinem Verschwinden flog ich nach Kairo, es war eine sehr verzögerte Reaktion, die ich nicht zu erklären vermochte. Sechs Monate blieb ich im Haus, und am Ende wurde selbst der Wechsel von einem Zimmer ins andere zu einer komplizierten Aktivität.

Die Schwelle begann sich zu verdrehen, und ich sehe noch, wie sich der Bogen zwischen Wohnzimmer und Diele immer hektischer verzog, je näher ich ihm kam. Jede Bewegung erhöhte meinen Herzschlag. Wenn ich aus dem Fenster sah, musste ich darauf achten, dass mein Blick nicht auf die Räder eines vorbeifahrenden Wagens fiel. Schon der Bruchteil einer Sekunde reichte, um mich zum Zittern zu bringen. Eines Tages sorgte ein Satz meiner Mutter oder meines Bruders (was es war, kann ich nicht sagen), dafür, dass ich wiederholt unter den Küchentisch trat. Das schwere hölzerne Ding hüpfte auf und ab und mit ihm die Teller, die fast wieder am selben Ort landeten. Ziad hielt mich fest und ermahnte meine Mutter ungerechterweise: »Siehst du, was du angerichtet hast?« Er fühlte sich für sie und mich verantwortlich, ich mich für ihn und sie und sie sich für uns alle. Jeder von uns war Elternteil und Kind – um die fehlende Säule zu ersetzen, stand das einst ausbalancierte Gefüge unter ständiger Belastung.

Als Onkel Mahmoud seine Augen wieder öffnete, merkten es seine Gäste nicht, sondern unterhielten sich weiter mit lauten Stimmen. Er lächelte mir zu. Es kamen noch mehr Besucher, Cousins und Cousinen zweiten und dritten Grades. Ich kannte sie nicht, und sie kannten mich nicht, aber wir umarmten uns, setzten uns, redeten und tauschten höfliche Fragen aus. Ich fühlte mich anerkannt und war überzeugt, wenn ich meine Besitztümer zusammenpackte und an die Tür dieser Menschen klopfte, würden sie mich aufnehmen. Das war ein komischer Gedanke, bin ich doch normalerweise ein sehr nervöser Hausgast und versuche zu vermeiden, bei anderen Leuten zu wohnen. Es ist die Trunkenheit der Rückkehr, sagte ich mir. Das gibt sich bald. Mehr Tee, Kaffee und Süßes wurde aufgetragen. Einige rauchten stumm, andere sahen in ihren Schoß und studierten ihre Hände. Als Erregung und Nervosität nichts zu sagen übrig ließen, taten wir, was die meisten Leute tun und worin die libysch-beduinische Gesellschaft besonders gut ist: Wir wiederholten die höflichen, unpersönlichen Allgemeinplätze und Fragen, die, so verlangt es die Etikette, nicht zu spezifisch sein dürfen, wobei der Hauptzweck darin liegt, dem aus dem Weg zu gehen, was die männlichen Mitglieder meiner Familie väterlicherseits stets sorgfältig vermeiden: Einmischung und Klatsch. Sie misstrauen Menschen, die zu viel reden, was zu Situationen führen kann, in denen eine Unterhaltung aus wenigen Sätzen besteht, die stets aufs Neue wiederholt werden. So geschah es zwischen mir und einem älteren Mann, der erst kam, nachdem alle anderen wieder gegangen waren. Er war schlank und trug einen bis oben zugeknöpften, alten, englischen schwarzen Wollmantel. Sein weißer Turban schien nur locker um seinen Kopf gewickelt, jedoch nicht in Gefahr herunterzurutschen. Entweder, weil sie dachten, ich wüsste, wer er war, oder aus dem Wunsch heraus, die dreiunddreißigjährige Lücke zu ignorieren, die uns voneinander trennte, stellte uns niemand einander vor. Er schien mir auf unbestimmte Weise vertraut, fasste mich bei den Armen und musterte mich ohne ein Wort. Seine Augen waren grün und matt wie Jade, und sein Gesicht, wie sein Körper, zeigte keinerlei Überschuss. Er war dünn, gut aussehend, mit einem kurzen, völlig weißen Bart. Die Haut war dunkel und ledrig, und seine Falten stachen vielzählig und leicht heller daraus hervor. Wir umarmten uns. Ich ließ los, bevor er es tat, umarmte ihn noch einmal und achtete darauf, so fest und lange zuzudrücken wie er. Er zog mich neben sich auf den Boden, legte den Arm um mich und sah mir auch weiter in die Augen. Er fragte mich nichts in Bezug auf mein Leben. Alles, was er sagte, war: »Geht es dir gut? Deine Gesundheit? Deine Familie?«, und wiederholte diese drei Fragen etwa alle zwei Minuten.

»Hadsch, du warst verschwunden«, sagte Onkel Mahmoud, wie ich annahm, um die Monotonie zu durchbrechen.

Der Mann sah mich weiter an, doch sein Lächeln hatte jetzt etwas Verschmitztes. Sein Sohn, ein städtisch wirkender Mann in meinem Alter, begann ihn aufzuziehen. »Sein Zustand ist ernst«, sagte er zu Onkel Mahmoud. »Mittlerweile erträgt er uns gerade noch einen Tag lang, vielleicht zwei.«

»Wohin gehst du dann?«, fragte ich ihn, und weil wir so nahe beieinandersaßen und dazu am Rand der Versammlung, sprach ich leise, was uns wie zwei Verschwörer aussehen ließ.

Er lächelte, als wollte er sagen: »Achte nicht auf ihre Dummheit.« Und es schien auch zu bedeuten: »Es geht vorbei.«

»In die Wüste geht er«, sagte sein Sohn, wurde leicht rot und sah mich so an, wie es gleichaltrige Verwandte, die ich kaum kenne, oft tun, mit einer Schamhaftigkeit, die mein Urteil fürchtet und wünscht. »Er geht zu seinen Kamelen, die er mehr liebt als seine Familie. Er verwöhnt sie unendlich.«

Der Mann sah mich weiter an und verweigerte jeden Kommentar. Onkel Mahmoud versuchte für ihn zu antworten: »Wer kann es ihm übel nehmen? Er ist die Menschen leid.«

Im darauffolgenden Schweigen saßen wir da, mein Arm lag auf seinem, seine Hand hielt meine. Er starrte mich an. Ich erwiderte seinen Blick, sah zu den anderen, auf den Boden und seine große Hand auf meiner. Seine Nägel waren schwarz, seine Haut wie aus Holz. Im Gegensatz dazu wirkte meine Hand neu und unbenutzt. »Geht es dir gut? Deine Gesundheit? Deine Familie?«, fragte er wieder. Diesmal versuchte ich ihm zu antworten, doch was ich sagte, interessierte ihn nicht. Seine

Fragen gingen weiter und wirkten mit jedem Mal lächerlicher, aber auch wehmütiger. Zusammen mit seinem Schweigen gab mir sein Blick, gaben mir diese Augen, die meine nicht losließen, nirgends anders hinsahen als in meine, das Gefühl, dass ich in einem Zustand so rein wie eine Allegorie gefangen war. Er wollte nichts von meiner Existenz, nur sie selbst.

Als er und sein Sohn gegangen waren, sagte mir Onkel Mahmoud, wer er war: »Muftah, ein Cousin deines Vaters. Sie standen sich sehr nahe. Er ist am liebsten bei seinen Kamelen in Blo'thaah. Als Kinder haben dein Vater und er dort gespielt. Er war bei ihm, als dein Onkel Salah starb.«

»Wer ist Onkel Salah?«

»Unser älterer Bruder. Er war ein Jahr älter als dein Vater. Er trat eines Tages auf eine Mine, die von Italienern, Deutschen oder Engländern zurückgelassen worden war. Da war dein Vater zehn. Ihm ist nur deswegen nichts passiert, weil er pinkeln musste. Aber der Anblick des in die Luft gesprengten Salah hat ihn für lange Zeit traumatisiert.«

Nach Jahrzehnten zurück zu Hause, erzählte man mir solche Geschichten, und das mit der Beiläufigkeit einer Anekdote, was in diesem Fall besonders schockierend war, entsprach es doch auf merkwürdige Weise einer Ahnung. Da war immer etwas an meinem Vater zu spüren gewesen, eine durch Jahre der Trauer herausgebildete Stille, zusammen mit einer gewissen Distanz zu seinen Verwandten, vor allem zu einigen seiner Geschwister. Vielleicht rührte das aus der Lücke her, die der getötete Bruder hinterlassen hatte.

»Die Wüste ist immer noch voll von Minen. Muftah war auch da und hat es miterlebt. Er liebte deinen Vater. Das merkt man, oder?«

8. Der Waffenstillstand und die Clementine

Die Gäste verabschiedeten sich. Onkel Mahmoud und ich waren wieder allein, und er gewann neue Energie. Er scherzte mit seinen Kindern und lachte laut über ihre Witze. Und er war schneller als seine Söhne, der Erste, der nach dem Essen die Teller zurück in die Küche trug, der Erste, der sah, wer noch kein Obst gehabt hatte, und ihm die Schüssel reichte. Nur im Hintergrund, in einem geheimen Teil seiner Existenz, schien es eine ruhige, entschlossene Zurückgezogenheit zu geben, eine Scheu, nicht ungleich der eines Gläubigen, der seine Überzeugungen, nachdem man sie in Frage gestellt hatte, nur mehr im Geheimen pflegte. Manchmal ließen ihn seine Gedanken mitten im Gespräch verstummen. Und wenn der Ruf zum Gebet ertönte, begab er sich ganz ohne die in der arabischen Welt heute verbreitete Art, alle anderen zu ermutigen, es ihm nachzutun, in eine Ecke des Raumes, rollte seine Matte aus und kniete nieder. Seine Haltung dabei, seine schlanke Gestalt und die jungenhafte Agilität seiner Bewegungen, schien wie eine Auflehnung gegen die Auslöschung – ein Zeichen seines individuellen Charakters und zugleich Teil des alten menschlichen Kampfes gegen die Sterblichkeit. Es brachte eine Distanz zwischen ihn und die Welt, die wie der Fächer, den das Netz eines Fischers auf der Wasseroberfläche hinterlässt, nur kurz zu erkennen war.

Vielleicht hatte Onkel Mahmoud einen Waffenstillstand ausgerufen, deren Bedingungen nur ihm bekannt oder möglicherweise gar nicht bewusst waren, vielleicht war es eines jener stummen Manöver, die uns von der Welt unendlicher Gefahren abschirmen sollen. Ich fragte mich, wann das gewesen war. Vielleicht während einer der enttäuschenden Mahlzeiten oder im leeren Moment einer zwanglosen Stunde (wenn es im Gefängnis denn je zwanglose Stunden gegeben hatte), oder als er in den Jahren, da er die Zelle verlassen durfte, unter einer enormen Sonne durch den rechteckigen Hof schritt und sich auf die angeregte Weise, für die er immer noch bekannt ist, an bestimmte Einzelheiten aus den *Brüdern Karamasow* erinnerte, sie Mitgefangenen erzählte, aus *Candide* oder *Madame Bovary* oder einem anderen der von ihm so geliebten Romane – was er aus dem gleichen Grund heraus tat, der freie Menschen ein Buch erneut lesen lässt: um den Genuss zu wiederholen und zu vertiefen. Vielleicht war es aber auch kein Roman, sondern ein Fußballspiel, von dem er erzählte, denn obwohl Onkel Mahmouds Leidenschaft, wie die seines Bruders, für Fußball und Literatur verschiedener Art sind, gleichen sie sich doch in ihrer Intensität. Ich sehe ihn vor mir durch die Sonne wandern und, um die glückliche Erinnerung noch einmal zum Leben zu erwecken, einem Freund die Einzelheiten des letzten Fußballspiels darlegen, das er zusammen mit meinem Vater gesehen hat. Das war am 13. September 1989, genau sechs Monate, bevor die beiden Brüder eingesperrt wurden. Ich studierte zu der Zeit in London und konnte deshalb bei Onkel Mahmouds bedeutsamem Besuch nicht in Kairo sein, dem ersten, seit wir Libyen zehn Jahre zuvor verlassen hatten. Das libysche Regime hatte fast der gesamten Familie meines Vaters jede Auslandsreise verboten. Das war eine der vielen Taktiken, mit denen die

Behörden ihn und seine Verwandten bestraften. Darüber hinaus machte das politische Engagement meines Vaters es den männlichen Mitgliedern seines Zweigs der Familie (mit der einen oder anderen Ausnahme eines regimetreuen Verwandten) so gut wie unmöglich, eine Stelle zu finden oder ein Stipendium zu bekommen. Ich habe viele Onkel und Cousins, die darunter zu leiden hatten, und um die Verbindung nicht noch zu stärken und ihre Probleme zu vergrößern, riefen wir sie niemals an oder schrieben ihnen Briefe. Tatsächlich hatte ich Onkel Mahmouds Stimme seit unserer Flucht aus Libyen nicht mehr gehört.

An dem Nachmittag, als er in Kairo ankam, klingelte das Telefon in meiner Londoner Wohnung. Seine Stimme klang immer noch vertraut, es war, als wäre ihr Ton über die letzten zehn Jahre in meinem Kopf gespeichert geblieben. Sie kam mir nur etwas tiefer und fester vor. Wobei natürlich meine Stimmbänder sich weit dramatischer verändert hatten, hatte ich doch zuletzt im Alter von acht Jahren mit ihm gesprochen. Immer wieder sagte er: »Mein Gott, Hisham, du klingst wie ein erwachsener Mann.« Ich sprach auch mit Tante Zaynab, der Frau, die er nach unserer Flucht geheiratet hatte, und fragte mich, wie sie war und was meine Eltern von ihr hielten. Die beiden hatten das jüngste Familienmitglied mitgebracht, ihren kleinen Sohn Izzo al-Arab Matar, der noch ein Baby war. Statt unseres gewohnten wöchentlichen Ferngesprächs rief ich jetzt fast täglich in Kairo an.

Onkel Mahmouds Besuch in dem Herbst fiel mit dem Europapokal zusammen. Nur das Lesen fesselte Vater mehr als Fußball, und keine Mannschaft gefiel ihm besser als Bayern München. Wenn Vater beruflich außer Haus war, nahm Mutter jedes einzelne ihrer Spiele auf. Das tat sie auch noch, nachdem er entführt worden war, und zwar nicht nur jedes Bayern-Spiel, sondern auch die Fußballübertragungen im Radio, ganz gleich wie irrelevant, einschließlich der zweiten ägyptischen Liga. Jedes Mal, wenn ich in den Ferien nach Hause kam, sah ich, dass die Videobibliothek um einen weiteren Meter gewachsen war. Die Kassetten trugen nicht Mutters gewöhnlich sorgfältige Handschrift, sondern eine eiligere Version, mit der sie die Paarungen aufgelistet hatte: »Mali-Senegal«, »Kamerun-Ägypten«, »Juventus-Barcelona« … dazu das Datum. Sie hörte erst auf, als sie drei Jahre später den ersten von Vaters Briefen aus dem Gefängnis bekam. Bis dahin hatte sie Hunderte Stunden Fußball aufgenommen, und ich erinnere mich, wie ich kalkulierte, dass Vater, sollte er zurückkommen und seine Fußballleidenschaft ungebrochen sein, etliche Jahre bräuchte, um sich alles anzusehen.

Aber das damals waren noch glückliche Tage. Meine Eltern waren mit dem Lieblingsbruder meines Vaters wiedervereint, der ihm durch die sechzehn Jahre, die zwischen ihnen lagen, gleichzeitig Bruder und Sohn war, und sie lernten ihre Schwägerin und den neugeborenen Neffen kennen, was sich für Vater fast so anfühlen musste, als hielte er einen Enkel in den Armen.

In der ersten Runde des Europapokals traf Bayern München in dem Jahr auf die Glasgow Rangers, und noch Minuten vor dem Anstoß versuchte sich meine Mutter wie gewohnt zu entscheiden, wem sie die Daumen drücken sollte. Wie ich schlug sie sich schließlich auf die Seite der Rangers, nicht nur, um Vater und Onkel Mahmoud damit das Vergnügen eines Gegners im eigenen Haus zu geben, sondern weil die Rangers den einzigen schwarzen Spieler aufs Feld schickten.

»Er heißt Mark Walters«, erklärte ich Mutter am Telefon, »und er ist nur zwei Jahre älter als Ziad.«

»Ist er Afrikaner?«, fragte sie.

»Ich weiß nicht, aber er ist der erste schwarze Spieler für die Rangers überhaupt. Seine Premiere war ein Skandal. Die Fans schrien und spuckten ihn an. Tausende Bananen wurden auf den Platz geworfen.«

Ich übertrieb. Bei Walters' erstem Spiel flogen zwar tatsächlich Bananen, aber nicht Tausende.

Mutter gab mich an Onkel Mahmoud weiter, dem ich dasselbe über Mark Walters erzählte. Er machte eine Pause und sagte dann, was er am Telefon oft sagte: »Es ist wirklich schade, dass du nicht hier bist.« Dann: »Dein Cousin Izzo lässt dich grüßen«, wobei wir beide wussten, dass er mit seinen zehn Monaten noch gar nicht reden konnte. Er gab mich an Vater weiter.

»Wo siehst du es dir an?«, fragte er.

»Bei einem Freund«, log ich.

Nachdem ich aufgelegt hatte, ging ich in den Pub um die Ecke, bestellte ein Bier und sah mir zusammen mit Fremden das Spiel an. Nach fünfundzwanzig Minuten wurde den Rangers ein Elfmeter zugesprochen. Mark Walters würde ihn schießen. Ich sah, wie er vom Ball zurücktrat, und begann die Sure al-Fatiha zu rezitieren. Ein achtzehnjähriger arabischer Muslim betete in einem englischen Pub für eine schottische Mannschaft, weil sie einen möglicherweise aus Afrika stammenden schwarzen Spieler hatte, während die libysche Familie des Muslims im Exil in Kairo die deutsche Mannschaft anfeuerte. Gott sei Dank traf Mark Walters. Zwei Minuten später glich Bayern München aus, und am Ende gewannen die Deutschen mit drei zu eins. Aber es machte nichts, es war nicht die Schuld des schwarzen Spielers.

Nach dem Spiel rief ich noch einmal zu Hause an. Vater, der nur selten ans Telefon ging, nahm ab.

»Ich wusste, dass du es bist«, sagte er. »Hast du die Künstler gesehen? Einfach genial. Hier, dein Onkel will dich noch mal sprechen.«

»Hisham, hör zu, dein Cousin ist ein geborener Bayern-Fan. Er fing an zu schreien, kaum dass dein afrikanischer Freund … Wie heißt er noch?« Ich konnte Mutter im Hintergrund hören: »Mark Walters«, und es klang, als wäre es der Name eines großen Philosophen oder Dichters. »Izzo fing an zu schreien, als Mark Walters sein Tor schoss.«

Kürzlich fand Izzos jüngere Schwester Amal, die ein Jahr nach Onkel Mahmouds und Tante Zaynabs Besuch geboren wurde, ein Foto mit dem Datum 13.9.89, das in orangen Ziffern auf die rechte untere Ecke gedruckt war, dem Tag des Bayern-Spiels. Es zeigt den zehn Monate alten Izzo auf dem Knie meines Vaters und wie seine winzige Hand nach einer Clementine greift, die Vater ihm hinhält. Vater trägt seine dunkelblaue Farmala, den traditionellen libyschen Anzug. Ich weiß noch, wie ich den Stoff mit ihm ausgesucht und zum Schneider in Kairos altem Viertel Khan el-Khalili gebracht habe. Vaters Hand – es ist schwer zu vermitteln, welche Wirkung der Anblick von Vaters Hand immer noch auf mich haben kann – nimmt die Mitte des Fotos ein und hält die leuchtende Clementine zwischen den Fingerspitzen. Izzos Augen sind auf die Frucht gerichtet, Vater blickt in die Kamera und damit uns oder, wie ich sagen sollte, mich an. Im Vordergrund steht die Obstschüssel, rechts neben Vater sind die Beine eines anderen Mannes zu erkennen. Schlank und lang, wie sie sind, nehme ich an, es sind Onkel Mahmouds. Er trägt genau die gleiche Farmala. Vater muss ihn zum selben Schneider gebracht haben. Ich frage mich, ob die beiden auch zum Mittagessen in das Restaurant gegangen sind, in das ich Vater einlud, als ich mit ihm bei seinem Schneider war. Es lag in einer kleinen Gasse, eine schmale steinerne Treppe hinauf. Ich weiß noch, wie Vater mir folgte und sagte: »Aber wohin bringst du uns da?«, und spüre den Kitzel, den ich empfand, weil ich ihm etwas Neues, Ungewöhnliches zeigen konnte. Ich genoss den fragenden Ausdruck auf seinem Gesicht, während seine schönen Lederschuhe über die steinernen Stufen scharrten, und sah seine Bereitschaft zu beweisen, dass er sich, so verfeinert sein Geschmack war, immer noch als ein Mann des Volkes fühlte. Es gefiel ihm zu sehen, dass ich meine eigenen Wege ging. Als wir das alte Arbeiterlokal betraten, begrüßte er alle und wünschte einen guten Appetit. Sie betrachteten uns mit einem Ausdruck belustigter Neugier, und natürlich waren wir Fremde, der Nationalität und der Klasse nach. Bei meinem Vater trat das noch klarer als bei mir zutage, hatte ich meinen ägyptischen Dialekt doch mittlerweile perfektioniert und konnte als Kairoer durchgehen. Angesichts der außergewöhnlichen Fähigkeit der Kairoer, Ausländer auszumachen, war das eine Leistung, der etliche Freunde der Familie Bewunderung zollten, die unseren libyschen Verwandten jedoch nicht gefiel. »Bestell du«, sagte mein Vater, als wir uns setzten. Ich entschied mich für die Spezialität, gegrillte Ziegenkoteletts, die ihn an das libysche Gericht Mardoma erinnerten, bei dem das Fleisch langsam in Asche gegart wird. Wir aßen gut. »Das finde ich nie wieder«, sagte er, als wir das Lokal verließen. Ich stellte ihn in die Mitte der Gasse und deutete auf das Silbergeschäft an der Ecke, die große, vom Alter geschwärzte Messinglaterne an der Mauer gegenüber, den alten Lupinen-Verkäufer und das Schild über ihm, auf dem »Barmherzig« stand. Vater versuchte sich das alles zu merken und sagte noch einmal: »Das finde ich nie wieder.« Aber vielleicht hatte er sich auf dem Weg zum Schneider an unser gemeinsames Essen erinnert und das Restaurant doch gefunden. Nur sehr wenige haben Ziegenfleisch im Angebot. Sollte er danach gefragt haben, hatte man ihn sicher hingeführt.

Sechs Monate nachdem das Foto aufgenommen worden war, hatten sie die beiden verhaftet, und Izzo wurde von seinem Vater getrennt. Nur 2001 sahen sie sich kurz, als das Regime beschloss, Onkel Mahmoud und die anderen vor Gericht zu bringen. Die Familien der Angeklagten hörten davon, eilten zum Gerichtshaus und bekamen sie zum ersten Mal seit mehr als elf Jahren wieder zu Gesicht. Izzo war damals dreizehn. Onkel Mahmoud erinnert sich sehr gut an den Tag: »Ich saß mit Hmad, Ali, Saleh und all den anderen auf der Anklagebank, von hohen Gittern umgeben. Der Richter verlas unsere Namen, auch den deines Vaters. Jaballa wurde als unser Anführer beschrieben. Sein Aufenthaltsort, sagte der Richter, sei ›unbekannt‹.«

Kurz nach der Verhandlung schickte mir einer meiner Cousins eine Abschrift des Prozessberichts. Ich weiß noch, wie ich das Wort »unbekannt« las und dachte, ich weiß, was das bedeutet: dass sie ihn umgebracht haben. Doch dann schlich sich die Hoffnung wieder ein, so hinterlistig wie unnachgiebig, und ich redete mir ein, weil die ägyptische Regierung meinen Vater unter der Bedingung ausgeliefert hatte, dass »ich nie mehr das Licht sehe«, wie er es in seinem ersten Brief nannte, tat das Gericht genau das, was die Behörden taten: Es verschwieg die Tatsache, dass Jaballa Matar in libyschem Gewahrsam war. Als Onkel Mahmoud das Wort jetzt wieder gebrauchte, schreckte es mich erneut auf, und ich ärgerte mich über meine Unfähigkeit, der Hoffnung zu widerstehen. Man muss wachsam sein bei solch einem Schicksal, dachte ich, und selbst noch auf die kleinsten Hinweise achten, Worte, die nach langem Schweigen zu hören sind, Worte wie »unbekannt«. Ich war überzeugt, dass auch Onkel Mahmoud wusste, was dieses Wort bedeutete, doch statt es dabei zu belassen, stellte ich die dumme Frage: »Aber das heißt doch, dass sie ihn ermordet hatten?«

»Ich weiß es nicht«, sagte Onkel Mahmoud. »Ich glaube nicht. Ich denke immer noch, dass Jaballa lebt.«

»Wie sollte das möglich sein?«, sagte ich und spürte Ungeduld in mir. »Wenn er noch lebt, wo ist er dann?«

»Ich weiß es nicht«, sagte er. »Ich weiß nur, dass er mein Bruder ist, und ich glaube nicht an seinen Tod.« Dann sagte er noch einmal, was er mir schon am Tag seiner Freilassung am Telefon gesagt hatte: »Verlier nicht die Hoffnung«, und kehrte zu seinem Bericht über den Tag im Gericht zurück, den Tag, an dem er seinen Sohn Izzo nach elf Jahren zum ersten Mal wiedersah.

»Wir wurden alle des Hochverrats angeklagt«, sagte er. »Uns wurde kein Verteidiger zugeteilt, und es gab einige Verwirrung darum, wer zu der Anklage Stellung nehmen sollte. In dem Moment kamen die Frauen und Kinder in den Raum und schauten zu uns herüber. Ich sah Zaynab sofort. Und ich tat mein Bestes, stark zu wirken. Die Kinder konnte ich nicht erkennen. Sie waren alle so viel größer …«

»Und Izzo?«, fragte ich.

»Er kam mit Zaynab und den Kindern zur Anklagebank. Er war groß, dreizehn Jahre alt und sehr schüchtern. Ich versuchte ihn aufzumuntern.«

Ein paar Tage nach diesem Gespräch mit Onkel Mahmoud beschrieb auch Onkel Hmad Khanfore diese Szene. Im Gegensatz zu Onkel Mahmoud hatte er seine Familie nicht unter den Zuschauern gefunden.

»Ich betrachtete die Leute«, erzählte er, »und fragte mich, wie die Kinder nach so langer Zeit ihre Väter wiedererkennen sollten. Der Mann neben mir war schon genauso lange im Gefängnis wie der Rest von uns. Er litt unter einer merkwürdigen Eigenart, und zwar hörte er auf zu atmen, wann immer er von starken Gefühlen erfasst wurde. Was ihn zum Lachen oder Weinen brachte, sorgte auch dafür, dass er nicht mehr atmete. Geschah das, war ihm nur durch feste Schläge auf den Rücken zu helfen. Im Gericht war es zu diesem Zeitpunkt ziemlich laut, weil die Leute die Namen ihrer Verwandten riefen, und so beugte ich mich zu ihm und sagte: ›Siehst du den Burschen da drüben, den Jugendlichen, der zu uns herüberstarrt? Der muss noch ganz klein gewesen sein, als sein Vater verhaftet wurde. Ich wette, er hat kein Glück. Wie sollte er ihn auch erkennen?‹ ›Unsinn‹, sagte der Mann, ›wie kann jemand seinen Vater nicht erkennen?‹ Ich winkte dem Jungen zu, er solle näher kommen. ›Wen suchst du hier?‹, fragte ich ihn. Der Junge sagte, seinen Vater. ›Sehr gut‹, sagte ich. ›Und wer ist dein Vater, wie heißt er?‹ Der Junge antwortete: ›Sein Name ist Hmad Khanfore.‹ Der Mann neben mir wurde ohnmächtig«, sagte Onkel Hmad lachend. »Er ging zu Boden, und alles Klopfen auf seinen Rücken half nicht. Die Komödie ging weiter, weil mich meine Nervosität verrückt machte, und ich erzählte dem Sohn, der mich nicht erkannte, müde, alte Witze.« Onkel Hmad lachte, und ich lachte mit ihm. Dann hielt er inne und sagte: »Wir erkennen nicht mal unsere Kinder.«

Die Angeklagten wurden der Verschwörung gegen den Staat schuldig gesprochen, mein Vater in Abwesenheit zum Tode verurteilt, die anderen bekamen lebenslänglich. Danach durften sie hin und wieder besucht werden, und so lernte Izzo seinen Vater allmählich etwas besser kennen.

9. Der alte Mann und sein Sohn

Amal ist ganz verrückt nach Izzo. Fast jeden Tag postet sie zumindest ein Foto ihres Bruders auf Facebook, das dort jeder ansehen kann. Izzo als Junge mit neugierigen, schüchternen Augen. Izzo am Meer mit wogendem Blau hinter sich, der Wind fährt ihm durchs Haar, und er sieht uns aus Augen an, denen das Erwachsenwerden bewusst wird, aber ganz ergeben hat er sich ihm noch nicht. Dann die Bilder von Izzo als Freiheitskämpfer, sie bilden den Großteil von Amals Posts: Fotos aus den sechs Monaten, während deren er an der bewaffneten Rebellion gegen die Diktatur beteiligt war. Sie zeigen ihn mit einer Kalaschnikow, einer Panzerfaust, Patronengürtel kreuzen sich auf seiner Brust. In einem Pick-up ohne Türen. Wenn er weiß, dass er fotografiert wird, sieht er so schüchtern und nachdenklich aus wie ein junger Mann, der mit Leuten auf eine Reise geht, die er kaum kennt. Dann ruht er sich auf einer dünnen braunen Matratze in einem ausgebombten Gebäude aus, wahrscheinlich in den späteren Monaten des Kampfes, denn sein Körper unter dem abgetragenen gelben T-Shirt sieht muskulöser aus. Auf einem anderen Foto steht er vor einer halb eingestürzten Mauer. Das Haus wurde zerstört, aber dieses Mauerstück steht noch, wie die Karte eines unbekannten Landes, steht da und hält aus. Hält seinen Schatten. Dann eine Serie, auf der seine Wunden zu sehen sind: das von Schrapnellen gesprenkelte Gesicht, weiße Watte in seinen Ohren, Pupillen rot wie Pflaumen. Über die sechs Kriegsmonate hinweg verändert sich sein Ausdruck leicht. In den frühen Tagen ist er von der ernsten Entschlossenheit derer erfüllt, die besorgt sind, alles richtig zu machen. Der leidenschaftliche Wunsch nach Erfolg bleibt, wird aber nach und nach durch eine Müdigkeit ausgelöscht, die sich in den Augen festsetzt und an den Brauen zieht. Ein Schleier der Bestürzung hat sich über ihn gesenkt, belastend, beständig. Etwas hat sich verändert, und obwohl es nicht immer anhalten wird, scheint es doch endlos. Wenn ich diese Bilder betrachte, höre ich seine Stimme wiederholen: »Ist es zu spät? Vielleicht ist es zu spät«, und ich weiß, dass er nicht von Rückzug spricht, sondern der Natur des Krieges antwortet, der Wucht des Konflikts.

Ein paar Monate bevor die Fotos aufgenommen wurden, war Izzo in seinem letzten Jahr an der Universität, um Bauingenieur zu werden. Jahrelang hatte ich für die Freilassung meiner Verwandten gekämpft, dann versuchte das Regime in letzter Minute, einen öffentlichen Aufstand zu vermeiden, und entließ etliche politische Gefangene, darunter Onkel Mahmoud, und zum ersten Mal seit seinem ersten Lebensjahr schlief Cousin Izzo wieder unter einem Dach mit seinem Vater. Die Nachricht von Onkel Mahmouds Freilassung hatte in Adschdabiya zu einem riesigen Verkehrsstau geführt. Hunderte Glückwünschende besuchten die Familie. Sie kamen aus den benachbarten Dörfern und Städten und sogar aus der Hauptstadt Tripolis. Für viele war es eine sichere Möglichkeit, ihren Protest auszudrücken. Damals konnte noch keiner wissen, dass sich schon zwei Wochen später etliche Ortschaften und Städte offen gegen die Diktatur auflehnten.

Adschdabiya gehörte zu den ersten. Dreimal wechselte die

Stadt den Machthaber, aber das enge Straßennetz in ihrem Herzen vermochten Gaddafis Panzer nicht unter Kontrolle zu bringen. Als die Kämpfe an Intensität zunahmen, wurden Frauen, Kinder und alte Leute in die relative Sicherheit Bengasis gebracht. Onkel Mahmoud weigerte sich zu gehen, und als alle Kommunikationsverbindungen abrissen, schickte ich ihm durch einen befreundeten Journalisten, der über den Krieg berichten wollte, ein Satellitentelefon. Endlich konnten wir wieder miteinander sprechen, und er sagte: »Die Zeit für einen Rückzug ist vorbei. Entweder gewinnen wir, oder ich finde mein Ende hier. Niemand stirbt vor seiner Zeit. Im Übrigen ist dein Onkel nicht so alt, wie du denkst. Ich kann kämpfen und bin ganz nebenbei noch ein guter Koch. Hier kann ich den Jungs helfen.« Ich wusste, dass er Izzo nicht zurücklassen wollte, der sich an den Straßenkämpfen rund um das Haus der Familie beteiligte. Für Izzo fing der Krieg an der eigenen Türschwelle an.

Als die Stadt sicher war, zog Izzo mit einigen anderen jungen Männern aus Adschdabiya achtzig Kilometer östlich nach Brega, der Stadt am südlichsten Punkt des Mittelmeeres, und als Brega gewonnen war, ging es nach Misrata, Libyens drittgrößter Stadt, sechshundert Kilometer östlich von Brega. In Misrata kam es zu einigen der blutigsten Schlachten. Allgemein herrschte die Auffassung, wenn Misrata fiele, würde Gaddafi den Krieg gewinnen, vermochten die Rebellen die Stadt jedoch zu halten, hatten sie eine starke Basis, von der aus sie den Vormarsch nach Westen auf Tripolis organisieren konnten. Misrata war damit für beide Seiten von existenzieller Bedeutung. Zwischen Brega und Misrata lag Gaddafis Hochburg Sirte, was es für Izzo zu gefährlich machte, den Landweg zu nehmen. Zusammen mit anderen Kämpfern, Munition und dem, was sie an medizinischer Ausrüstung auftreiben konnten, stieg er in ein kleines, überfülltes Fischerboot, und wie inzwischen die Migranten, die den Kontinent regelmäßig über libysche Häfen wie Brega verlassen, machte er sich auf die langsame, gefährliche Fahrt nach Norden. Wegen der blond-weißen Wüste um Brega herum ist das Wasser dort eines der leuchtendsten des ganzen Mittelmeers, doch je weiter das Boot vorankam, desto dunkler und bedrohlicher musste das Meer gewirkt haben. Als sie weit genug vom Golf von Sirte entfernt waren, drehten sie nach Westen. Die Landung in Misrata muss berauschend gewesen sein. Ich kann mir Izzo vorstellen, wie er die Waffenbrüder dort mit seiner gewohnten Leutseligkeit umarmte. Vielleicht schienen sie ihm vertraut. Vielleicht erkannte er sich in ihnen wieder. Oder er sah in ihren Gesichtern, was ich heute, wenn ich seine Fotos betrachte, in seinem sehe.

Der Kampf um Misrata zog sich hin. Gaddafis verzweifelter Wille, die Stadt zurück in seine Gewalt zu bringen, traf auf eine ähnliche Entschlossenheit zum Widerstand. Wir alle lernten die Namen der Straßen und den Einfallsreichtum der Männer und Frauen der Stadt kennen. Lastwagen, die Tage zuvor noch benutzt worden waren, um Waren aus dem Hafen zu transportieren, fuhren jetzt ans Meer und wurden mit Sand beladen. Was bis dahin noch als überreich am Meer und in der die Stadt umgebenden Wüstenlandschaft vorhandenes, nutzloses Material betrachtet und wegen seiner Unfruchtbarkeit verachtet worden war, wurde plötzlich zu einem Aktivposten. Die Lastwagen fuhren damit in die Tripolis-Straße und die Bengasi-Straße, die beiden Hauptzufahrtswege ins Zentrum der Stadt, wo sie quer auf der Fahrbahn abgestellt wurden. Die Revolutionäre zerstachen die Reifen und machten die Motoren unbrauchbar. Damit kamen Gaddafis Panzer nicht mehr nach Misrata hinein, und dass gerade diese beiden Straßen nach den anderen beiden großen Städten Libyens benannt waren, gab den Männern die Kraft, um das ganze Land zu kämpfen. Plötzlich kam es auf die Namen der Straßen an. Die Bewohner Misratas kannten ihre Stadt gut, was zu bestätigen schien, dass die Menschen und nicht das Regime die wahren Hüter Libyens waren.

Wann immer die Kämpfe abflauten, fuhr Izzo zurück übers Meer nach Brega und die eine Stunde nach Adschdabiya, um sich auszuruhen, von seiner Mutter bekochen zu lassen und saubere Sachen zum Anziehen zu holen. Es gibt Fotos von ihm, wie er im Kampfanzug in der Küche steht, eine Maschinenpistole in der Hand, das Gesicht müde. Er wirkt in die Enge getrieben, als hätte er einen Tunnel betreten und wüsste, dass die Zeit umzukehren vorbei war. Bei seinem letzten Besuch versuchte er, seine Mutter zum Lachen zu bringen, und parodierte die Rede des Diktators, die der ein paar Tage nach Ausbruch der Rebellion gehalten hatte. Darin hatte Gaddafi seinen Anhängern zugerufen zu marschieren, »bis das Land von den Ratten befreit ist«.

»Mama«, sagte Izzo. »Immer voran, voran.«

»Aber bis wann?«, fragte ihn Tante Zaynab.

»Bis Bab al-Aziziya«, erklärte er ihr.

Bab al-Aziziya war der militärische Komplex in Tripolis, in dem Gaddafi sich aufhielt. Wir hatten Geschichten gehört, die zu abstrus wirkten, als dass man sie glauben konnte. So sollten sich unter dem Gelände Gefängnisse befinden, in denen der Diktator seine heftigsten Widersacher eingesperrt hielt. Was sich als wahr herausstellte. Gaddafi hatte seine größten Gegner gern nahe bei sich, um sie sich von Zeit zu Zeit ansehen zu können, die Lebenden wie die Toten. Gefriertruhen mit Leichen lange verstorbener Dissidenten wurden gefunden. »Ich habe das Gefühl«, sagte Izzo zu Tante Zaynab, »dass Onkel Jaballa dort ist.« Izzo glaubte, meinen Vater lebend zu finden.

Bei seinen kurzen Besuchen zu Hause zeigte Izzo seinen Eltern Fotos von Freunden an der Front, die er mit seinem Handy aufgenommen hatte. Auf den meisten davon wirkt er ernst und wie fehl am Platz. Locker scheint er sich nur zu fühlen, wenn er mit Marwan al-Towmi zusammen ist. Die beiden lernten sich in Misrata kennen und wurden schnell unzertrennlich. Einer ihrer Kampfgefährten erzählte mir später: »Wenn du einen von den beiden sahst, wusstest du, der andere ist nicht weit. Sie zogen immer Seite an Seite in den Kampf, vertrauten sich und wussten, dass sie sich aufeinander verlassen konnten.« Marwan hatte in Bengasi Volkswirtschaft studiert und war sieben Jahre älter als Izzo. Er war ungewöhnlich groß und schlank, und auf den Fotos lehnt er sich immer leicht zur Seite, wie eine vom Wind gebeugte Kiefer. Wenn Izzo ihn fotografiert, lächelt er wie jemand, der gerade einen Witz erzählt hat, oder er sieht mit ruhiger Bestimmtheit in die Kamera.

Es gibt eine ganze Abfolge von Bildern, auf denen die beiden in einem Korridor zu sehen sind, der mehrere Räume miteinander zu verbinden scheint. Das Gebäude ist alt und heruntergekommen, und die ehedem blauen Wände schimmern merkwürdig azurn, als wären sie Teil eines Freskos. Der Boden ist nackte Erde. In einer Ecke steht ein weißer Plastikstuhl, keiner von der wackligen Sorte, wie man sie heute überall in Libyen findet, sondern einer der soliden, modernistischen italienischen Gartenstühle, wie es sie in den 70ern gab. Zwei neu aussehende Matratzen mit einem schwarz-weißen Art-déco-Muster liegen auf dem Boden. Sie sehen so dünn aus, dass sie den harten Boden kaum bequemer gemacht haben können. Auf der einen schläft Izzo, den Kopf auf einem klumpigen Kissen, dessen durchscheinender Bezug die dunklen Formen der Füllung erkennen lässt. Auf der anderen Matratze sitzt Marwan. Seine Hände sind nicht zu sehen, vielleicht liest er ein Buch oder säubert ein Gewehr. Auf dem nächsten Bild, das eindeutig nur wenig später aufgenommen wurde, weil sich der Einfallswinkel des Lichts durchs Fenster kaum verändert hat, ist die Situation umgekehrt: Marwan ist jetzt der Schlafende, und Izzo liegt noch immer an derselben Stelle, ist aber wach und sieht zur Decke. Beide sind dunkler, sonnenverbrannt von den Kämpfen. Selbst wenn da wenigstens noch eine andere Person gewesen sein muss, der Fotograf, scheinen sie sich nur gegenseitig zu trauen, was das Wachehalten angeht.

Bis zum Sommer 2011 hatten die Kämpfe in Misrata eine solche Ausgeglichenheit erreicht, dass es aussah, als könnten sie ewig weitergehen, und das sechzig Kilometer westlich gelegene Zliten erlangte eine enorme strategische Bedeutung für beide Seiten. Für die Gaddafi-Treuen war die Küstenstadt eine entscheidende Station für den Nachschub nach Misrata und eine wichtige Barriere zum Schutz von Tripolis. Mit Zliten konnten sie die Rebellion zurückschlagen. Für die Revolutionäre würde die Einnahme der Stadt Misrata sichern und eine Basis für den weiteren Vormarsch nach Westen zur Hauptstadt bilden. Wer immer Zliten hielt, war am Ende wahrscheinlich der Gewinner.

Im Februar 2011, zu Beginn der Revolution, war es in Zliten zu spontanen öffentlichen Protesten gekommen, die schnell und rücksichtslos niedergeschlagen wurden. Einige Monate später, Anfang Mai, wurde ein erneuter friedlicher Protest gewaltsam unterdrückt. Die Protestierenden nahmen Kontakt zu den Rebellen in Misrata auf, die sie mit Waffen versorgten. Am 9. Juni kam es zu einem Angriff auf die Garnison von Zliten. Ich erinnere mich gut an den Tag, weil ich im Rahmen meiner Bemühungen, internationale Journalisten mit Informationen über die Geschehnisse in Libyen zu versorgen, an die Telefonnummer eines Mannes kam, der an dem Angriff beteiligt war. Ich wusste über ihn nur, dass er Diplomat gewesen war und (ich bekam nur seinen Vornamen) Hisham hieß.

Als ich ihn anrief, sagte er: »Ich habe auf Ihren Anruf gewartet. Wie geht es Ihnen? Es ist mir ein Vergnügen. Und Ihrer Familie? Geht es der auch gut?«

Er sagte das alles auf die automatische Weise, in der solche Allgemeinplätze oft ausgetauscht werden – sie unter den gegebenen Umständen in einer Atmosphäre der Angst von einem Mann zu hören, der etwa so alt klang wie ich und zudem noch meinen Namen trug, verunsicherte mich jedoch. So plötzlich und heftig stiegen die Gefühle in mir hoch, dass ich nur direkt auf die Fragen zu sprechen kommen konnte, die ich in jenen Tagen normalerweise stellte, zum Wann und Wie und Was, der genauen Zeit, der Zahl der Beteiligten, zu Verwundeten und Toten. Meine Wohnung in London war damals zu einem provisorischen Nachrichtenumschlagplatz geworden. Zusammen mit ein paar Freunden rief ich täglich etwa fünfzig Leute wie Hisham an, die entweder selbst an den Kämpfen teilnahmen oder Zeugen der Geschehnisse waren. Hisham schien leicht perplex wegen meiner barschen Art, beantwortete aber alle Fragen auf die höfliche Art und Weise, in der er unser Gespräch begonnen hatte.

»Wir haben sie zurückgeschlagen. Es ist jetzt ruhig.« Und nach einer Pause: »Sie werden zurückkommen, sie sind zu schnell davongelaufen.« Und noch einmal: »Sie werden zurückkommen.« Er klang atemlos, aus Angst, nahm ich an, doch dann sagte er: »Ich muss jetzt Schluss machen. Die Truppen können jeden Moment zurückkommen, und bevor sie das tun, müssen wir die Toten begraben.«

»Wie viele sind es?«, fragte ich.

»Zweiundzwanzig.«

»Wo begraben Sie sie?«

»Hier«, sagte er und klang wie ein Mann, der gerade begriff, dass er in der Falle saß. »Auf dem Platz.«

Ich versuchte, Hisham danach täglich mehrere Male anzurufen, erreichte ihn aber erst eine Woche später wieder. Ich war erleichtert, dass es ihm gut ging. Dieses Mal fragte ich nach seiner Familie, er antwortete: »Es geht allen gut« und fragte mich auch schon das Gleiche zurück, und plötzlich unterhielten wir uns, als gäbe es keinen Krieg. »Haben Sie einen guten Tag?«, fragte er.

Ich erinnere mich, wie ich einmal einen Dirigenten habe erzählen hören, dass er schon als Junge Musik in seinem Kopf gehört hatte, aber erst als Erwachsener begriff, dass es nicht jedem so ging. Das ist auch meine Erfahrung, allerdings mit Worten und Bildern, und während ich mit Hisham sprach, sah ich Sonnenlicht auf der Wand, die Hand einer Frau, Schatten von Bäumen auf dem Boden, ein geschlossenes Fenster, auf dem die Sonne kleine Partikel aufleuchten ließ, und ich hörte, wie Stoff ausgeschlagen wurde, als lüftete jemand Bettwäsche, hörte die Worte »gemeinsam«, »vielleicht« und »ich bin«.

»Sie haben die Gräber geöffnet und die Leichen verbrannt«, sagte er und fing an, mir von einem älteren Mann in der Stadt zu erzählen, hielt dann inne und fragte: »Wollen Sie mit ihm reden?«

»Wer hat die Toten ausgegraben?«

»Gaddafis Männer natürlich«, sagte er in einem leicht beleidigten Ton. »Mit Bussen ist Verstärkung gekommen. Die Situation hier ist sehr schlecht.«

Ich wusste nicht, was ich sagen sollte.

»Wollen Sie mit dem alten Mann sprechen? Ich habe seine Nummer«, sagte er und las sie mir, ohne auf meine Antwort zu warten, vor. »Warten Sie noch zwei Minuten, bevor Sie anrufen. Sagen Sie ihm, Sie sind ein Freund von mir.«

Ohne etwas über den alten Mann zu wissen, oder warum Hisham wollte, dass ich ihn anrief, sah ich auf die Uhr, bis genau zwei Minuten vergangen waren und wählte die Nummer. Sofort antwortete eine alt klingende Stimme.

»Willkommen, mein Sohn«, sagte sie. Der alte Mann schien es nicht gewohnt zu sein zu telefonieren.

»Hisham meinte, ich soll anrufen«, sagte ich. »Wir sind Freunde.«

»Aber was können Sie tun? Niemand kann etwas tun.«

»Was ist geschehen?«, fragte ich.

»Ich habe sie von meinem Fenster aus beobachtet. Mit Bulldozern sind sie gekommen und haben die Gräber geöffnet, eines nach dem anderen. Sie haben die Toten verbrannt, und jetzt haben alle Angst, sie anzufassen.« Dann sagte er: »Aber Dank sei Gott, mein Sohn ist hier.«

»Ist er in Sicherheit?«, fragte ich.

»Ja, er ist in seinem Zimmer. Die Klimaanlage ist die ganze Zeit an.« Und nach einer Pause: »Er ist jetzt schon drei Tage hier. Ich tue mein Bestes, aber er fängt an zu riechen. Ich muss eine Möglichkeit finden, ihn zu begraben.«

Nach dem Gespräch konnte ich das Gehörte weder aufschreiben noch den anderen im Raum erzählen. Ich ging in die Küche und schaltete den Wasserkessel ein. Ich sah auf den Boden und versuchte mir vorzustellen, wie es wäre, mit dem Hammer unten aus der Schublade die Fliesen aufzubrechen. Der Hammer musste da sein. Es ist nicht ungewöhnlich, einen Hammer in der Küche aufzubewahren, dachte ich. Vielleicht hat der alte Mann auch einen in der Küchenschublade. Ich stellte mir vor, wie er den Boden aufschlug, bis er auf Erdreich stieß.

10. Die Flagge

Einen Monat später gehörten Izzo und Marwan zu einer kleinen Gruppe Revolutionäre, die die fünfundfünfzig Kilometer von Misrata nach Zliten fuhren und sich in die Stadt schlichen. Es gibt ein mit Izzos Handy aufgenommenes Video vom 12. Juli, der zufällig Marwans dreißigster Geburtstag war. Die Kamera wackelt und richtet sich auf Marmorstufen und ein schmiedeeisernes Geländer, reich verziert und irgendeinen fernen europäischen Treppenaufgang nachahmend. Einen Moment lang legt sich ein Finger auf die Linse, und das blutdurchpulste Fleisch leuchtet rosa. Es erinnert mich daran, wie ich mich als Kind im Schrank einschloss, die Taschenlampe in die Handfläche drückte und mit Schrecken und Neugier das geheimnisvolle Netz aus Adern und die dunklen Striche der Knochen bestaunte. Ein ferner Gewehrschuss ist zu hören, dann noch einer. Izzos Finger bewegt sich aus dem Bild, und wir sehen die mit einer Reihe von Strahlern gepunktete Decke.

»Filmst du?«, flüstert Marwan.

»Nimm«, sagt Izzo und gibt ihm eine Stange mit der rot-schwarz-grünen Flagge der Revolution.

Für den Bruchteil einer Sekunde sehen wir Marwans Gesicht, seine Augen. Er nimmt die Flagge in die eine Hand, in der anderen hält er seine Kalaschnikow. »Bleib dicht hinter mir«, flüstert Marwan und beginnt die Treppe hinaufzusteigen, immer zwei Stufen auf einmal. Und noch einmal: »Bleib dicht hinter mir.«

»Okay, machen wir's«, sagt Izzo und bittet um Gottes Schutz.

Auf jedem Treppenabsatz ist eine Wand aus braunem Glas. Einige der Scheiben sind zerschlagen, und die Sonne fällt ungleichmäßig herein.

Izzo flüstert seinen Kommentar: »Wir steigen hinauf aufs Dach, um die Flagge des Diktators herunterzuholen.« Wieder bittet er Gott um seinen Schutz.

Die Fahnenstange ist länger als Marwans Rücken, das frische, helle Holz steckt in seinem Gürtel. Der Stoff der Fahne reicht über seinen Kopf und hängt ihm über die rechte Schulter. Izzo ermahnt ihn, wachsam zu sein, Marwan läuft weiter. Izzo betet. Die Sonne macht aus dem Dach eine polierte Stahlplatte. Marwan lehnt sich in den Schatten einer Ecke und klopft auf die Pfannen. »Lass sie hier«, flüstert er, und einige ähnliche Fahnenstangen, die Izzo dabeihatte, klackern aufs Dach.

Satellitenschüsseln, groß wie Elefantenohren, sind überall, jede in eine andere Richtung gedreht. Es gibt einen Wassertank. Marwan klettert über eine alte Holzleiter auf ihn hinauf. Von nicht weit weg hört man die rostigen Scharniere einer alten Tür, aber Marwan bleibt nicht stehen, um sich umzusehen. Er bewegt sich mit der ungeduldigen Selbstsicherheit von jemandem voran, der viel darüber nachgedacht hat, was er vorhat. Der Wassertank ist etwas größer als er, und über ihm flattern zwei kleine grüne Flaggen wütend im Wind.

»Die Lumpen des Tyrannen«, flüstert Izzo.

Marwan packt eine der grünen Flaggen und wirft sie aufs Dach.

»Leise«, sagt Izzo. »Leise, sage ich.«

Aber Marwan reckt sich bereits nach der zweiten Flagge und wirft sie auf die gleiche wütende Weise zur Seite. Er nimmt die neue Flagge. Vielleicht ermutigt durch seinen Freund, fährt Izzo mit seinem Kommentar fort. Er flüstert nicht mehr. Er klingt jung.

»Gott ist groß«, sagt er. »Das ist die Flagge der Freiheit, die Flagge des Lebens.« Er sieht schweigend zu, wie Marwan die Spitze der Stange an einem Metallstab über dem Wassertank befestigt.

Als das Rot-Grün-Schwarz der Flagge sich entfaltet und in der Sonne aufleuchtet, ruft Marwan: »Gott ist groß!«, und Izzo fällt mit ein und fügt noch hinzu: »Gott segne unser Land!«

Angstvolle Stille kehrt ein, während sich Marwan abmüht, die Stange mit einer Hand festzubinden. Gewehrfeuer zerreißt die Stille. Der Wind schlägt mit tiefen Basstönen gegen das Mikrofon.

»Es ist eine schöne Flagge«, sagt Izzo leise, »die Flagge des Lebens und der Freiheit« und fährt wie ein Nachrichtensprecher fort: »Die Freiheitskämpfer aus dem Osten Libyens hissen die erste Befreiungsflagge in Zliten.«

Die Flagge ist jetzt fest verankert und reicht mindestens zwei Meter über den Wassertank hinaus. Marwan überprüft sie noch einmal und kommt wieder herunter.

»Gott segne dich«, sagt Izzo zu ihm.

Ein breites, blasses Lächeln bedeckt Marwans Gesicht.

Izzo lacht leise. »Soll ich zu filmen aufhören?«, fragt er.

»Nein, mach weiter«, sagt Marwan, und die beiden gehen die Treppe hinunter.

In der ersten Etage geht Marwan zu einer Wohnungstür und tritt sie ein. Langsam gehen sie durch die Räume. Das Mobiliar ist umgeworfen, die Vorhänge sind zerrissen.

»Siehst du, wie sie gehaust haben?«, sagt Izzo.

»Die Hunde«, sagt Marwan. »Sie haben alles demoliert.«

Auf der Wand des Esszimmers stehen mit rotem Lippenstift Pro-Gaddafi-Parolen. Marwan versucht sie wegzuwischen.

»Hier«, sagt Izzo und reicht ihm den Lippenstift.

»Gehen wir«, sagt Marwan.

»Nein«, sagt Izzo. »Wir müssen noch schreiben: ›Libyen ist frei‹ und ›Nieder mit Gaddafi‹.«

Marwan fängt an, doch dann kommt jemand hinter ihnen herein und sagt: »Wo zum Teufel bleibt ihr? Wir müssen weg. Sofort.«

Marwan nimmt die Kamera, und ganz kurz ist Izzo zu sehen, der mit dem Lippenstift schreibt, den Rücken gebeugt. Er erinnert mich an meinen Großvater Hamed in seinen späteren Jahren.

Sie verlassen das Gebäude und treten in die grelle Sonne. Sie gehen schnell. Einer ihrer Mitkämpfer, der unten Wache geschoben hat, gibt an: »Habt ihr sie rennen sehen?«

»Wie viele waren es?«, fragt Izzo und geht weiter. Er klingt jetzt älter.

»Sie hatten zwei Wagen«, antwortet der andere.

Marwan fragt: »Waren es viele?«

Ein Stück entfernt ist Izzo zu hören: »Sie müssen sich da hinten verstecken.«

Marwan dreht sich um, und man kann die Flagge hoch über dem Wassertank sehen. Sie ist nicht zu verwechseln.

Achtunddreißig Tage später, am achtunddreißigsten Tag seines einunddreißigsten Lebensjahres, dem 19. August, wurde Marwan bei einer Schlacht in Zliten mehrfach in Brust, Hals und Kopf getroffen. Izzo brachte ihn, so schnell es ging, ins

Krankenhaus. Ein paar Stunden später wurde Marwan in einem dunkelgrünen Leichensack fotografiert, mit blutigen Verbänden um Kopf, Hals und Körper, nur das Gesicht liegt frei: Die Haut ist sauber, die Augen sind geschlossen, die Lippen leicht geöffnet. Sein Gesichtsausdruck kann kaum als solcher beschrieben werden, seine Züge sind leer. Es ist die unendliche Ruhe, die immer schon da war, hinter allen Gesichtern seines Lebens, dem des Jungen, der stolz am Fenster eines Flugzeuges sitzt, des jungen Universitätsabsolventen mit Anzug und Krawatte, des Freiheitskämpfers mit Bart und Barett – auf all den verschiedenen Fotos, die seine Familie ins Internet gestellt hat. Mir kommt der Gedanke, dass wir alle, von Kindheit an, unsere Totenmaske in uns tragen.

Die beiden Freunde hatten sich etwas versprochen. Sollte einer von ihnen fallen, würde der andere ihn in der Stadt begraben, in der sie sich zum ersten Mal gesehen hatten, in Misrata. Izzo brachte Marwan dorthin, kehrte nach Zliten zurück und schloss sich dem Vormarsch an, bis die Revolutionäre Tripolis erreichten. Am 23. August 2011 drangen sie in die Hauptstadt ein. Izzo traf dort auf seinen älteren Bruder Hamed, der einer anderen Rebelleneinheit angehörte und ihn am Tor zum Bab al-Aziziya, Gaddafis Kommandozentrum, erwartete. Sie gehörten zu den Ersten, die in den befestigten Komplex eindrangen.

»Wir waren überzeugt«, sagte Hamed zu mir, »dass wir Onkel Jaballa dort finden würden.«

Zusammen mit ihren Kameraden erreichten die beiden Brüder Gaddafis Haus. Es war leer. Izzo fand ein Waffendepot, das den Rebellen neue Munition verschaffte. Sie wiegten sich in Sicherheit, rannten zum nächsten Gebäude. Was sie nicht wussten, war, dass auf dem Dach dort noch ein Scharfschütze saß.

Er feuerte zunächst nur einen einzigen Schuss ab. Die Kugel drang in Izzos Stirn und trat hinten aus dem Schädel wieder aus. Izzo fiel gegen Hameds Schulter. Hamed versuchte die Blutung zu stoppen und wurde selbst ins rechte Bein und den linken Lungenflügel getroffen. Trotzdem fand er die Kraft, Izzo in Sicherheit zu bringen. Ein paar Stunden später, um neun Uhr abends, starb Izzo im Krankenhaus. Seine letzten Worte waren, dass er neben Marwan begraben werden wolle. Am nächsten Morgen fand er in Misrata seine letzte Ruhe.

Onkel Mahmoud rief mich an, um es mir zu erzählen.

»Sein Verlust ist ein großer Kummer«, sagte er.

Mir war schwindelig. »Es ist schrecklich«, sagte ich.

Aber Onkel Mahmoud hatte nicht nur angerufen, um mir die schlimme Nachricht mitzuteilen, er wollte, dass ich mit Tante Zaynab redete.

»Sie verliert den Verstand«, sagte er. »Tröste sie. Sage ihr, dass du tun wirst, was du kannst, um Hamed nach Hause zu bringen.«

Hamed erholte sich im Krankenhaus von Misrata und wollte, sobald es ging, zurück nach Tripolis, um weiterzukämpfen. Onkel Mahmoud und Tante Zaynab fuhren hin und versuchten ihn zu überzeugen, zurück nach Adschdabiya zu kommen. Er widersetzte sich und drohte damit zu schreien, falls sie ihn zwingen wollten. Angesichts seiner verwundeten Lunge würde ihn das umbringen, warnte sie der Arzt.

Hamed erholte sich, ging wieder an die Front und kehrte erst nach Adschdabiya zurück, als Tripolis befreit war. Zu Hause wurde er von einem wiederkehrenden Traum heimgesucht, in dem ihm ein gesunder und zufriedener Izzo erschien. »Wo ich bin, ist es viel besser«, sagte Izzo jedes Mal zu seinem Bruder. Der Traum beunruhigte Hamed. Als ich zu Besuch kam, fiel mir auf, wie wenig er schlief. Er sah ständig müde aus und redete kaum. Ich fragte ihn nach dem Krieg, worauf er nur sagte: »Du hast keine Ahnung.« Eines Nachmittags dann listete er mir ohne große Einleitung einige der schrecklichen Verbrechen auf, die das Regime von Baschar al-Assad am syrischen Volk beging. Sein verwundetes Bein hatte sich nicht richtig erholt, er hatte Schmerzen und humpelte stark. Er brauchte eine Operation, aber die medizinischen Einrichtungen in Libyen waren nicht gut. Er würde ins Ausland gehen müssen. Ein paar Monate nach meinem Besuch in Adschdabiya bezahlte ihm die libysche Regierung eine Behandlung in der Türkei. Er landete in Istanbul, meldete sich jedoch nicht zu Hause. Der Chirurg, der sein Bein operieren sollte, sagte, Hamed sei nicht im Krankenhaus erschienen. Eine ganze Woche wusste niemand, wo er war. Dann rief Hamed seinen Vater an.

»Es tut mir leid, dass ich mich nicht früher melden konnte. Es hat länger gedauert, als ich gedacht hatte. Ich bin über die syrische Grenze gegangen und habe mich dem Widerstand angeschlossen.«

Wir alle versuchten verzweifelt, ihn zur Rückkehr zu bewegen. Irgendwann erreichte ich ihn unter der Handynummer, die er Onkel Mahmoud gegeben hatte. Ich konnte meine Wut nicht zurückhalten.

»Das ist kein Widerstand«, schrie ich. »Das ist Selbstmord.«

Nach einer Pause sagte Hamed sehr ruhig: »Wir müssen diese Diktatoren schlagen.«

Ein paar Tage später wurde er verwundet. Seine Kameraden brachten ihn über die Grenze in ein türkisches Krankenhaus. Onkel Mahmoud und Tante Zaynab flogen zu ihm. Nach einer langen Regenerationsphase kehrte Hamed mit seinen Eltern zurück nach Adschdabiya.

Unter den von Amal geposteten Fotos sind einige, die Augenblicke nach Izzos Tod aufgenommen wurden. Das Blut ist aus seinem Gesicht gewaschen, und die Stelle, an der die Kugel in seinen Schädel eintrat, ist verbunden, als bestünde Hoffnung auf eine Gesundung. Die Notärzte müssen ein Desinfizierungsmittel benutzt haben, oder die Haut ist vom Blut so verfärbt. Um die rechte Schläfe und den Wangenknochen liegt ein gelber Schleier auf Izzos Gesicht. Er erinnert mich an den heißen, wachsigen Sirup, den meine Tanten kochten – der Geruch von karamellisierendem Zucker und Orangenblüten lockte uns Kinder ins Haus, und wir steckten die Finger in die süße Flüssigkeit. Sobald sie abkühlte und fester wurde, machten die Frauen den Zauber zunichte: Sie strichen die Masse auf Arme und Beine und rissen sie dann mit einem Ruck wieder herunter, wobei sie vor Schmerz die Luft durch die Zähne sogen. Es klang, als würde Stoff zerrissen. Einmal fing meine Cousine Ibtesam an zu weinen – sie und ich waren in jenen Tagen unzertrennlich –, und sie weinte nicht nur, weil der Sirup verdorben war, sondern auch aus Angst vor den Qualen, die das Frausein mit sich bringen würde.

»Es muss doch einen einfacheren Weg geben«, heulte sie.

Ich stimmte ihr zu.

Uns wurde jedoch kategorisch erklärt, dass das die beste Methode sei, weil die kleinen schwarzen Härchen so samt der Wurzel ausgerissen würden. Sie sagten Ibtesam und mir, wir sollten mit den Händen über ihre Haut fahren, die jetzt »glatt wie Marmor« sei, aber auch entzündet und mit einem blassen Gelbschimmer bedeckt.

11. *Das letzte Licht*

Wir standen in der Abendsonne vor Onkel Mahmouds Haus und verabschiedeten uns. Ich versprach, in ein paar Tagen zurückzukommen. Und ich überlegte, ob sie mich wohl für einen scheuen Schwimmer hielten, der in den Fluss springt und gleich wieder herauskommt. Schuld ist der ständige Begleiter des Exilanten. Sie verfärbt jeden Abschied. Die Entschuldigung, denn die muss es immer geben, lautete, dass ich noch andere Verwandte in Bengasi besuchen musste. Wir fuhren los.

Das letzte Licht streckte sich weit und noch hell wie die Schale einer reifen Orange. Es war ein außergewöhnlich nasser Winter gewesen, und niemand konnte sich an einen so grünen Frühling erinnern, was als gutes Omen für eine bessere Zukunft genommen wurde, die sicher bald folgen würde. Selbst der Wüstenboden zu beiden Seiten der Straße war mit leichtem Grün bedeckt. Federn bunten Plastiks klebten daran, wickelten sich auch um Zäune und Laternen. Seit dem Krieg war praktisch kein Müll mehr beseitigt worden. Erst als wir das offene Land erreichten, schüttelte die Erde Schmutz und Abfall ab und lag da wie alle unbevölkerten Landstriche Libyens, sauber und aufmerksam. Die hier und da über den Wüstenboden verteilten Bäume waren windgebeugt und hielten Abstand voneinander. Sie wirkten so schwach und verletzlich in der Weite, wie ich sie aus meiner Kindheit in Erinnerung hatte, wenn

Vater uns zu seiner Familie in Adschdabiya fuhr. Die zwölf-
stündige Fahrt, nach der wir alle steif und müde waren, schien
Teil eines trostlosen Versuchs, die Welt einfarbig zu machen.
Wie farblos mir diese Landschaft damals vorgekommen war!
Und so sehr es mir widerstrebte, einen Ort nicht zu mögen,
den mein Vater liebte, genoss ich jetzt doch auch die Vertrautheit dieser alten, kindlichen Sehnsucht nach den Farben und
Abwechslungen der Hauptstadt und des Meeres. Merkwürdig, ein Verlangen zu genießen, das längst von anderen Orten
überdeckt wurde, von einem nicht besonders stabilen Leben,
das ich mir dreitausend Kilometer weiter nördlich eingerichtet hatte, in einem Land, in dem keines der Worte, mit denen
ich aufgewachsen war, gesprochen wurde. Nichts von dem, was
ich dort schreibe, würde mein Großvater, lebte er noch, lesen
können, und die Farben dieses Landes scheinen mit Absicht
denen des südlichen Mittelmeers zu widersprechen. Und wenn
ich mit der Zeit auch durchaus eine Zuneigung zur Palette des
Londoner Wetters und seiner verdrießlichen Schönheit entwickelt habe, sind seine Farben für mich doch so unnatürlich
geblieben wie die unsichtbare Folie, die man auf Fenster klebt,
um dem Licht die Schärfe zu nehmen. Im Auto unterwegs von
Adschdabiya nach Bengasi und seiner Küste begriff ich, dass
ich all die Jahre das Kind, das ich einmal war, in mir getragen hatte, seine Sprache und Eigenschaften, die ungeduldigen,
durstigen Zähne, die in das kalte Fleisch einer Wassermelone
bissen, sowie den ersten Gedanken nach dem Aufwachen morgens: Wie ist das Meer heute? Flach wie mit Öl bedeckt oder
weiß gesprenkelt von der Gischt der Wellen?

Als wir Bengasi erreichten, wartete im Hotel bereits mein Cousin Marwan al-Tashani auf mich. Er saß über seinen Laptop

gebeugt an einem der kleinen, runden Tische der Cafeteria, eine leere Kaffeetasse neben sich, in der Hand eine brennende Zigarette. Die positive Resonanz von Richtern und Anwälten im ganzen Land auf seine NGO erfüllte ihn mit Elan. Zuspruch und Unterstützung kam auch von seinen Kollegen in Tunesien, Ägypten und Marokko. Die Revolution hatte Marwan zu einem anderen Menschen gemacht. Aus dem Staatsanwalt, der dafür berühmt war, morgens nicht aus dem Bett zu kommen, war einer der energiegeladensten und artikuliertesten Verfechter von Menschenrechten und der Bedeutung und Unanstastbarkeit gesetzlicher Institutionen geworden. Er sah die Revolution als eine Gelegenheit, die Gerichtsbarkeit von jeder politischen Einflussnahme zu befreien, und in gleicher Weise sollte die Rechtsstaatlichkeit auch vor revolutionärem Eifer geschützt werden.

»Was hältst du davon?«, fragte er durch den Lärm des Fernsehers, der hoch über uns an der Wand befestigt war.

Er zeigte mir das Logo, das er gerade von seinem Grafikdesigner bekommen hatte. Über der vertrauten Linie des libyschen Küstenverlaufs war eine große Waage zu sehen, und darunter standen in einer einfachen, modernen Schrift die Worte »Libysche Richtervereinigung«.

Als Junge war Marwan immer darauf aus gewesen, zu beeindrucken. Ich erinnere mich an ihn als ein feinfühliges Kind, das versuchte, die Meinung anderer vorherzusagen. Ich bin ein Jahr älter, und als wir sieben und acht waren, kam uns dieser Abstand wie eine Ewigkeit vor. Wir trafen uns erst 1992 wieder, als ich zweiundzwanzig und Marwan einundzwanzig war, zur Hochzeit meines Bruders Ziad. Der Termin fiel mit Verbesserungen der libysch-ägyptischen Beziehungen zusammen, und das libysche Regime hatte die Reisebeschränkungen nach

Ägypten gelockert, was es Marwan und einigen anderen Verwandten möglich machte, nach Kairo zu kommen. Seit dreizehn Jahren hatte ich sie alle nicht gesehen, und es war zwei Jahre her, seit wir Vater verloren hatten. Ich sagte niemandem, wann mein Flug ankam, da ich nicht abgeholt werden wollte. Ich brauchte die Taxifahrt, um mich zu sammeln. Dann stand ich vor unserer Tür und lauschte den verschiedenen Stimmen, alle erwachsen geworden, doch die Kinder waren in ihnen noch zu erkennen. Ich sah auf meine Erwachsenenschuhe, sie schienen nicht zu mir zu gehören.

Während der Tage um Ziads Hochzeit tauchten wir alle wieder in die Familie ein. Wie ein abgetrenntes Glied versuchte sich die Vergangenheit an den Körper der Gegenwart zu heften. Im Gegensatz zum väterlichen Teil der Familie fassten sich meine Tanten und Cousins mütterlicherseits ständig an und hielten einander, als könnte einer von uns plötzlich verschwinden. Und während im strengen Adschdabiya müßigem Reden misstraut wird, ist das Al-Dschabal-al-Achdar-Gebirge, die Heimat meiner Mutter, ein so fruchtbarer Boden für Pflanzen wie wortreiche Unterhaltungen. Ich weiß noch, wie die Landschaft auf unseren Fahrten dorthin immer grüner wurde und anstieg. Plötzlich waren Berge um uns herum, und ich sah hier und da einen kleinen Fluss oder einen Wasserfall. Schließlich entließ uns die sich wieder hinunterwindende Straße ans offene Meer. In dieser Gegend waren Licht und Schatten nicht klar wie in Adschdabiya, sondern bewegten sich mit Blättern und Wind. Auch die Unterhaltungen, wenigstens in meiner Familie mütterlicherseits, spiegelten diese Vielfalt wieder. Sie hatten ein außergewöhnliches Talent für Klatsch, ein gutes Gedächtnis für Lieder und wussten sich zu amüsieren. Es fiel schwer, Kairo wieder zu verlassen.

Auf meinem Flug zurück nach London versuchte ich wach zu bleiben. Ich flog mit KLM, und es gab einen kurzen Zwischenstopp in Amsterdam, bevor es nach London weiterging. Das Flugzeug war voller holländischer Familien, aber selbst mit offenen Augen blieb ich überzeugt, dass sie alle Arabisch mit einem authentischeren libyschen Akzent sprachen als ich. Ich spürte die Schatten der Hände meiner Tanten, Cousins und Cousinen um meine Handgelenke, auf den Schultern, in meinem Haar und schließlich mit federleichter Berührung an meinen Knöcheln. Ich war zweiundzwanzig, und meine kleine Londoner Wohnung war voller alter Fragen, drängender denn je.

Anfang der 1990er Jahre, nachdem die Grenze geöffnet worden war, besuchte niemand Mutter in Kairo öfter als Marwan. Ich sah ihn oft während meiner Ferien dort. Zwischen uns war eine Distanz entstanden, und das nicht nur, weil wir so lange getrennt gewesen waren. Marwan hatte die Beschränkungen und Einmischungen des Gaddafi-Regimes ertragen, hatte die Militarisierung der Schulen miterlebt, wo er als Junge in Militäruniform erscheinen und morgens vor dem Unterricht mit einem Gewehr über den Boden kriechen musste. Bücher, Musik und Filme wurden verboten, Theater und Kinos geschlossen, Fußball zu einer ungesetzlichen Tätigkeit erklärt. Wie ein vor Eifersucht irre werdender Liebhaber infiltrierte die Diktatur alle Aspekte des öffentlichen und privaten Lebens. Marwan strahlte Unsicherheit aus, verstärkt durch Stolz und Angst.

Wenn jemand beim Essen den Diktator kritisierte, verstummte Marwan oder verließ den Raum. Ich wusste, warum. Wir alle kannten Leute, die man verhaftet hatte, weil sie irgendwo gewesen waren, wo man den Diktator kritisiert hatte. Trotzdem entstand dadurch eine Art Nebel zwischen uns. Ich wollte, dass er das Regime verdammte. Immer, wenn mein

Blick auf Vaters Bild im Esszimmer fiel, verhärtete sich mein Herz. Damals war ich ein wütender junger Mann. Wir schlichen umeinander herum und taten unser Bestes, nicht darauf zu sprechen zu kommen, wie die politische Wirklichkeit in unsere Vertrautheit eindrang und sie mit unausgesprochenen Wünschen und Vorwürfen zerstörte.

Im Januar 2011, als das libysche Regime versuchte, Aufstände wie in Tunesien und Ägypten zu verhindern, ließ es nicht nur politische Gefangene wie meine Onkel und Cousins frei, sondern versprach den jungen Leuten auch zinslose Darlehen und eine dramatische Aufstockung von Auslandsstipendien für Studenten. Wobei das alles im Zusammenklang mit einem gewaltsamen Vorgehen gegen Journalisten und Menschenrechtsaktivisten geschah. Fathi Terbil, ein Anwalt, der die Verwandten von über eintausend in Abu Salim getöteten politischen Gefangenen vertreten hatte, wurde verhaftet. In Reaktion darauf organisierte Marwan zusammen mit etwa einem Dutzend Richter und Anwälte am Abend des 15. Februar 2011, zwei Tage vor dem geplanten Beginn der Revolution, eine Protestveranstaltung, die sie selbst für nicht mehr als eine symbolische Geste hielten. Sie stellten sich auf die Stufen zum Gericht von Bengasi, wo Marwan, sein Bruder Nafa und ich vor vielen Jahren, als sein Vater noch Richter am Obersten Gericht gewesen war, die Korridore hinauf- und hinuntergelaufen waren, ganz fiebrig, weil wir keinesfalls irgendwelchen Lärm machen durften und darauf achten mussten, dass der Tennisball, den wir hin- und herwarfen, keine der geschlossenen Türen traf. Ich rief Marwan an dem Abend an, während er mit den anderen im kalten Winterwind auf den Stufen zum Gericht stand und das Meer, unsichtbar im Dunkel der Nacht, im Hintergrund murmelte.

»Kannst du es hören?«, sagte er, und ich stellte mir vor, wie er sein Handy in Richtung der Masse schwarzen Wassers hielt.

»Alle guten Gerichtsgebäude sollten aufs Meer hinausgehen«, sagte ich.

»Genau.« Er lachte. »Dann kann man nicht davonlaufen.«

Am folgenden Abend, dem 16. Februar, nahmen Marwan und seine Kollegen aufs Neue ihre Plätze vor dem Gerichtsgebäude ein.

»Es war, wie von einer Klippe zu springen«, sagte er, »viel furchterregender als am ersten Abend. Wir hatten gehört, was sie mit Demonstranten in al-Baida und anderswo gemacht hatten.«

Anwälte und Richter rechneten an diesem Abend mit einem Durchgreifen des Regimes, doch stattdessen tauchten aus den dunklen Straßen rumdum die Familien der Verstorbenen auf, die von Fathi Terbil vertreten worden waren. Hunderte Menschen kamen, und am nächsten Tag schon wurden Tausende daraus. Am 17. Februar, dem Tag, nach dem die Revolution benannt wurde, griff das Regime an und tötete mehrere Demonstranten, doch statt die Leute damit zu verschrecken, erzielte es den gegenteiligen Effekt. Ich rief Marwan an. Es klang, als hätte er gestritten. Seine Frau hatte versucht, ihn zum Zuhausebleiben zu überreden.

»Sie sagte: ›Hast du keine Angst um deine Tochter?‹, und ich habe ihr geantwortet: ›Genau weil ich Angst um die Zukunft meiner Tochter habe, gehe ich.‹«

Revolutionen haben ihre eigene Dynamik, und wenn man sich dem Fluss erst angeschlossen hat, ist es sehr schwer, den Stromschnellen zu entgehen. Revolutionen sind keine festen Tore, durch die eine Nation tritt, sondern Stürme, die alles vor sich herfegen. Eine von Turgenews bewegendsten Personen stammt nicht aus einem seiner bekanntesten Romane: Aleksei Dmitrijewitsch Neschdanow, der Held aus *Neuland*, seinem letzten Roman, ist der illegitime Sohn eines Aristokraten. Er ist jung und zwischen zwei mächtigen Impulsen gefangen, seiner romantischen Empfindsamkeit, die einer absoluten Gewissheit entgegensteht, und seinem revolutionären Herzen, das sich nach Gewissheit sehnt. Am Ende zerstören ihn diese widerstrebenden Kräfte seines Charakters. Neschdanow hatte mich immer interessiert, und jetzt schien es so, als befänden sich Marwan und ich und fast alle, die wir kannten, in einer ähnlichen Situation.

Marwan nahm mich mit zu dem Autor und Redakteur Ahmed Alfaitouri. In den frühen Tagen der Revolution hatte Ahmed meine Nummer von einem gemeinsamen Bekannten bekommen und mich in London angerufen. Er wollte *al-Haqiqah* zu neuem Leben erwecken, eine Zeitung, die Gaddafi in den 1970ern geschlossen hatte. Für Autoren aus Ahmeds Generation, geboren in den 1950ern und 60ern, war *al-Haqiqah* eine geschätzte Quelle unabhängiger Informationen und eines hochstehenden literarischen Diskurses. Als der alte Verleger ihm den Namen dann nicht überlassen wollte, entschied Ahmed sich für *al-Mayadin*, was »Plätze« bedeutet. Er wollte die Zeitung so nennen, wie er am Telefon erklärte, weil »die Revolutionen in Tunesien, Ägypten und hier alle auf öffentlichen Plätzen losgebrochen sind«. Die Aufgabe von *al-Mayadin* sei es, »die Revolution vom 17. Februar auf der politischen, wirtschaftlichen, sozialen, kulturellen und gerichtlichen Ebene zu dokumentieren«. Alfaitouri war offenbar ein Mann von großer Energie und beträchtlichen Fähigkeiten, gelang es ihm doch, drei Monate nach Beginn der Revolution, als das Regime noch nicht gefallen war, inmitten der Kämpfe und der herrschenden Instabilität die erste Ausgabe herauszubringen. Er war nicht allein. Der libysche Journalismus, diese schwache, geschlagene Institution, erlebte zu der Zeit eine Wiederauferstehung. Vier Jahrzehnte lang waren Journalisten unter Gaddafi zensiert, eingesperrt und getötet worden, und in wenigen Monaten nach Beginn des Aufstands entstanden statt der Handvoll regierungsgesteuerter Periodika bis zu zweihundert Zeitungen, Zeit- und Flugschriften. Da sie nicht genug Platz dafür hatten, begannen die Zeitungsverkäufer das Angebot auf den Bürgersteigen vor ihren Läden auszubreiten. Die meisten Veröffentlichungen stammten von Laien und zeugten vom Hunger des Landes nach einer freien und pluralistischen Presse. Wer in ihnen blätterte, spürte nicht nur den dringenden Wunsch, die Entwicklung der gegenwärtigen Situation zu verfolgen, sondern auch die Vergangenheit aufzuarbeiten und Berichte und persönliche Zeugnisse aus dem Leben unter der Diktatur zu veröffentlichen. Als mich Ahmed Alfaitouri 2011 anrief, tat er das nicht nur, um mir von seinem Traum zu berichten, »einem Traum, der bis jetzt eine Sünde war«, sondern er wollte mich auch dazu bringen, für *al-Mayadin* zu schreiben, »über alle Themen, Politik, Literatur, Kunst, alles«. Es war nicht schwer, mich zu überzeugen. Bis dahin waren meine Bücher und Artikel in Libyen verboten gewesen. Ich erinnere mich noch lebhaft an den Tag, an dem ich erfuhr, dass meine Arbeiten der Zensur zum Opfer gefallen waren und es Redakteuren nicht einmal erlaubt war, meinen Namen zu nennen. Das war im Juli 2006, einen Monat nach Veröffentlichung meines ersten Romans. Ich hatte gerade eine Lesung im Poetry Café in der Betterton Street in Covent Garden abgehalten und ging hinaus, um eine Zigarette zu rauchen und meine Nerven zu beruhigen. Ein Mann kam hinter mir aus dem Café, ein, wie sich herausstellte, in London lebender libyscher Journalist. Er arbeitete frei für verschiedene größere Publikationen und hatte sich darauf gefreut, meinen Roman zu rezensieren. Doch als er seinem Redakteur in Tripolis von seinem Plan berichtete, sagte der: »Bitte, nichts über Hisham Matar. Wir haben direkte Anordnungen.« Aber mein Buch war bereits ins Land geschmuggelt worden. Fotokopien wurden gemacht und in Umlauf gebracht. Meine Artikel wurden übersetzt und, oft ohne mein Wissen, ins Internet gestellt.

»Abgesehen von ein paar literarisch interessierten Leuten kennt dich hier niemand«, sagte Marwan, als wir zu Ahmeds Haus fuhren. »Ich habe mich entschlossen, dein libyscher Pressesprecher zu werden.« Er hatte etliche Journalisten angerufen und ihnen gesagt, dass ich zurückgekehrt war.

»Ich bin gekommen, um meine Familie zu besuchen, nicht um Interviews zu geben.«

»Das ist dein Problem«, sagte Marwan und steuerte das Auto mit einer Zigarette in der einen und dem Handy in der anderen Hand.

Die baumbestandene Straße war schmal und ruhig. Die meisten Häuser links und rechts waren im italienischen Stil der ersten Jahre des 20. Jahrhunderts gebaut, symmetrisch, einfach, einstöckig. Nur hier und da war ein schmückendes, klassisches Element erlaubt, ein bemalter Fries oder ein verzierter Modillon an einem Gesims. Über Ahmeds Tür war das verblichene Dreieck eines bemalten Giebels zu erkennen. Das Haus hatte einen großen, bescheidenen, gefliesten Eingang und bestand aus zwei identischen Wohnungen. Ahmed und seine Frau lebten in der einen, die andere diente der Zeitung als Redaktion und abends als literarischer Versammlungsort.

Ahmed führte uns herum und sagte: »In den Zwanzigern und Dreißigern war das Haus die Residenz des Führers der italienischen Faschistischen Partei in Bengasi.«

Wir setzten uns in die Redaktion. Die Wände waren mit Bücherregalen bedeckt, in denen das Porträt eines jungen, entschlossenen Ahmed Rafiq al-Mahdawi stand, der weniger wie der Nationaldichter wirkte, der er war, sondern eher wie ein Autor voller Zweifel. Unter der italienischen Besatzung hatte al-Mahdawi in die Türkei fliehen müssen. Nach der Unabhängigkeit kam er zurück, wurde von König Idris in den Senat berufen und zum Mittelpunkt des literarischen und kulturellen Lebens des Landes. Es hieß, dass er nachmittags immer im Café Arrudi in Bengasi zu finden war, das an der Ecke des Baladiya-Platzes lag, im Herzen der Stadt. Junge Schriftsteller, Künstler und Intellektuelle, angezogen von al-Mahdawi, besuchten das Arrudi, zum Beispiel Mohammad Faraj Hemmi, der linke Akademiker und Anwalt, der später von Gaddafi verhaftet und 1981 im Gefängnis zu Tode gefoltert wurde, oder Basili Shafik Khouzam, der Schriftsteller, der mit seinen in italienischer Sprache unter dem Namen Alessandro Spina verfassten Romanen und Kurzgeschichten zum Chronisten des Lebens in Bengasi wurde. Einige der Namen, die ich auf Ahmeds Regalen sah, waren William Faulkner und Ernest Hemingway, Italo Calvino und Albert Camus, Milan Kundera und Mario Vargas Llosa.

»Endlich bewegen sich die Dinge«, sagte Ahmed, als er sah, wie mein Blick über die Bücherrücken glitt. »Da finden Sie Lücken, ohne Zweifel, aber Sie können sich nicht vorstellen, welche Akrobatik, richtiggehende Akrobatik, vonnöten war, diese Bücher zu bekommen. Und wenn es sich herumspricht, kommen alle Freunde und fragen, ob sie sie ausleihen können. Man versucht, eine Bibliothek aufzubauen, aber weder der Zensor noch die Leute lassen einen!«, sagte er und lachte.

Ich fragte ihn, ob er vor der Revolution Angst gehabt habe, das Regime könnte herausfinden, dass er diese Bücher besaß.

»Nein, die Entscheidung, bestimmte Bücher zu verbieten, war nie wirklich leidenschaftlich. Ich wünschte, es wäre so gewesen. Es war einfach nur Gleichgültigkeit und Tücke, eine Art natürlicher Reflex.«

Das Problem war nicht nur der Zensor, erklärte Ahmed, die wiederholten Angriffe des Regimes auf Buchhandlungen, die Beschlagnahmung der Bestände und gelegentliche komplette Schließung eines Geschäfts bedeuteten, dass es in Libyen grundsätzlich sehr schwer war, Bücher zu bekommen, auch die vom Zensor erlaubten. Ich wusste das, denn der älteste und angesehenste libysche Verleger und Buchhändler, al-Fergiani, hatte seine Büros Anfang der 1980er nach London verlegen müssen.

Ahmed rauchte unablässig, was mir Sorgen bereitete. Wann immer er lachte, und das tat er häufig, lief er rot an und kam außer Atem. Ich mochte ihn. Er hatte eine offene, fröhliche Art und war, ungeachtet seiner Einschätzung, dass Libyen »die dunkle Kunst, Bücher zu entwerten, perfektioniert« hatte, ein Optimist und unermüdlicher Anwalt für die Literatur und das Geistesleben. Ein libyscher Künstler in Libyen zu sein war heldenhaft. Das Land, seine Politik und gesellschaftlichen Dogmen vereiteln jeden möglichen künstlerischen Instinkt. Das Durchhaltevermögen von Männern wie Ahmed ist erstaunlich. 1978 war er Anfang zwanzig und gehörte zu der großen Gruppe von Autoren, die ins Gefängnis geworfen wurden. Das Regime hatte ihnen eine Falle gestellt. Junge literarische Talente wurden zu einem Buch-Festival eingeladen und dort verhaftet. Wie die meisten anderen hatte Ahmed zehn Jahre im Gefängnis verbracht.

»Gaddafi dachte, er würde mir wehtun«, sagte er. »Stattdessen hat er mir Dutzende Schriftstellerfreunde geschenkt. Ich habe heute ein Haus in jedem Dorf und jeder Stadt im ganzen Land.«

Nach einem kurzen Schweigen sagte er: »Alles ist für Ihren Auftritt vorbereitet. Er findet in zwei Tagen statt.«

»Aber das geht nicht«, sagte ich. »Ich möchte keine öffentlichen Auftritte. Ich bin hier, um meine Familie zu besuchen.«

»Aber deine Familie will, dass du dich öffentlich zeigst«, sagte Marwan lachend.

»Warum halten wir es nicht im kleinen Kreis und treffen uns an einem Abend hier mit anderen Schriftstellern?«, schlug ich vor.

»Die Plakate sind schon gedruckt«, sagte Ahmed, »und der Versammlungsraum in der Bibliothek ist längst gebucht.«

Marwan fand das Ganze urkomisch. »Da kommst du nicht raus«, sagte er, als wir zurück auf die Straße gingen, um noch stolz hinzuzufügen: »Hier geschieht nie was. Aber wenn, dann schnell wie der Blitz. Dann lässt sich die Welt in einem Tag verändern. Es mag zweiundvierzig Jahre dauern, bis der Tag kommt, aber wenn ...«

12. Bengasi

Am nächsten Tag traf ich wieder Verwandte. Es war komisch, mit Leuten zusammen zu sein, an die ich mich nur halb erinnerte. Im unerwartetsten Augenblick erkannte ich plötzlich die Form eines Nackens wieder, einen Ausdruck in den Augen, den Tonfall einer Stimme. Jemand erzählte mir eine Anekdote, und etwa in der Mitte begriff ich, dass ich sie schon einmal gehört hatte. Es schien, als hätten sich alle anderen linear weiterentwickelt, natürlich und in ihrer bekannten Umgebung, und als wären sie dadurch, wenn auch widerwillig oder im Streit, mit dem ursprünglichen Ausgangspunkt verbunden geblieben. Mitunter kam es mir vor, als litte ich an einer Art Entfernungskrankheit, die, anders als die Seekrankheit, nicht nur den Grund, auf dem ich stand, unsicher machte, sondern auch Zeit und Raum. Die einzigen anderen mir bekannten Menschen, die unter ähnlichen Symptomen zu leiden schienen, waren ehemalige Gefangene.

Nie würde ich zu irgend etwas gehören. Nie würde ich wirklich irgendwohin gehören, und das wusste ich, und mein ganzes Leben lang würde es nie anders sein – ich würde versuchen, irgendwohin zu gehören, und dabei scheitern. Immer würde irgend etwas schiefgehen. Ich bin eine Fremde und werde es immer bleiben, und im Grunde genommen machte es mir so gut wie gar nichts aus.

Als ich diese Zeilen von Jean Rhys zum ersten Mal las, dachte ich, ja, und dann, fast sofort, ärgerte ich mich über dieses Einverständnis. Deshalb ist die Rückkehr in jenes frühere Leben wie das Entdecken deines Spiegelbilds an einem öffentlichen Ort. Deine erste Reaktion, noch bevor du es begreifst, ist Argwohn. Du kommst aus dem Tritt, findest aber gerade noch rechtzeitig das Gleichgewicht wieder. Ich sehe jetzt, dass meine Spaziergänge, ob ich mir nun die Zeit vertreiben oder mich mit einer fremden Stadt vertrauter machen wollte (selbst wenn ich es eilig hatte, weil es einen Zug zu erreichen galt oder ich zu spät zu einer Verabredung kam), immer von dem vagen Verdacht begleitet waren, mir womöglich selbst begegnen zu können, das heißt dem anderen Selbst, das in Harmonie mit seiner Umgebung lebt und wie ein Kapitel in einem Buch am rechten Ort existiert, nicht herausgerissen und dazu verdammt, für sich allein einen Sinn zu ergeben.

Alle Hilfsmittel, die ich besaß, um mit meinem Land in Verbindung zu treten, gehörten der Vergangenheit an. Seit wir Libyen verlassen hatten, war Wut wie ein vergifteter Strom durch mein Leben geflossen und hatte sich bis in die Verästelungen meiner Anatomie gegraben. Trauer als Virus. Aber jetzt konnte ich die Mauern sehen, die so alt waren, dass ich sie nie bemerkt hatte; zwischen mir und allen, die ich je gekannt hatte, standen sie, zwischen mir, jedem Buch und jedem Gemälde, jeder Sinfonie und jedem Kunstwerk, das mir je etwas bedeutet hatte, plötzlich schien alles unbeständig. Die Freiheit machte mir Angst – weil ich mich, als Mensch, von verschiedenen Dingen geprägt, ja erschaffen fühlte. Ich wanderte durch die Straßen von Bengasi. Die Stadt war nie eine leidenschaftliche Anhängerin des Gaddafi-Regimes gewesen und hatte dafür ihren Preis bezahlt. Die Verwahrlosung schmeckte nach Bestrafung.

Ich ließ das Meer hinter mir und betrat den Irrgarten des alten Stadtzentrums durch die Omar-al-Mukhtar-Straße, im Schatten der Kolonnaden, bog in schmale Gassen, die zu stillen, durchgangslosen Plätzen führten, an denen man selbst noch mittags, so stellte ich mir vor, bei geöffnetem Fenster genug Ruhe zum Arbeiten fand. Die ganze Zeit war ich aufgewühlt, da ich über die Möglichkeit nachdachte, diese Stadt zu meinem Zuhause zu machen. Ich war gleichzeitig begeistert und voller Ablehnung. Vielleicht war meine Entscheidung, Libyen durch Bengasi zu betreten, nicht so zufällig gewesen, wie ich angenommen hatte. Obwohl wir in Tripolis gewohnt hatten, meine Mutter aus Derna stammte und mein Vater aus Adschdabiya, schien Bengasi, zumindest heute, mir zu gehören, allein mir. Ich traf Diana am Café Vittoria am Meer, und wir genossen die Gelegenheit, für uns zu sein. Insgeheim begann ich mir vorzustellen, unsere Bücher, Bilder und Musik herzubringen. Alles in einen Container zu laden und in diese Stadt am Meer zu verschiffen, eine Stadt, die dafür gemacht war, dass Dinge in ihr ankamen.

Das Zentrum von Bengasi schmiegt sich wie ein großes L ans Wasser. Das längere Stück verläuft nach Norden. Die Einheimischen nennen diesen Teil die arabische Corniche. Wenn der Wind günstig steht, kann man von hier in einem Tag in Kreta sein. Der quadratische Bau des Leuchtturms liegt merkwürdig vom Wasser zurückgesetzt, ganz so, als scheute er das Meer – oder als forderte er, ganz im Gegenteil, das Mittelmeer heraus, näher zu kommen. Um ihn herum verstreut liegen die Überbleibsel verschiedener untergegangener Städte, eine griechische Mauer ist um die 2300 Jahre alt, es gibt Ruinen einer römischen Siedlung, eine byzantinische Kirche, und ich bin sicher, würden hier Ausgrabungen gemacht, fänden sich auch

Hinweise auf phönizisches Leben. Von hier aus breitet sich das heutige Bengasi aus, die Häuser und Märkte der mittelalterlichen arabischen Stadt zusammen mit dem, was die Osmanen hinzugefügt haben. Geprägt wird das Bild jedoch durch die Gegenwart, die niedrigen Betonklötze mit ihren Antennen und Satellitenschüsseln. Bengasi ist mehr noch als andere Städte ein umkämpfter Ort, eine Stadt im Werden, offen für Interpretationen. In ein paar Monaten schon sollte sich die in ungezügelter Hoffnung und Optimismus ausdrückende Energie auf dunkle Weise gegen sich selbst wenden, mit Blut und Gemetzel.

Das Café Vittoria liegt jenseits des L, auf der Seite, die von den Alten Lungomare genannt wurde und heute als die italienische Corniche gilt. Das Café steht dort, wo einst Mussolini gelandet ist. Um die Augen des Duce nicht zu beleidigen, wurden große Anstrengungen unternommen, alle Hinweise darauf zu vernichten, dass Bengasi eine arabische und muslimische Stadt war. Kein einziges osmanisches oder arabisches Minarett oder Haus, keine Kolonnade oder Kuppel war von hier aus zu sehen. Es war ein Fall von architektonischer Camouflage, und tatsächlich ist die entlang des Meeres errichtete neoklassische Gebäudefront so einfach, dass sie Teil einer Filmkulisse sein könnte, wenn auch einer alten, heruntergekommenen. Unterbrochen wird die italienische Verkleidung durch die Kathedrale von Bengasi, eine der größten römisch-katholischen Kirchen in Nordafrika. Sie schwebt am Rand des Wassers, als suchte sie nach dem richtigen Weg. Die Zwillingskuppeln tragen kein Kreuz.

Am 7. April 1977 wurden die Studenten Omar Ali Dabboub und Mohammad bin Saud in Reaktion auf die Forderung der Studentenschaft, die Lehre vom zunehmenden politischen Einfluss freizuhalten, im Park vor der Kathedrale aufgehängt.

Am 7. April 1992, als ich in London Architektur studierte, verbrachte ich mehr aus Langeweile und Neugier, als um des fünfzehn Jahre zurückliegenden Geschehnisses zu gedenken, ein paar Stunden in der Bibliothek und informierte mich über das Leben des Architekten, der die Kathedrale gebaut hatte. Guido Ferrazza hatte ein, wie sich herausstellte, wechselvolles Leben. Er war weit weg von Bengasi in einem kleinen italienischen Alpendorf in der Nähe von Trient geboren. Der Ort heißt Bocenago, und nicht lange nach meinem nachmittäglichen Besuch in der Universitätsbibliothek wanderte ich durch seine Straßen. Bei meinem Besuch wohnten dort kaum mehr als dreihundert Leute, 1887, im Geburtsjahr Guido Ferrazzas, waren es doppelt so viele. Rund um das Dorf erhoben sich die Berge. Schnee, Fels und Grün ließen den Himmel so riesig wie nahe erscheinen, und das Sonnenlicht fiel nicht, sondern floss geradezu herein und füllte das Tal wie eine Flüssigkeit. Ich lief durch die Straßen und hatte das Gefühl, sämtliche Häuser seien leer. Von hier aus wechselte Ferrazza zur Universität nach Mailand. Offenbar wurde er von Rastlosigkeit geplagt, denn nach seinem Abschluss ging er ins Ausland, nach Bulgarien, wirkte am Bau der Alexander-Newski-Kathedrale in Sofia mit und zog weiter nach Singapur und Bangkok, wo er an Arbeiten an der königlichen Residenz beteiligt war. Später leitete er verschiedene Bauprojekte in Südamerika, schien in Betracht zu ziehen, sich dort niederzulassen, und arbeitete am Parlament von Montevideo mit, einem monumentalen, von Vittorio Meano entworfenen Gebäude. Ich stelle mir vor, dass Ferrazza in Meano eine Art Vorbild sah. Meano war eine Generation älter, ebenfalls in einem kleinen Dorf im Norden Italiens geboren und leitete ein erfolgreiches Architekturbüro in Argentinien. Nach Fertigstellung des Baus in Montevideo folgte Ferrazza

seinem Mentor nach Buenos Aires, wo Meano ein unglück-
liches Ende fand. Er ertappte seine Frau im Bett mit einem anderen, Zeugen hörten einen Schuss und dann die Stimme des
Architekten: »Sie morden mich!« Bald darauf kehrte Ferrazza
nach Italien zurück.

1927, da war Ferrazza vierzig Jahre alt, beauftragte ihn der
Gouverneur von Kyrenaika, Attilio Teruzzi, einen neuen Plan
für Bengasi zu entwerfen. Teruzzi war kein gleichgültiger Bü-
rokrat, 1922 hatte er als einer der Kommandeure der Schwarz-
hemden am Marsch der Faschisten auf Rom teilgenommen.
Libyen bot Ferrazza eine goldene Möglichkeit, seine Ideen zu
verwirklichen, und machte ihn zu einem der führenden Architekten in den Kolonien. Unter seiner Aufsicht sollte Bengasi zu
einer neuen italienischen Stadt werden. Er zog um und begann
gleich mit der Arbeit. Das Projekt hielt ihn so beschäftigt, dass
er, als er ein paar Jahre später wegen seines Erfolgs in Bengasi
gefragt wurde, ob er auch Tripolis neu planen wolle, akzeptierte, den Auftrag aber an seine Partner delegierte. 1935 zog er
dann nach Eritrea, wo er zum Chefarchitekten von Asmara ernannt wurde. Später entwarf er ganze Viertel von Harrar und
Addis Abeba.

Aber in Bengasi ist es zu einem wirklich einzigartigen architektonischen Ausdruck gekommen, im Bengasi Italiana,
wie es die italienischen Einwohner der Stadt nannten, die zu
Ferrazzas Zeit etwa ein Drittel der Bevölkerung ausmachten.
Während die Kolonialarchitektur in Tripolis nüchtern und
dezidiert neoklassisch ist (es gibt dort viele Straßen, in denen
man sich gut in Italien wähnen kann), sind in Bengasi stets
Wegkreuzungen und verschiedene Schichten zu erkennen. Der
Cocktail der Einflüsse, arabisch, osmanisch, italienisch, euro-
päisch-modernistisch, entspricht der entspannten, eklekti-

schen, rebellischen Natur der Stadt, und doch ist da noch etwas mehr, etwas, das zu keiner anderen Kultur oder Ära gehört. Es ist zeitlos, existiert so allein in Bengasi und arbeitet mit dem vielleicht wichtigsten architektonischen Material überhaupt, wichtiger noch als Stein – dem Licht. In Bengasi ist das Licht zu einem architektonischen Material geworden. Fast kann man sein Gewicht spüren, wie es fällt und sein Objekt hält.

Selbst jetzt, nach all der Verwahrlosung und dürftigen Planung, die auf Ferrazza folgte, konnte ich spüren, was für eine Begeisterung Männer wie er hier empfunden haben müssen, den übermächtigen Optimismus, rücksichtslos und fehlgeleitet zugleich, der ihn und seine Mailänder Zeitgenossen durchpulst haben muss, während sie die Küste von Bengasi abschritten und Afrika, wie es ein italienischer Hauptmann in einem der Romane Alessandro Spinas ausdrückt, »in ein Bordell« verwandelten und es »unseren jungen Männern anbieten, so dass sie dem gesamten Spektrum ihrer menschlichen, heldenhaften, sadistischen und ästhetischen Gefühle Ausdruck geben können«.

Als Italien im Juli 1943 vom Krieg verwüstet wurde, bewies Ferrazza großen Selbsterhaltungsinstinkt und zog nach England, wo er sich dem exilierten Widerstand anschloss, und als sich das faschistische Regime 1945 endgültig auflöste und Attilio Teruzzi, der Mann, der Ferrazza nach Bengasi gebracht hatte, vor den Partisanen nach Süden floh, wurde ihm, Ferrazza, eine ehrenhafte Rückkehr in sein Land gewährt. In den nachfolgenden vier Jahren arbeitete er in zahlreichen Komitees am Wiederaufbau mit. Im Frühjahr 1949 dann, aus einem plötzlichen Verlangen nach Abenteuer oder vielleicht auch, um seinem unglücklichen Mentor Vittorio Meano nachzueifern, entschloss sich Ferrazza, nach Argentinien auszuwandern. Einen eindeutigen Grund, warum er zwei Jahre später nach Mailand zurückkehrte, gibt es nicht. Ruhig und zurückgezogen lebte er dort als Rentner, bis er am 1. Februar 1961, vielleicht aus Heimweh (womöglich eine typische Alterserscheinung), einen Zug nach Bocenago bestieg, seinen Geburtsort in den Alpen. Der Waggon, in dem er saß, entgleiste und verunglückte ein paar Kilometer außerhalb von Mailand. Ferrazza war vierundsiebzig.

Während ich mit Diana im Café Vittoria saß, mit schönem Blick aufs Wasser, die Corniche und die Kathedrale, versuchte ich mir Guido Ferrazzas Gesicht vorzustellen. Trotz aller Anstrengungen hatte ich von ihm in der Universitätsbibliothek kein Foto finden können, aber vielleicht war meine alte Theorie, dass es Verbindungen zwischen den Fassaden von Gebäuden und der Physiognomie ihrer Architekten gibt, ja nicht völlig lächerlich. Von der überernsten Symmetrie der Kathedrale von Bengasi ausgehend, malte ich mir ein Gesicht mit einem ähnlichen Ausdruck unsicherer Zuversicht aus, unberührt durch die Geschichte, ein eher breites und grobschlächtiges Gesicht, das nicht in sich gekehrt wirkt, sondern den Blick mit suchenden, leicht misstrauischen Augen in die Ferne richtet.

Wir tranken unseren Kaffee und redeten darüber, wie es wäre, einen Teil des Jahres hier zu verbringen. Das Licht sickerte langsam aus dem Himmel, das Meer war ruhig, aber nicht reglos. Strömungslinien, die in verschiedene Richtungen wiesen, zogen durch das Wasser, so schwach wie Schlafspuren auf der Haut. Mir war, als ob ich das alles nicht betrachtete, sondern mich daran erinnerte, so als hätten Diana und ich hier schon einmal gelebt und wären mit dem gleichen Gefühl zurückgekehrt, mit dem wir auch andere Städte besuchten, in denen wir bereits gewohnt hatten und wo wir dann vor einem Gebäude standen, das wir einmal unser Zuhause genannt hatten, erfüllt von der merkwürdigen Empfindung, die man verspürt, wenn die Änderungen in uns mit der Beständigkeit einer vertrauten Geographie konfrontiert werden. Im Hintergrund dieser Gedanken nahm ich das Echo einer alten Macht wahr, der Überzeugung der Kindheit, dass das libysche Meer eine offene Tür ist; und das Verlangen nach einer authentischen Nähe zur Natur, das über die Jahre weniger beständig geworden war, kehrte mit neuer Kraft zurück. Ich meine keine beiläufige Sehnsucht nach Reisen, keine touristische Neugier für Sehenswürdigkeiten, Wahrzeichen, Sprachen und neue Gesichter, sondern die genaue, unkomplizierte Überzeugung, dass die Welt für mich verfügbar war. Aber war das kein komischer Gedanke, jetzt, da ich endlich zu Hause war? Oder ist es das, was das Zuhausesein ausmacht: das Zuhause als Ort, von dem aus die ganze Welt plötzlich möglich wird?

Am nächsten Morgen besuchte mich Maher Bushrayda, ein Cousin, den ich seit unserer Flucht aus Libyen nicht mehr gesehen oder gesprochen hatte. Maher ist eine Generation älter als ich, und ich kann mich nur noch vage an seine Besuche bei uns in Tripolis erinnern. Damals war er mir kühl und geheimnisvoll vorgekommen, wahrscheinlich weil er ein Mitglied der Studentenvereinigung an der Universität von Bengasi und ich noch ein Kind war. Er nahm an der Demonstration 1976 teil, und ein Jahr später, als seine engen Freunde Omar Ali Dabboub und Mohammad bin Saud gehängt wurden, verhafteten sie auch ihn und etliche andere Studenten, und er saß von 1977 bis 1988 im Gefängnis. Er war der Erste aus unserer Familie, der für seine Kritik am Regime eingesperrt wurde, was ihn in

meinem naiven Teenagerdenken lange Zeit zu einem romantischen Helden machte. Maher und ich hatten uns tags zuvor
bei einem großen Familientreffen gesehen und eine Zeit ausgemacht, um ungestört reden zu können. Wir trafen uns in
meinem Hotel, tranken Kaffee, und er bestätigte, was er mir
bereits gesagt hatte: dass er beim neuen Geheimdienst war, der,
wie er sagte, »darum kämpft, die Lücke zu füllen«.

Seine beiden Hauptsorgen, sagte er, seien »die Sicherheit
und die Opportunisten«, die bewaffneten Gruppen, die um
die Macht wetteiferten.

»Was ist mit den Islamisten?«, fragte ich.

»Die werden keinen Erfolg haben«, meinte Maher und erzählte mir von einem tunesischen Rapper, der wegen der Dro-
hung einer islamistischen Gruppe ein Konzert hatte absagen
müssen. »Diese Leute wollen ein Land ohne Kunst, ohne Kon-
ferenzen und ohne Kinos. Ein leeres Loch«, sagte er.

»Und mit dem tunesischen Rapper hatten sie Erfolg«, sagte
ich.

»Ja, aber die Politik ist falsch.«

Schließlich kam das Gespräch auf das eigentliche Thema
unseres Treffens: ob er in seiner neuen Position etwas darüber
herausfinden konnte, was mit meinem Vater geschehen war.
Maher hatte die Hemdsärmel aufgekrempelt und stützte die
Ellbogen auf den Tisch. Er sprach leise und kniff sich dabei fest
ins Fleisch der Unterarme.

»Onkel Jaballa steckt in meiner Haut, ich stand ihm sehr
nahe. Da warst du noch klein, vielleicht erinnerst du dich
nicht.« Was darauf folgte, hätte mir mittlerweile vertraut sein
sollen. Wie so viele andere schon gab er mir, in verhüllter
Form, zu verstehen, dass ich begreifen müsse, was offensichtlich sei: dass mein Vater tot war.

»Das bezweifle ich nicht«, log ich. »Was wir herausfinden wollen, ist, wie und wann es geschehen ist und wo seine Leiche sein könnte.«

In dem Moment geschah etwas Merkwürdiges, etwas, das ich noch nie erlebt hatte. Ich spürte die Gegenwart meines Vaters, direkt hinter meiner rechten Schulter, spürte, wie er mich wegwinkte, und rechnete damit, ihn aussprechen zu hören, was ihm, wie ich wusste, auf der Zunge lag: »Hör auf. Es ist genug.«

Ich erstarrte und brachte kein Wort heraus. Glücklicherweise stand Maher auf und sagte, er müsse jetzt gehen. Ich begleitete ihn hinaus und sah zu, wie er über die Pfütze sprang, die es immer unten vor der Treppe des Hotels zu geben schien. Ich erkannte seinen Gefängniskörper. Den leicht gehemmten Gang, den alle politischen Gefangenen haben. Als wäre die Unterdrückung ein giftiges Sediment, das sich in den Muskeln absetzt. Eine gewisse Verschlossenheit ist die Folge. Und der Groll scheint sich nicht gegen das Schicksal oder die Ideologie zu wenden, sondern gegen die Menschheit selbst. Ich winkte, als Maher davonfuhr, und er hob den Daumen, um mir Glück zu wünschen. Ich dachte an seine letzten Worte: »Bis ans Ende der Zeit werde ich für dich da sein. Alles, was du brauchst. Was allerdings das Jenseits betrifft«, sagte er und lachte, »da bist du auf dich selbst gestellt.«

Ich machte einen Spaziergang am Meer entlang. Ein dicklicher, höchstens zehn Jahre alter Junge fuhr mit einem großen Quadbike zwischen den Familien herum. Einige Leute saßen auf der niedrigen Mauer und sahen aufs Meer hinaus, andere kehrten dem Wasser den Rücken zu und beobachteten lieber, was sich auf der Promenade tat. Das Meer war ruhig, und der Himmel spiegelte sich darin. Hinter den Felsen, die das flache vom tiefen Wasser trennten, wirkte es mächtig, aber nicht bedrohlich, wie in Wartestellung, sich seiner sicher. Der dickliche Junge drehte Kreise, die beiden Vorderräder in der Luft. Fast wäre er in ein Pärchen hineingefahren, was die beiden, und auch ihn, nicht weiter zu stören schien. Schon raste er, die Vorderräder immer noch zwei, drei Handbreit über den Bodenplatten, auf einen der Poller zu, die eindeutig zur Verhinderung solcher Eskapaden auf der Promenade aufgestellt waren. Er wurde langsamer, schlug ein und fädelte sich zwischen zweien hindurch, womit er eine außergewöhnliche Beherrschung seines Bikes bewies, hielt an, als erwartete er seinen wohlverdienten Applaus, und ein noch jüngerer Bursche kam herbeigelaufen und sprang hinter ihm auf den Sitz. Sie preschten davon. Ein kleiner Junge und ein Mädchen spielten mit einem Pappbecher Fußball. Der Vater sagte: »Was macht ihr da?« »Spielen«, sagte das Mädchen, hielt inne und sah ihn an. »Mit Müll?«, fragte der Vater. »Sonst ist nichts da«, erklärte der Junge und zog an dem Mädchen. Ein paar Schritte weiter fing ein kleines Kind an zu weinen und vergrub den Kopf im Schoß seines Vaters. Es war ein Mädchen. »Hab keine Angst«, sagte der Vater. »Hab nicht immer so eine Angst.« Die beiden Jungen auf dem Quadbike flogen vorbei und wurden immer noch schneller. Ich drehte mich um. Kinder liefen über den Gehweg. Der Bruder und die Schwester, die Fußball gespielt hatten, sahen aufs Meer hinaus, zählten laut, bis sie nicht mehr weiterwussten, und brachen in Lachen aus, als sie sahen, wie sich ein kleiner Junge hinter einem der Poller versteckte.

13. Ein anderes Leben

Die Nachricht von meinem Auftritt hatte sich schnell verbreitet. Der Parkplatz bei der Bibliothek war so gut wie voll, als Mutter, Diana und ich dort ankamen. Das Gebäude wirkte verlassen und aufgegeben, und der Parkplatz war mit den überall im Mittelmeerraum verbreiteten Platten aus in Harz gegossenen Steinen und Marmorstücken belegt, die kaum für diesen Zweck taugen. Sie sind für Innenräume gedacht, und die ständig herunterbrennende Sonne und das Gewicht der Autos hatten an etlichen Stellen Risse und Sprünge verursacht. Einige waren verschoben, und Unkraut und Gras sprossen aus den Lücken. Über ein paar Stufen gelangten wir ins Foyer. Kein einziges Buch war zu sehen, und selbst die Katalogkästen waren leer. Ich konnte nicht hinauf in die oberen Stockwerke, doch dem Erdgeschoss nach zu urteilen, war die Bibliothek schon seit Jahren keine Bibliothek mehr. Die Lamellenvorhänge an den Fenstern waren verzogen, und einige der langen Streifen fehlten ganz.

Ältere Männer mit Anzug und Krawatte standen beisammen und unterhielten sich. Einer von ihnen rief mich, und als ich hinüberging, konnte ich zwar nicht sagen, wer diese Leute im Einzelnen waren, wusste aber, es waren Freunde meines Vaters. So alt würde er heute sein, dachte ich, und hielt dem Ersten die Hand entgegen. Er zog mich in eine Umarmung, und ich spürte, wie er erschauderte. Seine Wangen waren glattrasiert, und er roch sauber und nach Kölnischwasser,

wie auch die anderen. Ich erinnere mich nicht, dass sie viel gesagt hätten.

Es kamen immer mehr Leute.

Hinten im Foyer drückte ein Mann, vielleicht zehn Jahre älter als ich, Mutters Hand an seine Brust, und sie lächelte und
freute sich eindeutig, ihn zu sehen.

Auch Leute in meinem Alter kamen, die mich noch aus der
Schule oder den Sommerferien kannten und immer wieder
fragten: »Wirklich, du erinnerst dich nicht?«, bis ich endlich
sagte: »Ihr seid zusammen aufgewachsen. Du hast miterlebt,
wie sich sein Gesicht verändert, und du, wie sich ihr Körper entwickelt hat. Ich dagegen habe euch dreiunddreißig Jahre nicht
gesehen. Natürlich erinnere ich mich nicht.« Es war nicht so
sehr, was ich sagte, sondern wie ich es sagte, was mich verriet.

Diana stand am anderen Ende des Foyers, umringt von meinen Cousins und Cousinen.

Ein Schmetterling hatte sich zwischen einen Lamellenvor-
hang und eines der völlig verschmutzten Fenster verirrt. Ich
stellte mir vor, sie zu putzen, eines nach dem anderen, bis sie
klar und sauber waren, und sah immer wieder nach, ob sich
der Schmetterling hatte befreien können. Aber er flatterte weiter herum und fand die Öffnung zwischen den Lamellen nicht.

So geplündert und verlassen die Bibliothek auch wirkte, der
Versammlungsraum war brandneu. Die Stühle waren mit wei-
ßem Leder bezogen, die Wände holzvertäfelt. Offenbar waren
Besprechungen wichtiger als Bücher. Ein Mann etwa im Alter
meines Vaters saß in der ersten Reihe und sah mich eindring-
lich an. Seine sanften Augen waren leicht gerötet, er sah aus,
als würden ihm gleich die Tränen kommen. Auf seinem Schoß
lag ein dickes, ledergebundenes Buch. Seine Hände ruhten
darauf und zitterten leicht, und ich war nicht sicher, ob es die

Aufregung war oder sein Alter. Der Raum war voll, alle Plätze waren besetzt, hinten standen sogar ein paar Leute. Da der Mann ganz vorne saß, verband uns eine seltsame Vertrautheit, als wäre ich der Einzige, der seinen Ausdruck sah, wodurch er nur mir galt.

Marwan nahm seine Rolle als mein libyscher Publicitymanager zu ernst. Er hatte eine Diashow vorbereitet. Das Licht verlosch, und Bilder meines Großvaters Hamed leuchteten auf, meines Vaters, Izzos, und dann auch von mir und meinen Büchern, begleitet vom Oud-Spiel Naseer Shammas. Die Vorführung dauerte länger als fünf Minuten, und das Publikum sah in völliges Schweigen gehüllt zu. Dann ging es los, mit einem Gespräch zwischen Ahmed Alfaitouri und mir. Cousin Nafa al-Tashani saß für den Fall, dass ich einen Übersetzer brauchte, direkt neben mir. Ich spreche zwar fließend Arabisch, bin es aber nicht gewöhnt, öffentliche Vorträge darin zu halten. Die Veranstaltung dauerte drei Stunden, und etwa in der Mitte mussten wir eine Pause einlegen.

Der alte Mann aus der ersten Reihe stand auf und kam auf mich zu. Wir gaben uns die Hand, und es war eindeutig schwierig für ihn zu sprechen.

»Ich war Jaballas Freund«, sagte er. »Wir waren zusammen auf dem College.« Er gab mir das Buch, das er auf dem Schoß gehalten hatte. »Er und ich, wir haben die literarische Zeitschrift herausgegeben«, sagte er.

Der Sohn des Mannes, einer von denen, die mich zuvor an frühere Sommer hatten erinnern wollen, sagte: »Das sind sämtliche Ausgaben. Ich habe sie zu einem Band zusammenbinden lassen.«

Ich schlug das Buch auf. *Der Student* stand da; es war eine literarische Zeitschrift für Kurzgeschichten. Auf dem Umschlag vom Juni 1957, da war mein Vater achtzehn, war ein Stapel Bücher abgebildet, ein Tintenfass, eine helle Lampe und das Halbrund eines Winkelmessers. Innen stand »Eine Zeitschrift, herausgegeben von den Studenten des Lehrerseminars von Kyrenaika«, und ihr Motto lautete: »Bildung erwirbt der Nation ihre Würde, Souveränität und ihren Stolz. Wo sich Wissen ausbreitet, herrschen Wohlstand, Glück und Sicherheit. Bildung ist so wichtig wie Wasser und Sauerstoff.« Das war die Stimmung der Zeit, Libyen versuchte sich in die Moderne zu bewegen. Die Politik der italienischen Kolonialregierung hatte die Bildung der »eingeborenen« Bevölkerung nicht befördert. Libyens älteste Universität wurde erst 1955 durch ein Dekret von König Idris gegründet, der damit des vierten Jahrestages der Unabhängigkeit gedachte; das war nur zwei Jahre vor der ersten Ausgabe des *Studenten*. Wahrscheinlich wegen ihrer Verbindung zur Lese- und Schreibfähigkeit wurde zunächst nur eine Fakultät für Literatur eingerichtet, aber so bescheiden der Anfang auch war, brauchte man doch ausländische Zuwendungen. Das Öl des Landes musste erst noch entdeckt werden. Ägypten zahlte vier Jahre lang die Gehälter von vier Dozenten, und die Vereinigten Staaten finanzierten den irakischen Gelehrten Majid Khadduri, der am Ende Dekan wurde. Im Jahr darauf, 1956, wurde die naturwissenschaftliche Fakultät eingerichtet, 1957 folgte die Wirtschaftswissenschaft, 1962 Jura, 1966 die Agrarwissenschaft und 1970 die Medizin. Das erklärt das ernste Motto der Zeitschrift. Mein Vater war einer der drei Herausgeber, der die Kunst der erzählenden Literatur klar als Teil des nationalen Strebens betrachtete, Alphabetisierung und Bildung voranzubringen.

Ich wollte durch den Band blättern, doch der alte Mann kehrte zum Inhaltsverzeichnis zurück. Der Grund dafür wollte sich mir nicht erschließen. Endlich deutete er mit einem leicht zitternden Finger auf zwei Kurzgeschichten. Der Name des Autors: »Jaballa Matar«. Ich wusste zwar von den Versuchen meines Vaters, Gedichte zu schreiben, hatte aber nicht geahnt, dass er sich als Student auch in Prosa versucht hatte. Meine Mutter war neben mich getreten und sah ebenfalls in das Buch.

»Wusstest du das?«

»Ich hatte keine Ahnung.«

Wir blätterten zu den Geschichten. Es gab auch ein Foto von Vater, auf dem er einen Anzug und eine Krawatte trug. Sein Blick war zuversichtlich und ernst. Er sah aus wie der junge Albert Camus.

Eine der Geschichten hieß *In der Stille der Nacht. Eine libysche Erzählung*, die andere *Ein Kampf mit dem Schicksal*.

Ich fragte meine Mutter noch einmal: »Bist du sicher, dass er nie etwas davon erzählt hat?«

»Ja, kein Wort.«

Wir beschlossen, die zweite Hälfte des Abends mit einer Lesung von *In der Stille der Nacht* zu beginnen. Mein Cousin Nafa stand auf und las vor.

Der Wind brauste gegen das Zelt, das einsam in der Wüste stand. Die Heringe saßen fest im Boden. Es war Mitternacht, Dunkelheit senkte sich über die Erde. Der Mond hatte gerade sein tiefrotes Gewand abgelegt und zog in die Weiten des Himmels. Stille breitete ihren Vorhang aus, es waren nur noch ein paar grasende Kamele und die träge Melodie blökender Schafe zu hören. Staunen beherrschte das Universum. In die Leben der Menschen, die in dieser Gegend wohnten, hatte sich Furcht gegraben. Alle hatten Angst, nur die Männer im Zelt nicht: Ahmed, der einzige Sohn seiner Mutter, und sein Onkel, der Bruder seiner Mutter. Auch die Fami-

lie des Onkels war dabei. Trotz des Schreckgespenstes des Feindes, der alle in diesem Land bedrohte, waren Ahmed und sein Onkel in die Ebene gezogen, um sich um ihr Vieh zu kümmern. Nichts war ihnen wichtiger als das Wohlergehen ihrer Tiere. Die Furcht hielt sich in Grenzen, denn sie hatten genug Waffen und Munition, die sie bei einer früheren Konfrontation erbeutet hatten.

Der »Feind« war eine italienische Armeeeinheit, die sich in die Lager stahl, um das Vieh zu stehlen. »Die Augen des Feindes«, heißt es, »schlafen niemals.« Als sie umzingelt sind, hört der Onkel, ein alter Mann:

… in seiner Brust den trotzigen Ruf eines jungen Rebellen. Er ist wie verwandelt, spürt eine bittere Stärke und jugendliche Vitalität, die jeden Moment wieder versiegen mag, und auch die durch hohes Alter und ein hartes Leben verdiente Selbstdisziplin ermutigt ihn … ›Nein, ich werde nicht fliehen!‹, sagt er sich. ›Ich werde nicht zu fliehen versuchen … Ich werde bleiben, bis dies weiße Haar in Blut getränkt ist, in tiefrotes Blut, das aus den zahllosen Falten meiner Haut platzt. Ich werde meine Stirn nicht mit Schmach beschmutzen. Leisten wir Widerstand.‹

Der alte Mann und sein Neffe schlagen die »italienischen Eindringlinge« tapfer zurück, doch dann kann Ahmed seine geliebte Cousine Aisha nicht finden. Er:

… war entsetzt, sein Körper verkrampfte sich, und sein Herz bebte vor Verwirrung und Angst. Die düstere Ahnung erfüllte ihn, dass sich die üblen Männer in ihr Zelt geschlichen und sie entführt hatten. Ahmed wollte den verbliebenen Feindestruppen folgen, doch der alte Mann hielt ihn zurück. Und da kam Aisha. Mit dem Ver-

langen des Durstenden eilte Ahmed zu ihr. ›Wo warst du? Was
hast du gemacht?‹, sagte er mit leisem Tadel. Aber ihr Ausdruck
und die Waffe auf ihrer Schulter sagten ihm alles. Dennoch fragte
er weiter: ›Was hast du da in der Hand?‹, und mit dem Stolz der
jungen Frauen des afrikanischen Kontinents antwortete sie: ›Das
ist ein Orden von der Brust des Befehlshabers, den ich mit eigenen
Händen getötet habe.‹ Ahmed wollte sie umarmen, doch die An-
wesenheit seines Onkels hielt ihn davon ab.

Die Geschichte war mit »Jaballa Matar, 3. Jahr« signiert. Die
Worte des alten Mannes: »Ich werde meine Stirn nicht mit
Schmach beschmutzen« hallten sechsunddreißig Jahre spä-
ter aus Vaters erstem Brief aus dem Gefängnis wider, als er
schrieb: »Mein Kopf weiß nicht, wie man sich beugt.« Als mein
Vater entführt wurde, war ich in etwa so alt wie er, als er diese
Geschichte schrieb. Außerhalb der Schule las ich nur Gedichte.
Erst mit neunzehn begann ich in meiner freien Zeit Romane
und Erzählungen zu lesen, ein paar Tage nachdem ich meinen
Vater verloren hatte.

Gegen Ende der Veranstaltung stellten die Zuhörer Fragen
zu den Herausforderungen, denen sich das Land nach der Revolution gegenübersah, der Stellung von Literatur und Geistes-
geschichte in Libyen, der Rolle von Erziehung und Zivilgesellschaft, den Menschenrechten und der Notwendigkeit, sich den
vergangenen Gräueln zu stellen. »Damit wir sichergehen können, dass es nie wieder zu so etwas kommt.« Ich beantwortete
alles, wenngleich nur unzulänglich, doch das schien nicht so
wichtig. Dass derartige Fragen im Rahmen einer zivilisierten,
gut organisierten literarischen Veranstaltung überhaupt gestellt werden konnten, darum ging es. Im Allgemeinen fühle
ich mich unwohl bei so viel Beachtung, aber mir war klar, dass

der Stolz und Optimismus, den ich bei den Anwesenden hervorgerufen haben mochte, nichts mit mir zu tun hatte, sondern, einfach ausgedrückt, mit der Möglichkeit einer anderen Wirklichkeit, einer Wirklichkeit, die wir alle in der kurzen Phase der Hoffnung zwischen der Revolution und der Zerstörung durch den nachfolgenden Bürgerkrieg aufleuchten sahen. Einige der Leute, die sich meldeten und aufstanden, wollten gar keine Fragen stellen, sondern den Anwesenden etwas über meinen Großvater oder Vater erzählen. Ich kam mir vor, als wäre ich so etwas wie ein blinder Passagier, der von seinem Vaterland zurückgefordert wurde. Die dreiunddreißig Jahre lagen nicht nur mir, sondern auch diesen Menschen auf der Seele.

Als sich die Diskussion langsam ihrem Ende zuneigte, erhob sich der Mann, der ganz zu Anfang die Hand meiner Mutter gehalten hatte, und ergriff das Wort.

»Ein guter Abend. Ich bin sehr glücklich, an dieser Feier Hisham Matars und seiner Arbeit teilhaben zu dürfen. Bedauerlicherweise habe ich seine Bücher, um ehrlich zu sein, bisher nicht lesen können, aber ich weiß natürlich um den langen Widerstand seines Vaters und das höchste Opfer, das dieser Mann für sein Land gebracht hat. Was die Anwesenden hier jedoch vielleicht nicht wissen und was heute Abend nicht erwähnt wurde, sind die stummen Opfer von Hishams Mutter, Fawzia Tarbah.«

Meine Mutter saß in der ersten Reihe neben Diana. Sie schien sich unwohl zu fühlen und sah mich an, flüsterte Diana etwas zu, und die beiden fassten sich bei den Händen. Ich denke, jedes Kind wird mit einer kleinen Vorrichtung in seiner Brust geboren, die den Moment signalisiert, wenn seine Mutter den Tränen nahe ist.

»In den Siebzigern habe ich an den Studentenprotesten an der Universität hier in Bengasi teilgenommen«, fuhr der Mann fort. »Ich wurde verhaftet und in ein Gefängnis nach Tripolis gebracht. Meine Mutter, ich bin ihr einziges Kind, drohte darüber den Verstand zu verlieren. Sie fragte, bei wem in Tripolis sie unterkommen könne, und die Leute erzählten ihr von einer Frau, die Mütter von politischen Gefangenen bei sich aufnahm. Sie war dafür bekannt, Frauen, die herkamen, um ihre Kinder zu besuchen, mit offenen Armen zu empfangen. Ich habe diese Frau niemals kennengelernt, denn als ich entlassen wurde, sagte man mir, sie habe das Land verlassen. Aber meine Mutter, die kürzlich verstorben ist, sonst würde sie selbst diese Worte hier sagen, erzählte mir von der guten Frau in Tripolis. Monate hat sie in ihrem Haus verbracht, und diese Frau, sagte meine Mutter, ließ sich tausend Dinge einfallen, um sie abzulenken. Jede Woche kochten die beiden Frauen für den gesamten Trakt des Gefängnisses, für einhundertfünfzig Männer. Sie schickten uns Teller mit dem besten Essen. Sie schickten uns Bücher, Stifte und Schreibblöcke. Die Wärter stahlen viel, aber etliches erreichte uns, und was uns erreichte, war genug.«

Bei diesem letzten Satz vergrub meine Mutter das Gesicht in den Händen.

»Wir wissen alle, was Jaballa Matar getan hat, aber ich bin heute Abend nicht so sehr wegen ihm hier, oder Hisham, sondern um Ihnen allen von dieser gütigen Frau zu erzählen und ihr für etwas zu danken, dem kein noch so großer Dank gerecht werden kann.«

Alle standen auf, und als der Applaus schließlich abebbte, waren die einzigen Worte, die meine Mutter, kaum hörbar, hervorzubringen vermochte: »Vielen Dank.«

Später an diesem Abend, wir waren schon im Hotel, fragte ich Mutter, ob es stimmte, dass sie Mütter von politischen Gefangenen aufgenommen hatte.

»Ja, aber er hat etwas übertrieben«, sagte sie. »Nur ein paarmal habe ich das getan.«

»Offenbar oft genug, um dafür bekannt zu werden«, sagte ich.

»Um ehrlich zu sein, erinnere ich mich nicht. Es scheint alles so lange her. Ein anderes Leben.«

14. Die Kugel

Die Tage beeinträchtigten meine Nächte. Ich wälzte mich im Bett hin und her und brauchte oft Stunden, um einzuschlafen. Im Dunkeln schien sich eine Wahrheit herauszuformen. Die Geräusche Bengasis mit dem Meer im Hintergrund drangen durchs Fenster, als hätten sie feste Körper. Nachts wurde die Stadt zu einer Idee, so greifbar wie Brot und Stein. Noch nie war ich an einem Ort gewesen, der so belastet war mit Erinnerungen, gleichzeitig aber auch voller neuer Möglichkeiten steckte, positiv wie negativ und jede so beeindruckend und wahrscheinlich wie die andere. Das ganze Land stand auf Messers Schneide. In weniger als zwei Jahren würden die Straßen im Zentrum Bengasis, um das Hotel herum, in dem ich lag und zur Decke starrte, zu einem Schlachtfeld werden, die Häuser, in denen im Moment noch Familien mit ihren Geheimnissen lebten, zu geisterhaften, verkohlten, leeren Skeletten. Etliche der Menschen, die ich traf, würden ermordet werden, allein von der Veranstaltung in der Bibliothek kann ich drei aufzählen. Wir wussten es noch nicht, doch unsere Rückkehr fiel in eine wertvolle Phase, in der Gerechtigkeit, Demokratie und Gesetzlichkeit in greifbarer Nähe schienen. Aber es gab keine starke Armee oder Polizei, und so beherrschten bald schon bewaffnete Gruppen den Alltag und taten alles, um ihre Macht zu vergrößern. Die politischen Lager verschanzten sich in Gräben, und im allgegenwärtigen Streit drangen ausländische Milizen und Regierungen ins Land. Die Todeszahlen stiegen, Universitäten und Schulen schlossen, Krankenhäuser funktionierten kaum noch. Die Situation wurde so schlimm, dass das Unvorstellbare geschah und sich viele nach den Tagen Gaddafis zurücksehnten. Dieser Alptraum war im März 2012 noch nicht vorstellbar, doch in jenen Nachtstunden, während ich dalag und der dunklen Stadt lauschte, war die Möglichkeit neuer Gräuel durchaus zu spüren.

Da ich nicht einschlafen konnte, las ich die zweite von Vaters Kurzgeschichten in der Anthologie. *Der Kampf mit dem Schicksal* hatte einen rätselhaften Anfang:

Ich kannte ihn einmal. Das alles scheint so lange her, und doch kommt es mir vor, als wäre es erst gestern gewesen. Damals lebte seine Familie noch in unserem Dorf, und sein Vater hatte ein Café an der Hauptstraße. Die alten Tonziegel im Inneren glichen Schädeln, jeder mit seinem eigenen sarkastischen Lächeln. Ich gehörte zu den Stammgästen des Cafés. Wenn ich hineinging, nahm ich mir einen der unordentlich im Raum herumstehenden Holzstühle.

Der namenlose Erzähler, der Mann, von dem er berichtet, die unklare Zeit, die geisterhaften Ziegel, das unordentlich herumstehende Mobiliar, alles trug dazu bei, meine Desorientierung zu verstärken. Die Geschichte erzählt vom schrecklichen Unglück eines Jungen, dessen Namen wir nie erfahren, was ihn mir paradoxerweise aber noch näher brachte. Vielleicht war er das fiktionale Gefäß, in dem der achtzehnjährige Autor seine schlimmsten Ängste ablud. Der Kampf des Jungen mit dem Schicksal lässt ihn alles verlieren, seine Familie, sein Zuhause, bis er völlig allein und mittellos dasteht. »Ziellos wanderte ich herum und fand doch keinen Ort, der mich aufnehmen wollte, bis auf den einen, der bereits Tausende elender Seelen geschluckt hatte: die Straße.« Doch dann plötzlich, aus Angst und Demütigung, kehrt er zurück an den Ort, an dem sein Vater begraben liegt, um »noch einmal einige Tränen zu vergießen«. Danach geht er hinaus in die Welt, und die Geschichte endet mit der Erklärung: »Ich beschloss, zu arbeiten und zu überleben.«

Dieser letzte Satz packte mich. Die Worte des Jungen glichen der alten, geheimnisvollen Mahnung, die mich durch die dunkelsten Momente des Vierteljahrhunderts, seit ich meinen Vater verloren hatte, begleitete und wie eine schrille Warnglocke immer wieder tönte: *Arbeite und überlebe, arbeite und überlebe.* Ich hörte sie an der Universität. Ich hörte sie bei meiner Arbeit als Steinmetz im Anschluss an mein Studium, als Zeichner und schließlich auch als entwerfender Architekt. Ich hörte sie, als ich mich dem Schreiben widmete und auf dem Bau arbeitete, Häuser anstrich und in einer kleinen Marktgemeinde in Bedfordshire alle möglichen Jobs annahm. Ich hörte sie im Zweifel jener Tage und auch, als ich am Rand des Pont d'Arcole, einer Pariser Brücke, stand und ins Wasser starrte. Noch heute höre ich sie. Sie hat mich nie verlassen und scheint doch nicht ganz zu mir zu gehören. Sie ist Teil einer anderen, mir implantierten Existenz, eines Ichs, das weit besser als jeder andere, vielleicht sogar besser als ich selbst begreift, dass ich weit näher am Abgrund stehe, als ich es mir vorzustellen vermag.

Auf diesen vertrauten Satz zu stoßen, der lange meine Rettung bedeutete, und zwar als Schlusssatz einer der beiden einzigen Kurzgeschichten, die mein Vater je veröffentlicht hatte, war seltsam tröstend und beunruhigend. Es stellte die Zeit auf den Kopf. Dabei waren es keine Worte väterlicher Autorität, sondern die eines Achtzehnjährigen, der erst noch mein Vater werden musste, eines Mannes, der jung genug war, um *mein* Sohn zu sein, eines talentierten, ehrgeizigen Studenten, der unter anderen Umständen nach meiner Meinung zu seinen schriftstellerischen Ambitionen hätte fragen können. Ich las die beiden Geschichten mehrere Male, und wenn ich mich auch nicht in die Phantasie versteigen wollte, sah ich doch immer wieder vor mir, wie ich ihm zu seinen Fähigkeiten und Instinkten gratulierte, Vorschläge machte, wie sich seine Geschichten verbessern ließen, und am Ende noch eine Empfehlung hinzufügte, was er lesen solle. Ich konnte mir vorstellen, dass ich mir seine Adresse aufschrieb, um ihm Bücher zu schicken und vielleicht auch ein Abonnement für einige der besseren literarischen Zeitschriften zu schenken, und dann, beim Abschied, war ich derjenige, der ihm die Ermahnung mitgab: *Arbeite und überlebe.*

Die Geschichten waren eine wichtige Entdeckung, ein Geschenk aus der Vergangenheit, das einen Einblick in die innere Landschaft des jungen Mannes bot, der einmal mein Vater werden sollte. Sie sahen nach vorn und suchten nach einer zeitgemäßen Form, über Libyen zu schreiben, doch sie blickten auch in die Vergangenheit. Ihre jungen Protagonisten litten unter dem Kolonialismus und seinen Folgen, der Gewalt und Armut infolge der italienischen Invasion. Ich stand am Fenster meines Hotelzimmers und sah die Corniche hinauf und hinunter, sah die Laternen, die ihr Bestes gaben, sie zu erleuchten, sah das Meer, das sich tief in die schwarze Dunkelheit erstreckte. Es war unmöglich, in den Geschichten nicht den latenten Ausdruck von Vaters Ängsten zu sehen, der nahe daran gewesen war, den eigenen Vater zu verlieren. Die außergewöhnlichen Risiken, die Großvater Hamed einging, weil er gegen die italienische Besatzung protestierte, die vielen Nah-tod-Erfahrungen, die er erlitten hatte und die zu einem farben-reichen Teil der Mythologie unserer Familie wurden, müssen für den jungen Autor eine prägende Erfahrung von Ungerech-tigkeit gewesen sein. Aber wenn ich diese Erzählungen mit ih-ren alten, verletzlichen Männern lese, stelle ich mir auch vor, dass sie dem jungen Mann den universellen Umstand vor Au-gen führten, dass jeder von uns, viel zu oft, gefährlich nahe daran war, niemals geboren zu werden. Mit anderen Worten: Er war ein Schriftsteller, der auf die Geister der Geschichte ant-wortete. Und dann, an einem bestimmten Punkt, öffnete sich ein Spalt, und die Politik sickerte herein. Ich erinnere mich noch gut an die Einkaufsexzesse, wenn Vater mich zwischen endlosen Reisen und politischen Treffen mit in den Buchladen am Talaat-Harb-Platz mitten in Kairo nahm. Der Buchhändler kannte ihn und führte uns in seine Wohnung oben im Haus, wo er die verbotenen Bücher aufbewahrte. Wir verließen das Haus mit etlichen schwarzen Plastiktüten voller Romane, die der ägyptische Zensor aus dem einen oder anderen Grund be-anstandet hatte, und während der nächsten zwei, drei Tage kam Vater kaum aus seinem Schlafzimmer. Er las ein Buch nach dem anderen.

Großvater Hamed hatte ein außergewöhnlich langes Leben. Bei seinem Tod gab es verschiedene Schätzungen seines Al-ters. Die meisten besagten, dass er zwischen einhundertdrei und einhundertneun Jahre alt geworden war, wobei mir ein-mal mit Nachdruck erklärt wurde, er sei einhundertzwölf ge-wesen. Das würde bedeuten, dass er zwischen 1876 und 1885 geboren wurde.

Der *Royal Relief Atlas* »aller Teile der Welt«, erschienen im Oktober 1880 in London, feiert in seinem Vorwort den »großen Fortschritt«, der in den letzten Jahren durch »die wissenschaftliche Lehre der Geographie« erzielt worden sei, und verkündet lauthals die Maxime des Schweizer Pädagogen Johann Pestalozzi, mit den Augen zu begreifen. Libyen gab es damals noch gar nicht. »Die Länder, in die [Nord-]Afrika unterteilt ist«, erklärt uns der Atlas, »sind Marokko, regiert von einem Sultan, Hauptstadt: Marokko; Algerien, eine französische Kolonie, Hauptstadt: Algier; Tunis, regiert von einem Bey, Hauptstadt: Tunis; Tripolis, regiert von einem Pascha, Hauptstadt: Tripolis; Ägypten, regiert von einem Khedive, Hauptstadt: Kairo.« Anschließend informieren uns die Autoren der Klarheit halber: »All diese, mit Ausnahme Algiers, sind den Osmanen des türkischen Reiches tributpflichtig.« Libyen taucht allein in den sich von Fessan bis zum Nildelta hinziehenden Buchstaben »Libysche Wüste« auf.

Die erste Volkszählung in Libyen fand 1931 statt. Es wurden 700 000 Menschen gezählt, und wenn man bedenkt, wie die Bevölkerung in den folgenden Jahren anstieg, scheint es vernünftig anzunehmen, dass auf dem Gebiet, das wir als Libyen kennen, in den 1880er Jahren zwischen 250 000 und 500 000 Menschen lebten. Als Großvater Hamed geboren wurde, war Tripolis zwar ein Staat, aber außerhalb der Stadt befand sich ein riesiges, fast leeres Gebiet mit ein paar vereinzelten Dörfern und Ortschaften an den Handels- und Reiserouten, die aus der Tiefe des Kontinents nach Norden oder in östlicher Richtung nach Mekka verliefen. Blo'thaah, die Heimat Großvater Hameds und seiner Vorfahren, lag ziemlich genau zwischen Tripolis und Alexandria, die beide jeweils mit einem dreiwöchigen Ritt zu erreichen waren.

Er war ein Einzelkind, geboren im osmanischen Libyen, erlebte die italienische Invasion und die Regentschaft von König Idris mit und anschließend die zwei Jahrzehnte, die auf Gaddafis Staatsstreich 1969 folgten. Er war Ende vierzig, Anfang fünfzig, als mein Vater geboren wurde, und fast siebzig bei der Geburt seines jüngsten Sohnes, Onkel Mahmouds. Zu einer Zeit, als die Lebenserwartung in Libyen um die fünfundsechzig lag, hielten ihn die Leute für verantwortungslos. »Du wirst nicht einmal mehr erleben, wie er laufen lernt«, erklärten sie ihm, doch er war noch da, als Onkel Mahmoud sein Studium abschloss, heiratete und selbst Kinder bekam. 1989 starb er zu Hause in Adschdabiya.

Sein Haus passte zu ihm. Adschdabiya war damals eine Ansammlung von Häusern in einer riesigen Leere. Er fuhr in jenen Tagen nirgends mehr hin, nur die etwa dreißig Kilometer nach Blo'thaah, wo er immer noch gern die Frühjahrsmonate verbrachte, in der »Weite«, wie er sagte.

»Er fühlte sich da draußen frei.« Ich weiß noch, wie mein Vater mir das einmal sagte. »Als ein Mann, der das Schweigen schätzte, war er dort genau richtig.«

Aber schon als Großvater noch reiste, um Verwandte zu besuchen, war er bekannt dafür, alles zu tun, um nicht im Haus von einem von ihnen übernachten zu müssen. Vielleicht stammt daher mein Unwohlsein, wenn ich bei anderen zu Gast bin. Einmal, als ich noch ein kleiner Junge war, überzeugten ihn meine Eltern mit viel Nachdruck, uns in Tripolis zu besuchen. Endlich würde er sehen, wo wir wohnten. Ich habe meinen Vater nie nervöser und aufgeregter erlebt. Die Vorbereitungen liefen auf Hochtouren, und mein Großvater kam bestens gelaunt an. Er und meine Mutter mochten sich sehr, und Großvater schien glücklich, dass er den Weg auf sich genommen hatte. Aber als der Tag voranschritt, verstummte er völlig. Meine armen Eltern konnten sich nicht erklären, wie es zu seinem plötzlichen Stimmungswechsel gekommen war. Am nächsten Tag packte er seine Tasche und wollte zurück. Alle zusammen setzten wir uns ins Auto und machten uns auf die lange Fahrt nach Adschdabiya. Mein Vater fuhr, sein Vater saß auf dem Beifahrersitz, und meine Mutter, Ziad und ich drängten uns auf dem Rücksitz. Großvaters Schweigen war äußerst verunsichernd, er schien den Atem anzuhalten und saß aufrecht da, ohne dass sein Rücken die Lehne berührte. Erst als wir aus der Stadt kamen und sich die weiten Wüstenebenen um uns öffneten, seufzte er und lehnte sich zurück.

»Endlich«, sagte er. »Der Horizont.«

Meine Eltern lachten, und Großvater erzählte für den Rest des Weges Geschichten.

Großvaters Haus stand mitten in der Stadt. In meiner kindlichen Vorstellung war es der Punkt, von dem nicht nur Adschdabiya ausging, sondern die ganze Welt. Seine Architektur begünstigte diese Vorstellung. Für einen Jungen war es so geheimnisvoll und magisch wie ein Labyrinth, und ich kann seine verschiedenen überraschenden Winkel, die scheinbare Unendlichkeit und seine bescheidene und etwas strenge Ästhetik nicht vom Leben und vom Charakter meines Großvaters trennen. Oft verlief ich mich in den endlosen Räumen, Korridoren und Innenhöfen. Einige Fenster gingen hinaus auf die Straße, andere in die Höfe und aus einigen sah man, seltsamerweise, in andere Zimmer. Es war nie ganz klar, ob man sich drinnen oder draußen befand. Manche der Flure und Korridore waren ohne Dach oder hatten eine Öffnung, durch die ein Lichtstrahl drang und mit den Stunden wanderte. Einige Treppen trugen dich hinaus unter den offenen Himmel, bevor sie wieder nach drinnen führten. Der Schmuck war einfach. Die Wände waren verputzt und zweifarbig gestrichen, die untere Hälfte dunkel, für gewöhnlich in einem kräftigen Blau, Grün oder Lila, die obere weiß, blassrosa oder pastellgelb. Einige Böden waren gefliest, andere uneben mit einem betonähnlichen Material befestigt – wie Frischkäse auf Toast, dachte ich immer. Wo viel Verkehr war, zum Beispiel beim Eingang, leuchtete der Boden dunkel und glatt. Von der Decke hingen nackte Glühbirnen, und es gab kaum Mobiliar. Das Haus war wie eines der langen Gedichte meines Großvaters, nüchtern, unvorhersagbar, einfach, unfertig und doch bewohnt. Seit ich mich erinnern kann, finde ich diesen unfertigen Zustand vieler moderner libyscher Gebäude verstörend. Er drückt weit stärker als, sagen wir, Ruinen oder alte zerfallende Bauten Verwahrlosung aus. Wenn etwas gebaut wird, nehmen wir an, es geschieht aus einem Gefühl von Notwendigkeit, einem Zweck oder Verlangen folgend, und so verbinden wir das Unvollendete mit absichtsvoller Nachlässigkeit und Leichtfertigkeit oder gar Unvermögen. Diese halbfertigen Gebäude scheinen ein größerer Affront, abstoßender und beklemmender als ein fertiges Haus, das schwere Zeiten durchlebt hat. Die Epidemie hat solche Ausmaße angenommen, mit Mauern ohne Putz und Farbe, dass es schwerfällt, das Ganze nicht als mangelnde Selbstachtung zu betrachten. Unsere unfertigen Häuser sind, mit anderen Worten, ein Spiegelbild unserer Gegenwart. So wie wir sie bauen, definieren sie uns. Aber vielleicht irre ich mich und lasse mich von meinem Geschmack, meinem Gefallen an makellosen, fertigen Oberflächen, beeinflussen, denn wie ich weiß, fand mein Großvater Hamed in seinem Haus und seinen Gedichten viel Freiheit. Für ihn drückten sich Größe und Qualität in Literatur wie Architektur am besten in einem bescheidenen Minimalismus aus, der polierte Oberflächen mied. Er mochte keine glitzernden Dinge. Er lobte sich nie, nicht einmal indirekt.

Großvater Hamed legte sich meist in die hintere Ecke der Diele, eines großen rechteckigen, mit Kissen gesäumten Raumes. Eines meiner Fotos von ihm zeigt ihn dort in seiner Ecke. (Einen Abzug davon hatte ich der kanadischen Künstlerin geschickt, damit sie das Bild anfertigen konnte, wie Vater heute möglicherweise aussähe.) Außergewöhnlich groß und schlank wirkt er darauf, ausgestreckt auf den Kissen, das Radio und ein paar Schachteln Kent neben sich. Mit großem Ernst sieht er mich an. Zwischen den langen, dunklen Fingern hält er eine Zigarette, und ein feiner Rauchfaden steigt über seinem Kopf auf.

Mein ständiger Eindruck, aus einer »horizontalen« Familie zu stammen, entstand wahrscheinlich bei jenen frühen Begegnungen mit meinem Großvater. Er ist zum Teil wörtlich zu verstehen und hat mit unserer Neigung zu tun, nach dem nächsten Kissen zu greifen, wenn wir lesen, uns unterhalten oder ein Problem überdenken wollen. Aber auch die Art, wie wir einander begegnen, war immer schon von einer gewissen Seitwärtsbewegung geprägt. Das Bild, das mir dazu einfällt, ist verschüttete Milch, die nach allen Seiten zerfließt. Vielleicht gibt es deshalb bei unseren Familientreffen neben allem Überschwang und aller Wärme den unausgesprochenen verzweifelten Versuch, die Einzelteile zusammenzutragen.

Ich weiß noch, wie mein Großvater mich einmal zu sich winkte, nach einem widerspenstigen Knopf an meinem Hemd griff, ihn durch das Loch schob, meinen Kragen zurechtzog und mir mit zittriger Hand durch das Haar fuhr. Die Berührung hatte etwas merkwürdig Fedriges, Leichtes, als wäre er kaum da. Ich fragte ihn nach dem Kampf gegen die Italiener, weiß aber nicht mehr, was er darauf entgegnete und ob er überhaupt etwas sagte. Ich glaube, es war Onkel Mahmoud, der bei anderer Gelegenheit etwas lauter als notwendig (Großvater hörte nicht mehr so gut) erzählte, wie er im Kampf angeschossen worden war. Er wurde in ein Haus in einem nahen Dorf gebracht, und niemand vermochte die Blutung zu stillen. Ein junges Mädchen, das für seine schnelle Auffassungsgabe bekannt war, lief zur Zauberin im nächsten Ort, einer alten Frau, die ihr einen kleinen Beutel mit einem weißen Pulver gab und sagte, sie solle es auf die Wunde streuen. Die Blutung stoppte, und wenige Tage später war Großvater Hamed so weit wiederhergestellt, dass er sich erneut dem Widerstand anschließen konnte. Ich hatte die Geschichte schon gehört, aber nie in Anwesenheit ihrer Hauptperson. Als er sah, wie ich ihn unablässig anstarrte, klopfte er auf den Platz neben sich.

»Du musst nicht so traurig dreinblicken«, sagte er.

»Wo haben sie dich getroffen?«, fragte ich.

Er hielt einen Moment lang inne, dann knöpfte er sich das Hemd auf, schob den Stoff über die Schulter und zeigte mir, wo die Kugel eingedrungen war: eine kleine Rosette direkt unter seinem Schlüsselbein.

»Zeig mir die Stelle, wo sie rausgekommen ist«, sagte ich und zog sein Hemd weiter herunter, damit ich den Rücken sehen konnte, doch dort war die Haut völlig unversehrt.

»Wo ist sie?«, fragte ich.

»Immer noch drin«, sagte er.

Ich weiß noch, wie verstört ich war, nicht sofort, aber eine kurze Weile später, und ich lief zu ihm und fragte, ob man sie nicht herausholen könne. Um mich abzulenken, ging er mit mir spazieren. Die Leute blieben stehen, grüßten ihn, und er erklärte ihnen, wer ich war. »Darf ich Ihnen meinen Enkel Hisham vorstellen? Er ist den ganzen Weg von Tripolis hergereist, um mich zu besuchen.«

Wie mir auf zahllose Arten unausgesprochen zu verstehen gegeben wurde, hatte ich Glück, Hamed Matars Enkel zu sein. Als Kind konnte ich sehen, wie ihn viele Leute um mich herum idealisierten, und weil das das Bild eines Mannes eher verklärt, als ihn zu zeigen, wie er ist, waren meine ersten Eindrücke undeutlich und vergrößerten meinen Wunsch, zu erfahren, was für ein Mensch er war. Wann immer sein Name fiel, hörte ich genau zu. Ich wusste, dass sein Leben von der italienischen Invasion heftig durcheinandergebracht worden war. Es gibt jedoch kaum Berichte aus jener Zeit, und so spiegeln die Lücken im Wissen um das Leben meines Großvaters die Geschichte der Besatzung, und das Schweigen dauert an. Selbst heute noch lebt man als Libyer mit offenen Fragen.

Sämtliche Bücher über die neuere Geschichte des Landes finden gut auf ein paar Regalbrettern Platz. Das beste von ihnen ist dünn genug, um in meine Manteltasche zu passen und in ein, zwei Tagen gelesen zu werden. Es gibt natürlich viele andere Bücher über all jene, die Libyen während der letzten dreitausend Jahre besetzt gehalten haben, die Phönizier, Griechen, Römer, Osmanen und zuletzt die Italiener. Ein Libyer, der etwas von dieser Vergangenheit erfahren will, muss wie ein Eindringling auf einer fremden Party in diversen Darstellungen Aufklärung suchen, wohl wissend, dass die meisten von ihnen nicht für ihn geschrieben wurden und deshalb im Kern Berichte über die Leben anderer sind, ihre Abenteuer und Missgeschicke in Libyen, als wäre das eigene Land nicht mehr als eine Bühne für Fremde, um ihre Dämonen auszutreiben und ihren Ehrgeiz auszuleben.

Der Mangel an historischen Darstellungen ist nicht zuletzt das Ergebnis der schmerzvollen Geburt des modernen Libyen. Anfang des 20. Jahrhunderts erlitt das Land einen der gewalttätigsten Feldzüge der Geschichte kolonialer Unterdrückung. Die Italiener kamen 1911 ins Land. Sie hatten ganz richtig kalkuliert, dass die wenigen osmanischen Garnisonen in den Küstenstädten schnell fallen würden. Womit sie nicht gerechnet hatten, war, mit welcher Entschlossenheit, welcher Disziplin und welchem Durchhaltevermögen sich ihnen die örtliche Bevölkerung entgegenstemmte. Zwischen 1911 und 1916 wurden als Vergeltung für eine von den Italienern die »arabische Revolte« genannte Volkserhebung in Tripolis mehr als 5000 Männer aus der Stadt verbannt und auf kleine Inseln rund um Italien geschafft, zum Beispiel die Tremiti-Inseln, Ponza, Ustica und Favignana. 5000 ist eine große Zahl, aber sie wiegt noch schwerer, wenn man bedenkt, dass Tripolis zu der Zeit nur 30 000 Einwohner hatte. Mit anderen Worten verschleppten die Italiener jeden sechsten Bewohner der libyschen Hauptstadt. Der Schaden war groß und folgenreich, denn unter den Verbannten waren die bekanntesten und angesehensten Männer der Stadt, Gelehrte, Juristen, wohlhabende Handelsleute und wichtige Beamte. Die Bedingungen an Bord der Schiffe, mit denen die Gefangenen abtransportiert wurden, waren so schlimm, dass Hunderte von ihnen bereits während der Überfahrt umkamen, wenn die auch kaum mehr als ein paar Tage gedauert haben kann. Einige Historiker sagen, dass ein Viertel der Männer schon unterwegs das Leben verlor, und von denen, die ihr Ziel erreichten, starb ein Großteil in den Inselgefängnissen. Es scheint keinerlei Berichte über Überlebende zu geben. Es ist ungeheuer, mit welcher Brutalität da eine europäische Besatzungsmacht eine Stadt zugrunde richtete, und doch ist heute nur wenig darüber bekannt, genau wie über die Verbrechen Italiens im übrigen Libyen. Das alles wurde von den noch größeren Gräueln überschattet, die die Italiener später verübten und die leider kaum weniger nebulös geblieben sind.

Fast sofort nach Ankunft der Italiener betrat ein libyscher Anführer die Szene. Omar al-Mukhtar, der Mann, den wir als Kinder liebevoll Sidi Omar nannten, gehörte zum Senussi-Orden, einer mystischen religiösen Familie, die von Kyrenaika im Nordosten des Landes bis nach Algerien im Westen und tief hinunter bis ins südlich der Sahara gelegenene Afrika Schulen und wohltätige Ordensniederlassungen unterhielt. Ihr Patriarch Idris sollte nach der Unabhängigkeit Libyens König und erster Staatschef werden. Obwohl er nur über geringe Mittel verfügte, führte Omar al-Mukhtar mit einer Truppe berittener libyscher Stammesangehöriger einen sehr wirksamen Feldzug gegen die italienischen Invasoren. Aber nachdem die Faschisten 1922 in Rom einmarschiert waren und Mussolini die Macht an sich gerissen hatte, nahmen Zerstörung und Massaker ein ungeheures Ausmaß an. Dörfer wurden aus der Luft mit Bomben und Gas angegriffen. Das Land sollte entvölkert werden. Die Geschichte erinnert sich an Mussolini als den clownesken Faschisten, den wirkungslosen, tumben Italiener, der im Zweiten Weltkrieg militärisch kaum überzeugte; in Libyen verantwortete er einen Genozid.

Die Stammesangehörigen wurden auf langen Märschen in Konzentrationslager im ganzen Land getrieben. Jede Familie verlor einige der Ihren in diesen Lagern, und auch einige meiner Vorfahren sind dort umgekommen. Geschichten von Folter, Demütigung und Hunger werden von einer Generation an die nächste weitergegeben. Der dänische Journalist Knud

Holmboe reiste damals durch Libyen und ist der einzige westliche Reporter, der meines Wissens die Lager besuchte. Sein Buch *Desert Encounter: An Adventurous Journey through Italian Africa* ist ein tief verstörender Bericht und ein seltenes Dokument. Holmboes italienischer Gastgeber, ein Armeeoffizier, nimmt ihn mit in eines der Lager:

> *Das Lager war riesig, umfasste wenigstens fünfzehnhundert Zelte und hatte sechs- bis achttausend Insassen. Es war mit Stacheldraht umzäumt, und die Eingänge wurden von Männern mit Maschinenpistolen bewacht. Als wir zwischen den Zelten entlangfuhren, kamen Kinder herbeigerannt. Sie waren in Lumpen gekleidet und hungrig, halb verhungert, aber offensichtlich daran gewöhnt, vom Kommandanten bei seinen Besuchen Geld zu bekommen, denn sie streckten die Hände aus und riefen auf Italienisch: ›Un soldo, signore, un soldo!‹ ... Die Beduinen versammelten sich um uns. Sie sahen unglaublich heruntergekommen aus. Um die Füße trugen sie verschnürte Tierhäute, und ihre Burnusse waren aus allen möglichen bunten Fetzen zusammengestückelt. Viele von ihnen schienen krank und elend, humpelten mit gebeugtem Rücken, oder ihre Arme und Beine waren schrecklich missgebildet.*

Holmboe ist außer sich, versucht seine Meinung jedoch für sich zu behalten, damit er den Zugang nicht verliert, den ihm seine italienischen Gastgeber gewährt haben. Als ihn niemand hören kann, spricht er in seinem perfekten Arabisch mit einem der Gefangenen:

> *Ich fragte einen der Beduinen: »Wo ist Omar al-Mukhtar?«*
> *Der Beduine lächelte und zeigte mir seine weißen Zähne.*

»Omar al-Mukhtar«, sagte er und machte mit den Armen eine ausladende Bewegung hin zu den Bergen, »ist überall in den Bergen und Tälern.«

Das Buch versetzte die Italiener in Wut. Sie verboten es und sperrten seinen Autor ein. Ein paar Monate nach seiner Freilassung wurde der Däne dann in Jordanien, südlich von Akaba, ermordet aufgefunden. Der Verdacht, dass ihn der italienische Geheimdienst getötet hat, bleibt bestehen.

Es ist nicht klar, wie viele in den Lagern umgekommen sind. Offizielle italienische Volkszählungen zeigen, dass die Bevölkerung Kyrenaikas von 225 000 auf 142 000 absank. Tausende von Waisen wurden zur »Umerziehung« in faschistische Lager geschickt, das Vieh aus brandneuen Ferrari-Flugzeugen niedergeschossen, und ein italienischer General gab damit an, dass die Armee 1931 innerhalb eines Jahres die Zahl der Ziegen und Schafe von 270 000 auf 67 000 reduziert habe. Viele Menschen verhungerten.

Der libysche Dichter Rajab Abuhweish, ein Gelehrter und Lehrer, der später als Jurist in Algerien und dem Tschad arbeitete, kehrte 1911 nach Libyen zurück, um sich dem Widerstand anzuschließen. Als die Italiener sein Dorf angriffen, brannten sie die Häuser nieder und kippten Beton in die Brunnen. Zusammen mit dem Rest des Dorfes trieben sie ihn und seine Familie über vierhundert Kilometer in das berüchtigte Konzentrationslager von El Agheila. Da ihnen keine Stifte und kein Papier erlaubt waren, verfasste Abuhweish im Kopf ein dreißig Strophen langes Gedicht und prägte es sich ein. Auch andere lernten es auswendig, und so verbreitete es sich durchs ganze Land. Es festigte den Geist des Widerstands derartig, dass die Italiener Abuhweish auspeitschten, als sie ihn als Autor identifizierten. Das Gedicht heißt *Ich bin nicht krank, aber*, und beginnt folgendermaßen:

> *Ich bin nicht krank, aber im Lager El Agheila.*
> *Der Stamm ist gefangen,*
> *und wir sind abgeschnitten vom offenen Land.*
>
> *Ich bin nicht krank, aber endlos verzweifelt,*
> *ich habe nichts, habe meine rote Stute verloren,*
> *die Vorderbeine schwarz bis zu den Hufen.*
>
> *Als das Verhängnis über uns kam,*
> *galoppierte sie davon, den langen Hals gereckt,*
> *unvergleichlich schön.*

Rajab Abuweishs *Ich bin nicht krank, aber* war eines der ersten Gedichte, mit denen ich in Berührung kam. Ich lernte es in der Schule im Unterricht über die Geschichte des libyschen Unabhängigkeitskampfes. Es hatte eine ungeheure Wirkung auf mich, die dreiundzwanzigste Strophe ganz besonders. Ihr Bild des gealterten Kindes verfolgte mich als Junge.

> *Ich bin nicht krank, aber statt der Ehrbaren*
> *regiert uns heute ein schändliches Volk*
> *mit unheilvollen, schamlosen Gesichtern.*
>
> *Wie viele Kinder haben sie geholt und geschlagen?*
> *Die armen jungen Blumen kehren verwirrt zurück,*
> *alte Männer, ohne gelebt zu haben.*

Nach der Unabhängigkeit arbeitete Rajab Abuhweish wieder als Lehrer und diente König Idris' Senat als Berater. Er starb 1952.

Großvater Hamed schloss sich direkt nach der Invasion 1911 dem Widerstand unter Führung Omar al-Mukhtars im Osten des Landes an. Aber acht Jahre später floh er plötzlich in großer Hast mit seiner Familie nach Alexandria. Das verwirrte mich, denn die unter Omar al-Mukhtar kämpfenden Libyer, die wie mein Großvater Hamed über die nötigen Mittel verfügten, um ihre Ausreise zu bezahlen (bei Großvater war es Land), begannen erst zwölf Jahre danach zu emigrieren. Am 11. September 1931 erlitt der Widerstand seinen tödlichen Schlag. Der mittlerweile dreiundsiebzig Jahre alte Omar al-Mukhtar wurde bei einem schnellen Rückzug verwundet und stürzte vom Pferd. Fünf Tage später, nach einem Schauprozess, wurde der große Mann am Rand von Bengasi aufgehängt. Genau wie das Gaddafi-Regime ein halbes Jahrhundert später den Verkehr umleitete, damit die Pendler die Leichen der Studenten im Garten der Kathedrale hängen sahen, sorgte die italienische Kolonialverwaltung dafür, dass so viele Libyer wie nur möglich die Exekution miterlebten. Es brach den Geist des Landes. Während der nachfolgenden zwei Jahre zerfiel der Widerstand, der so eine eindrucksvolle Kraft gewesen war und Unabhängigkeitsbewegungen in der ganzen Welt inspiriert hatte. Viele flohen nach Alexandria. Nachdem eine Generation später mein Vater miterlebt hatte, wie Gaddafi die Opposition dezimierte, emigrierte auch er ins benachbarte Ägypten und hoffte, den Widerstand aus dem Ausland neu aufzubauen. Aber was um alles in der Welt hatte Großvater Hamed 1919 so eilig zur Flucht getrieben, als die berittenen libyschen Stammeskämpfer, bewaffnet mit osmanischen Gewehren und allem, was sie dem Feind abnehmen konnten, so nahe daran schienen, die europäische Macht zu schlagen?

Eine Erklärung besagt (je nachdem, wer die Geschichte erzählt, gibt es verschiedene Versionen), dass sich Großvater Hamed, kurz bevor er nach Alexandria floh, hinter einer Straßenecke im Zentrum Bengasis versteckte. Ein hochrangiger italienischer Offizier hatte noch spät einen Spaziergang gemacht, war in der Bäckerei gewesen, bevor sie schloss, und ging mit einem Brotsack in der Hand, Stücke vom gekauften Baguette abreißend, zurück nach Hause. Großvater Hamed zog den Offizier in den Schatten und schnitt ihm die Kehle durch. Ein paar Tage später war er in Alexandria.

Für mich ist schwer zu glauben, dass der Angriff zufällig stattfand, nur weil sich gerade die Möglichkeit bot, den Feind zu treffen oder etwas zu essen zu erbeuten. Großvater Hamed war im Widerstand als guter Schütze bekannt, als ausgezeichneter Reiter und erfolgreicher Stratege, der selten unnötige Risiken einging. Im Übrigen wurde der Krieg in Schlachten fern der stark bevölkerten Zentren geführt. Omar al-Mukhars Männer waren entschlossen, sich nicht auf die Taktik des Feindes einzulassen, der Frauen, Kinder und die Zivilbevölkerung mit ins Visier nahm. Sie operierten nicht in Dörfern oder Städten, sondern überfielen Militärkolonnen und Garnisonen und keinen einzelnen Offizier, der von einer Bäckerei nach Hause ging. Das erhöht die Glaubwürdigkeit anderer Darstellungen, die besagen, Großvater Hamed habe den Offizier nicht wegen des Brotes getötet, sondern weil er eine persönliche Rechnung mit ihm zu begleichen hatte. Dazu habe er ihn vorher tagelang beobachtet. Vielleicht war Großvater Hameds Familie mitsamt ihrer Tiere von den Italienern angegriffen worden, ganz so wie die Familie in Vaters Geschichte *In der Stille der Nacht*, und vielleicht ging es für sie nicht so gut aus wie für Ahmed, seinen Onkel und Cousine Aisha. Wobei ich annehme, andere wussten von der Feindschaft und hätten darauf schließen können, wer den Italiener umgebracht hatte. Das würde erklären, warum Großvater Hamed es für notwendig hielt, Libyen, das Land, bei dessen Verteidigung er beinahe sein Leben gelassen hatte, gleichsam über Nacht zu verlassen und seine gesamte Familie mit sich zu nehmen.

Aber natürlich kann es auch ganz anders gewesen sein. Vielleicht hat er den Offizier gar nicht getötet, sondern das Land verlassen, weil er genug hatte vom Krieg und seine junge Familie in Frieden gedeihen sehen wollte, in der kultivierten Stadt großer Möglichkeiten, die Alexandria damals war. Worin der Grund auch lag, er zog in die ägyptische Großstadt, ließ sich dort nieder und blieb die nächsten zwanzig Jahre. Ohne bis dahin ein größeres Interesse an Geschäften gezeigt zu haben, wurde er ein erfolgreicher Kaufmann und erwarb ein Haus in einem der besten Viertel der Stadt. Es hieß, als die Ösen seiner handgemachten Lederschuhe zerschlissen waren, ließ er sie durch Platinringe ersetzen, um deswegen nicht wieder zum Schuster zu müssen. Aber dann, auf der Höhe seines Erfolges Anfang der 1930er Jahre, als sich die Schlinge nach der Hinrichtung Sidi Omars weiter zuzog, wurde Großvater Hamed wie viele Jahre später sein Sohn in Ägypten verhaftet. Man übergab ihn den Italienern, die ihn nach Italien schickten. Es ist nicht klar, ob nach Bologna oder Padua. Wann immer die Kolonialverwaltung ein Mitglied des libyschen Widerstandes nach Italien brachte, bedeutete das nur eines: seine Hinrichtung. Die Leichen der Getöteten kehrten nie mehr zu ihren Familien zurück. Am Tag, nachdem mein Großvater abgeholt worden war, kamen Scharen von Leuten, um meiner Großmutter ihr Beileid auszusprechen. Sie kleidete sich schwarz, mietete ein paar Hundert Stühle und engagierte einen Absolventen der Al-Azhar-Universität, der während der nachfolgenden drei Tage im Schneidersitz in der Diele saß und den gesamten Koran rezitierte.

Was niemand wusste, war, dass Großvater Hamed einige Tage nach seiner Ankunft in Italien floh, sich zum nächsten Hafen durchschlug und einen Fischer überredete, ihn zu einem Schiff zu bringen, das gerade nach Alexandria in See stechen wollte. Das Fischerboot fuhr nahe an die hintere Leiter, und Großvater kletterte unbemerkt an Bord. Er versteckte sich im Maschinenraum. Nachts suchte er im Abfall nach Essbarem. Tage später legte das Schiff in Alexandria an. Und so wurde meine Großmutter, nachdem die Trauernden längst nach Hause zurückgekehrt waren, mitten in der Nacht von einem lauten Klopfen geweckt. Sie hatte Angst, aber als sie die Tür öffnete, wäre sie beinahe in Ohnmacht gefallen. Sie hörte nicht auf, die Hand ihres Mannes zu drücken, um sich zu vergewissern, dass er kein Geist war. Er schloss sein Geschäft, und Tage später war die Familie wieder in Libyen. Ich fand die Geschichte verwirrend. Warum kehrte er so schnell zurück und brachte sich in noch größere Gefahr?

Neulich kontaktierte ich den Historiker Nicola Labanca, eine Autorität in Bezug auf Italiens Kolonialzeit in Libyen. Ich hoffte, dass er mir ein Archiv nennen könnte, in dem sich Unterlagen über die Verhaftung meines Großvaters befanden. Labanca sagte, ein solches Archiv gebe es nicht, die Italiener hätten damals nur wenig aufgezeichnet und von dem wenigen sei das meiste im Krieg zerstört worden. Damit war ich wieder an dem bekannten Punkt, einem Ort voller Schatten, an dem der einzige Weg, sich mit den Geschehnissen auseinanderzusetzen, über die eigene Vorstellung führt, wodurch sich nur die Möglichkeiten vervielfachen, als wäre die Vergangenheit ein ruheloses Haus mit zahllosen Zimmern, aus dem es kein Entrinnen gibt. Laut Labanca, der sich meiner Fragen freundlich annahm, war es höchst unwahrscheinlich, dass mein Großvater nach Italien gebracht wurde, um dort vor Gericht gestellt zu werden. »Die Libyer«, sagte er, »wurden ausschließlich aus zwei Gründen nach Italien gebracht: Um Informationen aus ihnen herauszufoltern und sie anschließend umzubringen. Es gab für Libyer keine Prozesse.«

Der Zeitpunkt, zu dem mein Großvater nach Libyen zurückkehrte, ergab hingegen durchaus einen Sinn. In den Jahren nach der Hinrichtung von Omar al-Mukhtar war Mussolini darauf aus, im Ausland lebende wohlhabende Libyer wieder ins Land zu holen. Er wollte der Wirtschaft helfen, besonders in Kyrenaika, das während der letzten Jahre der Kämpfe besonders gelitten hatte, vor allem aber wollte er die gefährlichen Männer, die wahrscheinlich Geld in Bestrebungen fließen ließen, den Widerstand neu zu entfachen, an einem Ort haben, an dem sie überwacht werden konnten. Das, sagte Labanca, erkläre am besten, warum mein Großvater zurückging. »Er hätte nicht entkommen können«, sagte er. »Wahrscheinlich sah er sich vor die einfache Wahl gestellt, die die Italiener wohlhabenden im Exil lebenden Libyern gaben: zu sterben oder ins Land zurückzukehren.«

Als meine Großmutter starb, wurde mein Vater ganz still. Er war in Kairo und konnte nicht zur Beerdigung fahren. Mehrere Tage lang wirkte er fürchterlich abwesend, als wäre die Trauer ein fernes Land. Als Jahre später dann auch Großvater Hamed starb, verfiel er in noch tiefere Verzweiflung, obwohl

Großvater doch extrem alt gewesen war und alle damit gerechnet hatten.

Das war Ende 1989. Ziad und ich waren in London an der Uni, und meine Eltern kamen zu Besuch. Mutter mit ihrer gewohnten Scheu davor, schlechte Nachrichten zu überbringen, erzählte mir morgens, nachdem ich sie weinend überrascht hatte, dass es Großvater Hamed schlecht ging.

»Vielleicht schafft er es nicht mehr«, sagte sie.

Ich machte mich auf in ein Seminar, kehrte aber um, da ich mich erinnerte, wie sie mir, als ich sieben war, im Garten hinter unserem Haus in Tripolis das Gleiche über ihren Vater gesagt hatte. Da war er bereits tot gewesen.

Ziad, Mutter und ich warteten auf Vater, der verschiedene morgendliche Aufgaben erledigte. Mutter sagte, er solle sich setzen, und versuchte ihm so schonend wie nur möglich die schlimme Nachricht beizubringen. Sie und Ziad waren sichtlich bewegt, ich war dagegen nur, wie ich mich erinnere, erschrocken und verstört. Ohne ein Wort stand Vater auf und ging in sein Zimmer. Wir folgten ihm. Er setzte sich auf sein Bett und vergrub das Gesicht in den Händen. Ich hatte ihn noch nie weinen sehen. Er hielt die Hände fest auf das Gesicht gedrückt, und ich konnte ein leises Heulen hören, ganz so, als schriee er weit, weit entfernt.

Einige Monate später verschwand mein Vater.

Diese beiden Ereignisse, der Tod meines Großvaters Hamed und Vaters Sturz in den Abgrund der Verliese Gaddafis, sind in meinem Kopf eng miteinander verbunden, nicht zuletzt wegen Vaters so tiefer Verzweiflung. Ich weiß noch, dass er mir, wenn ich ihn allein dasitzen sah, mit einem Mal wie ein schrecklich ungeduldiger Mann vorkam. Und ich erkannte diese Ungeduld auch auf den Fotos, die Mutter gelegentlich in ihre Briefe steckte und auf denen er allein oder zusammen mit ihr zu sehen war. Diese neue Verfassung kam mir merkwürdig vor, war mein Vater doch bisher die Geduld selbst gewesen. Wann immer ich mich ihm gegenüber verdrossen zeigte, sagte er dieses eine Wort: »Geduld«, als wäre es ein Gelöbnis, und fügte dann noch den Spitznamen hinzu, den er mir gegeben hatte: »Sharh el-Bal«, »Besänftiger des Geistes«, was mir zweifellos helfen sollte, mich von meiner Ungeduld zu befreien. Oft zitierte er den zweimal wiederholten Vers aus der Sure *Das Weiten* des Korans: »Doch wahrlich, mit jeder Schwierigkeit kommt auch Erleichterung. Doch wahrlich, mit jeder Schwierigkeit kommt auch Erleichterung.« Der Tod Großvater Hameds verstörte ihn jedoch zutiefst, und das, wie sich herausstellte, unwiderruflich. Er kam vom Weg ab. Er wurde unvorsichtig.

Drei Jahre nach seiner Entführung, nach drei Jahren absoluten Schweigens, bekamen wir eine Hörkassette mit einer Koran-Rezitation für die Gefangenen, auf der er einen Brief an uns aufgenommen hatte. Nach vierzig Minuten erhabener Rede, nachdem er sich verabschiedet hatte und die Aufnahme hätte beenden können, hörte ich es, als käme es aus mir selbst, das gleiche leise Heulen, dieses Mal aus einer noch tieferen Quelle. Aus Gründen, die ich nie erfahren werde, entschied er sich, es nicht zu löschen. Er wollte, dass wir es hörten.

Kurz bevor er verschwand, vertraute mir mein Vater ein Geheimnis an. In den Jahren nach dem Tod meiner Großmutter hatte er sich mehrfach als ägyptischer Bauer verkleidet und mit einem falschen Pass die ägyptisch-libysche Grenze überquert. Er fuhr nach Adschdabiya, um seinen Vater zu besuchen.

»Kurze nächtliche Besuche, die höchstens ein, zwei Stunden dauerten«, erklärte mir mein Vater.

Wir lagen auf meinem schmalen Bett in London. Aus Respekt hielt ich die Füße abgewinkelt, aber seine waren direkt vor mir, so dass ich die Daumen in die Sohlen drücken konnte, wie es ihm, das wusste ich, gefiel.

»War er überrascht, dich zu sehen?«, fragte ich.

»Nein, er hat es immer irgendwie erwartet«, sagte mein Vater.

Sie setzten sich in die Ecke von Großvaters geräumiger Diele und unterhielten sich flüsternd im Dunkeln, bis Vater Großvater Hameds Hand und Stirn küsste und sich auf die lange, gefährliche Rückreise machte.

»Deine Brüder und Schwestern hast du nicht gesehen?«, fragte ich.

»Zu gefährlich«, sagte er.

Auch mein Vater hatte einen Vater, der wusste, wie man ein Geheimnis bewahrt.

»Wie waghalsig«, sagte ich und ärgerte mich, dass er sein Leben so aufs Spiel setzte.

»Jetzt, da er nicht mehr da ist«, versicherte er mir, »gibt es keinen Grund mehr zur Sorge.«

Und heute, nachdem ich ihn ein Vierteljahrhundert nicht gesehen habe, würde ich das gleiche Risiko auf mich nehmen, auch wenn ich ihn nur ein, zwei Stunden treffen könnte.

Seit damals frage ich mich, warum mein Vater gerade diesen Moment wählte, um mir von seinen geheimen Besuchen in Adschdabiya zu erzählen. Zunächst nahm ich an, er hätte es getan, weil Großvater Hamed gerade gestorben war, doch inzwischen bin ich nicht mehr so sicher. Auf der Kassette, die ich während der letzten fünfundzwanzig Jahre, das ist mir immerhin gelungen, nur fünfmal angehört habe, sagt er: »Sucht nicht nach mir«, und jedes Mal bringt dieser Satz den Nachmittag zurück, als wir auf meinem schmalen Bett in London lagen. Seine Worte: »Jetzt, da er nicht mehr da ist, gibt es keinen Grund mehr zur Sorge«, die ich damals als Beruhigung verstand, erscheinen mir heute wie eine Warnung. Ich hatte sie nur nicht begriffen. Was er wirklich meinte, war, dass er jetzt, da sein Vater tot war, noch größere Risiken eingehen konnte.

15. Maximilian

Nicht zu wissen, wann mein Vater zu existieren aufhörte, hat die Grenze zwischen Leben und Tod weiter kompliziert. Doch das erklärt nur zum Teil, warum es mir schon immer unangemessen vorgekommen ist, auf einen Kalender deuten und sagen zu können, genau an diesem Tag hat eine bestimmte Person ihr Leben verloren. Vielleicht sollten wir es wie die Hinterbliebenen halten, die sich die Ohren zuhalten und sagen: »Nein, er ist nicht tot.« Vielleicht ist das nicht nur ein Leugnen der schrecklichen Nachricht, sondern auch die kurzzeitige Erkenntnis einer Wahrheit, die vorbeigeht und mit dem Verschiedenen begraben wird. Unglaube ist der richtige Instinkt, denn wie kann ein Toter wirklich tot sein? Ich komme darauf, weil die Abwesenheit niemals ein leerer, passiver, sondern ein geschäftiger Ort scheint, laut und beharrlich. Wie Aristoteles schreibt, setzt die Theorie des Nichts die Existenz des Raumes voraus, würde man es doch als das Fehlen von Körperlichem definieren. Über die Zeit macht er dabei keine Aussage, doch sie gehört sicher dazu, da wir uns mit ihrer Hilfe auf die Abwesenheit einzustellen versuchen. Vielleicht wiegen sich deshalb in zahllosen Kulturen die Trauernden hin und her – nicht nur, um sich an das frühe Kindesalter und den Herzschlag der Mutter zu erinnern, sondern um mit der Zeit Schritt zu halten. Nur sie birgt die Hoffnung, das Nichts zu füllen. Der Körper meines Vaters ist nicht mehr da, aber sein Raum existiert noch und wird von etwas eingenommen, das nicht nur Erinnerung genannt werden kann. Es lebt und ist Teil des Jetzt. Wie kann die Komplexität des Seins, die Mechanik unserer Anatomie, die Intelligenz unserer Biologie und das endlose Firmament unseres Inneren mit seinen Gedanken, Fragen, Sehnsüchten und Hoffnungen, seinem Hunger, seinem Verlangen und den tausendfachen, uns in jedem Moment erfüllenden Widersprüchen je ein Ende haben, das durch ein Datum auf einem Kalender definiert ist? War mir nicht immer schon bewusst, wie verwirrend und irreführend Beerdigungen, Friedhöfe und Grabsteine sind? Wie wenig Sicherheit sie bieten? Vielleicht sind alle Gedenkstätten, all die religiösen wie weltlichen Trauerrituale der Menschheit nichts als verfehlte Gesten. Die Toten leben mit uns. Trauer ist keine Detektivgeschichte oder ein Rätsel, das es zu lösen gilt, sondern eine aktive, dynamische Unternehmung. Sie ist harte, ehrliche Arbeit, und sie kann dir das Genick brechen. Sie ist Teil unserer Einweihung in den Tod und zwar, ohne dass ich zu sagen wüsste, warum, oder es rechtfertigen könnte, ein hoffnungsvoller Teil. Es ist außerordentlich, dass die natürliche Ausrichtung unseres Herzens trotz allem auf das Licht gerichtet ist. In der Richtung gibt es am wenigsten Widerstand. Ich habe das nie verstanden, intellektuell sowieso nicht. Aber es ist irgendwie in uns, im physischen Wissen um die Ewigkeit jedes Augenblicks, in der sich dehnenden Natur von Zeit und Raum, dass Feststellungen wie »Er ist tot« nicht präzise sind. Mein Vater ist tot, und zugleich lebt er noch. Ich habe keine Grammatik für ihn, er ist in Vergangenheit, Gegenwart und Zukunft. Selbst wenn ich seine Hand gehalten und gefühlt hätte, wie sie erschlaffte, als er seinen letzten Atemzug tat, würde ich dennoch, wie ich glaube, jedes Mal, wenn ich über ihn spreche, innehalten, um das richtige Tempus zu finden. Ich denke, vielen Männern, die ihre Väter begraben haben, ergeht es so. Ich bin nicht anders. Ich lebe, wie wir alle, in der Zeit danach.

Ein paar Tage nach meiner Rückkehr nach Libyen flog ich nach Rom und stand vor Tizians *Martyrium des heiligen Laurentius*. Ich war extra wegen der Ausstellung nach Rom gekommen. Etliche Meisterwerke des italienischen Malers waren an einem Ort versammelt worden, wobei sich die meisten von ihnen noch nie gemeinsam in einem Raum befunden hatten. Ich hatte schon zahlreiche Reproduktionen des *Martyriums des heiligen Laurentius* gesehen, in Büchern, auf Postkarten und einmal auch auf einem großen Poster an der Wand eines Freundes, nichts jedoch hatte mich auf das tatsächliche Bild vorbereitet. Es ist riesig, nur etwas weniger als fünf Meter hoch und drei Meter breit. Bis das Museum schloss, stand ich davor. Es ist unmöglich, die Leiden des Heiligen zu übersehen. Ich betrachtete den gesunden, noch intakten und kräftigen Körper des Mannes, der da auf eine hölzerne Bank gedrückt wird. Ich dachte an den Schreiner, der die Bank gebaut hatte, sah die Tochter vor mir, die ihm ein Glas Wasser reichte. Die Bank war sorgfältig konstruiert, damit sie ihre Funktion bestens erfüllte: den Körper zu tragen, bis sie, im richtigen Augenblick, mit ihm verbrannte und zerfiel. Aber wir befinden uns in einem früheren Stadium. Noch ist die Bank stabil. Das Feuer darunter wird von einer halbnackten Gestalt geschürt. Wie der Schreiner, vielleicht ist er es sogar, arbeitet der Mann gewissenhaft. Laurentius' Qualen haben kein Ende. Hinter ihm steht jemand mit starken Armen, der sich bemühen muss, sein Opfer unten zu halten. Laurentius' Körper windet sich, er hat den Kopf in den Nacken geworfen, und der brutale Kerl hinter ihm wendet den Blick ab, ob aus Anstrengung oder Scham. Währenddessen sticht ihm ein anderer schamlos zwischen die Rippen, wie er es bei einem angeketteten Tier tun könnte, im sicheren Wissen, dass es ihm nichts anhaben kann. Das Licht kommt vom Feuer, das unter Laurentius brennt, und den Fackeln der Zusehenden. Die einzige weitere Lichtquelle ist eine klaffende Öffnung im Himmel, um deren Ränder die Wolken brodeln, als wäre es eine infizierte Wunde. Das Mondlicht fließt hindurch. Es berührt Laurentius' ausgestreckte Hand und erleuchtet seine Fingerspitzen. Ein merkwürdiges Detail: Laurentius' linker Fuß ist in einer sonderbaren Position, er hängt über den Rand der Bank und schwebt in den Flammen, als genösse er das Feuer.

Ich finde bestimmte Gemälde geheimnisvoll und fühle mich zu ihnen hingezogen wie zu manchen Menschen. Seit ich denken kann, bin ich an Kunst, Architektur und Musik interessiert, doch die Begeisterung für die Malerei änderte sich, als ich neunzehn war, im Jahr, in dem ich meinen Vater verlor. Mit einem Mal funktionierte die normale Art eines Museumsbesuchs nicht mehr, bei dem man ein paar Stunden von einem Bild zum anderen wandert, bis man schließlich das Ende erreicht. Es überwältigte mich. Nicht nur einmal hätte ich am liebsten geschrien. Doch ich kehrte aus eigenem Willen immer wieder zurück. Damals begann, was zunächst als vorübergehende Lösung des Problems gedacht war, sich jedoch über die Jahre zu einem integralen Bestandteil meines Lebens entwickelt hat. Ich wohnte nahe bei der National Gallery, zu der der Eintritt frei war, und so überlegte ich mir, ein Bild auszuwählen, dem ich täglich einen kurzen, viertelstündigen Besuch abstatten wollte, und das fünfmal die Woche. Wenn ich das Gefühl hatte, mein Interesse erlahmte, wollte ich zu einem anderen Bild wechseln, was in jenen Tagen in der Regel eine

Woche dauerte. Heute kann es, zum Teil, weil ich es oft nur ein- oder zweimal in der Woche ins Museum schaffe, weit länger dauern, mitunter bis zu einem Jahr, bevor ich zu einem neuen Bild wechsle. Während der letzten fünfundzwanzig Jahre habe ich diese »Wache«, wo immer ich gelebt habe, beibehalten. An jenem Tag in Rom, nachdem ich mein Land zum ersten Mal seit dreiunddreißig Jahren wiedergesehen und herausgefunden hatte, was es über das Schicksal meines Vaters herauszufinden gab, setzte ich mich auf den Boden des sich leerenden Museums, sah zum *Martyrium des heiligen Laurentius* auf und zog mein Skizzenbuch hervor – um mir sehen zu helfen, vor allem aber, um die Länge der Zeit zu rechtfertigen, die ich vor dem Gemälde verbrachte. Und dann, ohne zu bemerken, dass ich mich ihnen ergeben hatte, wurde ich von Geräuschen und Bildern der letzten Lebensmomente meines Vaters umringt, die in scharfkantigen Fragmenten auf mich eindrangen: was sie ihm vielleicht gesagt hatten, was seine letzten Worte gewesen sein mochten, die Vergangenheit und wie sie ihm damals erschien.

Wie der Schreiner von Laurentius' Bank hatte sich der Architekt von Abu Salim beim Entwurf der Gefängniszelle, die Vater in seinem Brief ironisch seinen »noblen Palast« nannte, von praktischen Überlegungen leiten lassen. Eines der Dinge, bei denen sich die Menschheit einig zu sein scheint, ist die Frage, wie Gefängnisse aussehen und funktionieren sollten. Der Plan von Abu Salim hält sich an diesen universellen Kode. Der Mann, der die Zellen entworfen hat, betrat sie nie, nicht einmal das fertige Gebäude bekam er zu sehen. Er saß an einem Zeichentisch in einem anderen Land und überdachte zwischen Mahlzeiten, Gängen zur Toilette und anderen Aufgaben Standardmaße, Kapazität, Materialien und Grundriss und entschied sich für vorproduzierte Betonwände, die auf Schiffe geladen und nach Tripolis verfrachtet wurden. Den ausländischen Arbeitern, die das Gebäude errichteten, wurden akzeptable Arbeitszeiten zugestanden, und sie wurden mit Essen versorgt. Die Fertigstellung gelang in Rekordzeit. Leute, die nahe der Baustelle wohnten, berichteten, wie das Gefängnis von einem Tag auf den anderen aus dem Nichts entstanden war. Der Architekt hatte vorgeschrieben, dass der Hersteller jede Wand genau in der Mitte mit einem runden Loch versah. So konnte der Kran jedes vorgefertigte Teil anheben und perfekt ausbalanciert, senkrecht wie eine Guillotine, an seinen Platz stellen. Anschließend wurden die Löcher zugeputzt. Aber später, als sich die Zellen füllten, entdeckten die Gefangenen sie, und wenn sie den Putz abtrugen, tat sich eine Öffnung zur Nachbarzelle auf, die groß genug war, um ein Buch hindurchzuschieben. Ich weiß das, weil Vater diese Löcher in seinem Brief beschreibt und dann sagt: »Alle möglichen Dinge werden auf diese Weise weitergereicht, am wertvollsten sind die Bücher.« Und er fügt noch hinzu: »Das Gefängnis ist eine riesige Bibliothek«, was für mich nur schwer zu glauben war. Jeden Februar, wenn wir von der Kairoer Buchmesse zurückgekommen waren, hatten wir damit zu kämpfen gehabt, die Bücher, die mein Vater gekauft hatte, im Kofferraum unterzubringen, und hatten nicht selten zusätzlich ein Taxi mieten müssen. Immer, wenn ich mich traute, seine Gefängnisbriefe zu lesen, suchte ich nach Hinweisen darauf, wie sich mein Vater durch die Einkerkerung womöglich verändert und sie ihn reduziert hatte. Ohne Ansehen ihrer Qualität wurden die Bücher durch die Öffnungen weitergereicht, die bei Tag verborgen und bei Nacht geöffnet wurden. So entstand ein Netzwerk, das fast alle Zellen miteinander verband. Es war die ungewollte Folge einer Entscheidung des Architekten. Der Grundriss bestand aus rechtwinklig angeordneten Trakten, die einzelne Höfe umschlossen. Nur in diesen Innenhöfen konnten sich die Gefangenen unter freiem Himmel die Füße vertreten, und am 29. Juni 1996 wurden dort 1270 Gefangene exekutiert. Obwohl ich es nie geglaubt habe, ist es möglich, dass mein Vater unter ihnen war.

Ein ehemaliger Häftling, den ich 2004 traf, erzählte mir, dass mein Vater im April 1996, also zwei Monate vor dem Massaker, aus seiner Zelle geholt wurde. Seine wenigen Habseligkeiten blieben zurück und wurden später von den Wachen an andere Gefangene verkauft. Vater wurde in einen anderen Trakt des Gefängnisses verlegt oder in ein anderes Gefängnis. Oder gleich hingerichtet. Aber vielleicht schafften sie ihn auch zwei Monate später zurück und brachten ihn zusammen mit den anderen um. Oder sie töteten ihn zu unbekannter Zeit an einem unbekannten Ort.

Während der letzten zwei Jahrzehnte bin ich jeder kleinen Information über Abu Salim nachgegangen, deren ich habhaft werden konnte. Ich las jeden Bericht, den ich entdeckte, und wann immer ich von einem ehemaligen Gefangenen erfuhr, der das Land verlassen hatte, versuchte ich ihn zu kontaktieren und zu treffen. Einmal flog ich bis nach Oklahoma. Ich ging mit stets der gleichen Mischung aus Angst und müder Hoffnung zu diesen Zusammenkünften. Da war eine Bescheidenheit in diesen Männern, eine Bescheidenheit, die sich darin ausdrückte, dass sie nicht gleich schon beim ersten Mal alle Informationen preisgeben wollten, womit sie mich an den unangebrachten Stolz derer erinnerten, die ein großes Vermögen geerbt haben und versuchen, ihre Privilegiertheit herunterzuspielen. Ich dachte das kritisch, war frustriert, da ich mich oft zügeln und mich mit meinen Fragen zurückhalten musste, die ich mit dem kleinstmöglichen Nachdruck zu stellen versuchte. Ich traf so viele Männer, es waren so viele Namen. Ich kenne so viele Namen. Manchmal liege ich auf dem Rücken, schließe die Augen und sehe sie wie Motten über mir schwirren.

Eines meiner Treffen fand in einem ziemlich leeren Londoner Café statt. Wir setzten uns in eine hintere Ecke, aus der man das gesamte Lokal überblicken konnte. Der Mann kehrte dem Eingang den Rücken zu, ich behielt ein Auge darauf. Das war in den Jahren nach 2004, als Tony Blair nach Libyen geflogen war und Gaddafi die Hand geschüttelt hatte. Ziad rief mich an jenem Nachmittag an. »Jetzt haben wir alles verloren«, sagte er. Das Regime wurde mächtiger denn je, und einige der schlimmsten Kriminellen begannen in London Häuser zu kaufen. Gaddafis Chefspion Mussa Kussa, der 1980 aus Großbritannien ausgewiesen worden war, weil er in einem Interview mit der *Times* die Ermordung libyscher Oppositioneller im Ausland befürwortete, besuchte London wieder regelmäßig. Nach Tony Blairs Staatsvisite wurde London zum zentralen Ort, von dem aus der libysche Geheimdienst Libyer im Ausland überwachte. England half, Dissidenten nach Tripolis auszuliefern. Der libysche Staatsfonds, die Libyan Investment Authority, kurz LIA, eine korrupte Institution, die behauptete, das nationale Vermögen zu verwalten, hatte ebenfalls ihren Sitz in London. Die LIA kaufte Hotels, Immobilien und nahm verschiedene andere Investitionen vor, oftmals im Namen von Personen, die zum engeren Kreis um Gaddafi gehörten. Bekannte, mächtige britische Finanziers saßen mit im Vorstand. Der Sohn und mutmaßliche Erbe des Diktators, Saif al-Islam Gaddafi, wurde zum Liebling des britischen Establishments. Die London School of Economics verlieh ihm die Doktorwürde für eine Arbeit, die, wie sich später herausstellte, zu großen Teilen nicht von ihm geschrieben worden war. Etliche englische Akademiker, Politiker, Anwälte und PR-Agenturen arbeiteten hart daran, das Blut vom libyschen Regime zu waschen. Keiner von uns fühlte sich sicher. Beamte der libyschen Botschaft kamen zur ersten Lesung aus meinem Romandebüt. Ein Bericht ging nach Tripolis, und ich wurde zu einer überwachten Person. Es galt nicht länger als sicher für mich, meine Familie in Ägypten zu besuchen, was zu einem zweiten Exil führte. Wenn Freunde oder Verwandte nach London kamen, hielten es viele von ihnen nicht für klug, mit mir gesehen zu werden. Jedes Mal, wenn ich die Diktatur in einem Interview kritisierte, spürte ich anschließend tagelang den Druck des Regimes im Nacken. So war die Situation, als ich mich mit dem ehemaligen Gefangenen in dem Londoner Café traf.

Er sagte, obwohl die Gefängnisleitung dafür gesorgt habe, dass Vater nicht mit anderen Gefangenen zusammenkam, habe er mit ihm in Kontakt gestanden.

»Wir tauschten Nachrichten durch die Öffnungen aus.«

»Tatsächlich gesehen haben Sie ihn also nie?«, fragte ich.

»Nur aus der Entfernung«, sagte er und erklärte mir, dass er sich auf die Schultern eines Zellengenossen gestellt und durch die hohen Fenster verfolgt habe, wie Vater allein durch den Innenhof gewandert sei.

Ich sah dem Mann direkt ins Gesicht, als er das erzählte, nicht weil ich unbedingt wissen wollte, wie ihm mein Vater vorgekommen war, sondern weil mich plötzlich das Verlangen packte, seine Augen zu besitzen, die Augen, mit denen er meinen Vater gesehen hatte, sie ihm aus dem Kopf zu pflücken und in meinen zu setzen.

Bei anderer Gelegenheit sprach ich mit einem Mann, der zu der Zeit des Massakers der Gefängniskoch gewesen war. Nach den Schüssen, die über Stunden andauerten und wie »ein Presslufthammer im Kopf« waren, brachten ihm die Wärter einen Karton voller blutverschmierter Uhren und Ringe. Sie wollten, dass er sie säuberte. Offenbar hatte jemand vergessen, die Gefangenen vorher aufzufordern, beides abzulegen, oder, was wahrscheinlicher war, die heimlich mit konfiszierten und geraubten Gütern handelnden Wärter hatten die Leute nicht offen vor ihren Vorgesetzten bestehlen können, und so gingen sie später, als niemand zusah, von Leiche zu Leiche und brachten die Wertsachen an sich. Der Koch merkte sich, wie viele Uhren es waren, und seine Aussage gab Aktivisten und Menschenrechtsorganisationen während der Jahre, da alle Informationen über das Massaker unterdrückt wurden, einen Hinweis darauf, wie viele Menschen an dem Tag umgebracht worden waren.

Vater warnt in seinem ersten Brief, den wir 1993 erhielten, niemand dürfe etwas davon erfahren, »sonst«, schreibt er, »stürze ich in einen bodenlosen Abgrund. Ich würde lieber zu Tode gefoltert werden, als die Namen derer preiszugeben, die diesen Brief überbracht haben.«

Mutter, Ziad und ich waren in meinem Zimmer in Kairo und hockten auf dem Boden am Fuß meines Bettes. Ich weiß nicht mehr, warum wir den Brief gerade dort lasen. Es war, als enthielte er einen Sprengstoff, den wir auf die Weise zu entschärfen versuchten. Es war nicht das erste Mal, dass wir den Brief lasen, sondern das erste Noch-einmal-Lesen nach dem Schock vom Vortag, als wir ihn bekommen und erfahren hatten, dass Vater nicht an einem geheimen Ort in Kairo war, wie es uns die ägyptischen Behörden hatten glauben lassen, sondern im Gefängnis Abu Salim in Tripolis. Mutter begann zu lesen und hielt inne. Ziad fuhr fort. Dann war ich an der Reihe, und so ging es weiter, bis wir zur letzten Zeile kamen. Mehr als einmal mussten Ziad und ich Mutter dabei bitten, uns ein Wort entziffern zu helfen. Niemand kennt Vaters Handschrift besser als sie.

Unser Blick war so konzentriert, dass wir sonst kaum etwas sahen. Als bewegten wir uns durch einen Nebel, und alle hatten wir Angst, einander zu verlieren. Aber Trauer ist ein großer Vereinzeler. Sie trieb jeden von uns in sein eigenes Schattenreich, dessen Qualen nicht mitteilbar waren.

Ich musste ständig an das Wort »stürzen« denken. Warum sagte er, dann »stürze ich in einen bodenlosen Abgrund«, wo er doch sicher meinte »werde ich geworfen«? »Stürzen« implizierte, dass er selbst eine Rolle dabei spielte. Ich stellte mir einen Mann vor, der an den Rand seines Verstandes gebracht wurde und dann stürzte. Und die Beschreibung des Abgrunds als »bodenlos« zermürbte mich noch mehr. Das Wort »Abgrund« war schlimm genug, warum musste er noch dieses Adjektiv hinzufügen? Aus Gründen, die ich nicht erklären konnte, brachte mich das mehr als jede andere Einzelheit des Briefes aus der Fassung. Es erschütterte etwas in mir, das sich bis heute nicht wieder gesetzt hat. Indem Vater den Abgrund näher bezeichnete, in den er geworfen werden würde, ließ er unbeabsichtigt eine dunkle Wahrheit erkennen. In dieser Unterwelt, aus der er schrieb, gab es eindeutig verschiedene Abgründe, und er hatte schon mit einigen von ihnen Bekanntschaft gemacht. Ein paar waren ihm bodenlos erschienen, doch es hatte sich gezeigt, dass sie es nicht waren. Die Gefahr, die dieser Brief barg, wäre nicht mehr abzuwenden gewesen.

Eine der Frustrationen des Gefängnislebens, die gleichzeitig eine seiner beabsichtigten Folgen ist, besteht darin, dass dem Gefangenen jede Einflussmöglichkeit genommen wird. Er ist unfähig, von Nutzen zu sein, ist machtlos, und genau das ist das Ziel. Die Frustration nimmt zu, bis er ein unvernünftiges Risiko eingeht. Im Oktober 1995, fünfeinhalb Jahre nach seiner Entführung, überschritt Vater diese Grenze. Er schrieb einen Brief an Saber Majid, einen wohlhabenden libyschen Dissidenten in London. Darin erklärte Vater, dass die Familie eines Mitgefangenen schwere Zeiten durchmache und er diesen Brief schreibe, um Saber Majid zu bitten, seinem Überbringer ein Darlehen von achttausend Dollar auszuhändigen. »Um es klar zu sagen«, schrieb Vater, »es handelt sich um ein Darlehen, das ich zurückzahlen werde, sobald ich freikomme. Sollte der Tag nie kommen, werden meine Söhne Ziad und Hisham die Schuld begleichen.« Es folgt die gewohnte Warnung, mit der er die Wichtigkeit hervorhebt, den Brief geheim zu halten. Als Ziad und ich anboten, Vaters Darlehen zurückzuzahlen, sagte der Mann, dass er dem Überbringer kein Geld gegeben habe, was uns wütend machte. Schließlich hatten mein Vater und einige andere ihr Leben riskiert, um ihm die Nachricht zu übermitteln. Saber Majid sagte nur: »Ich konnte nicht sicher sein, ob der Überbringer wirklich der richtige Mann war.« Wir fragten, ob er wisse, wie der Mann zu erreichen sei. Er sagte, nein, das wisse er nicht. Er konnte sich nicht mal an seinen Namen erinnern. Dazu kam noch, dass Saber Majid, absichtlich oder aus purer Dummheit, Vaters Brief in einer arabischsprachigen Zeitung veröffentlichte. Der bodenlose Abgrund tat sich auf.

Als Tripolis 2011 fiel und alle Gefangenen aus Abu Salim befreit wurden, traf Ziad einen Mann, der in der Zelle neben Vater gesessen hatte. Der Mann erinnerte sich an die Befragung, zu der es durch die Veröffentlichung dieses Briefes gekommen war. Er sagte Ziad, er habe mitgehört, indem er das Ohr an die Öffnung in der Wand gelegt habe. So gab er das Verhör wieder:

»Der Vernehmungsbeamte sagte: ›Ich will wissen, wer den Brief überbracht hat.‹

Ihr Vater antwortete: ›Welchen Brief?‹

Der Vernehmungsbeamte sagte: ›Den Brief in dieser Zeitung. Ich will den Namen des Gefangenen, dem sie ihn gegeben haben, und von dem draußen, der ihn überbracht hat.‹

Ihr Vater sagte: ›Ich will es Ihnen sagen. Ich habe den Brief mit eigener Hand geschrieben, mehrere Male gefaltet und Ihnen gegeben. Wenn mich jemand fragt, werde ich sagen, dass Sie ihn überbracht haben.‹

Danach«, sagte der ehemalige Gefangene zu Ziad, »wurde Herr Jaballa so schlimm gefoltert, dass er nachts nicht aufstehen konnte, um mit uns zu reden. Drei Tage ging das so. Dann haben sie ihn verlegt.«

Ich wusste immer, wer uns die Briefe brachte. Es war mein Cousin Nasser al-Tashani, Marwans und Nafas älterer Bruder. Ich erinnere mich an den Tag in Kairo, als es an der Tür klingelte und er hereinkam. Er hatte sich nicht angekündigt, hatte den ganzen Weg aus Libyen aufs Geratewohl zurückgelegt. Wir waren überrascht und freuten uns, ihn zu sehen. Aber statt uns zu begrüßen, ging er wortlos zu unserer Stereoanlage (wenn ich mich recht erinnere, lief gerade ein Lied von Umm Kulthum) und drehte die Lautstärke voll auf. Dann umarmte er Mutter, flüsterte ihr etwas ins Ohr, und wir sahen, wie er ihr ein auf die Größe einer Briefmarke zusammengefaltetes weißes Stück Papier gab.

Nasser verriet mir nie den Namen des Mannes in Abu Salim, der ihm die Briefe zugesteckt hatte. Ich wusste nur, dass der Mann ein Freund war, den Nasser manchmal besuchte. Oft habe ich mich gefragt, ob Vater, als er in den bodenlosen Abgrund gestürzt wurde, den Namen des Mannes schließlich doch preisgab. Dass sie Nasser nie befragten, war ein gutes Zeichen, aber es konnte auch sein, dass zwar Vater den Namen des Mitgefangenen unter Folter genannt hatte, dieser jedoch Nassers Namen nicht weitergab. Ich schämte mich dieser Gedanken, denn wer konnte einem Mann vorwerfen, unter Folter zu sprechen, vor allem, wenn es der eigene Vater war? Aber es ging dabei nicht einfach nur um Stolz. Irgendwie brauchte ich die Gewissheit, dass er nicht zerbrochen war, dass er für sich behalten hatte, was ihm gehörte, und es etwas gegeben hatte, an das sie nicht herankommen konnten.

Eines Morgens in Bengasi klingelte das Telefon in unserem Hotelzimmer. Als ich den Hörer abnahm, sagte eine Männerstimme: »Sie kennen mich nicht, aber Ihr Vater war auch für mich wie ein Vater. Ich bin unten und würde Sie gern kennenlernen.«

Als sich die Aufzugtüren öffneten, sah ich den Mann in der Lobby stehen. Er war vielleicht fünf Jahre älter als ich und hatte ein außergewöhnlich gesund aussehendes Gesicht. Ich weiß noch, dass ich das in dem Moment dachte. Klare Augen und eine reine Haut. Er führte mich zu einem Tisch, an dem, breit lächelnd, mein Cousin Nasser saß.

Der Mann hieß Ehlayyel Bejo. Er war ein Dichter. Er wurde 1984 mit neunzehn Jahren verhaftet und verbrachte siebzehn Jahre im Gefängnis. Seit der Revolution arbeitete er für das Kulturministerium. Er und Nasser waren als Kinder Freunde gewesen, aber als Ehlayyel eingesperrt wurde, wusste er nicht, dass Nasser einen Onkel im selben Gefängnis hatte, und Nasser wusste wie wir alle nicht, dass Vater in Abu Salim war.

»Ich kannte deinen Vater vor dem Gefängnis nicht«, sagte Ehlayyel. »Als Erstes lernte ich seine Stimme kennen. Wenn einer von uns jungen Gefangenen zum Verhör gebracht wurde, rief er: ›Jungs, wenn ihr nicht weiterwisst, sagt, Jaballa Matar wollte, dass ihr es tut.‹ Dafür habe ich ihn geliebt. Du kannst dir nicht vorstellen, wie gut das meinem Herzen tat. Stärke im schwächsten Moment. Nach und nach fingen wir an, Briefe auszutauschen. Er hat mir viele schöne Briefe geschrieben, die ich alle vernichten musste.«

Ehlayyel Bejo und Nasser al-Tashani riskierten ihr Leben, um uns den Brief zu bringen, der den von den ägyptischen Behörden konstruierten Mythos zerstörte. Und als Vater in den bodenlosen Abgrund gestürzt wurde, gab er ihre Namen nicht preis.

Ich habe mich immer gefragt, ob es möglich ist, seinen Vater zu verlieren, ohne den Moment seines Todes zu spüren. Ich erinnere mich an ein Radiointerview mit einem syrischen Dichter, dessen Namen ich vergessen habe. Er war zu einer Lesung nach London gekommen, wohnte in einem Hotel am Grosvenor Square und verspürte eines Nachmittags den Drang, auf den Platz hinauszugehen.

»Ich ging unter den Bäumen spazieren. Es war ein schöner Tag, doch ich fühlte mich fürchterlich traurig und sehnte mich nach meiner Mutter. Als ich in mein Zimmer zurückkam, fand ich die Nachricht vor, dass sie gerade verstorben war.«

Ich weiß noch, wie ich das im Radio hörte und dachte, das ist so gut nachvollziehbar. Natürlich, sagte ich mir, war es unmöglich, den Moment zu verpassen, an dem ein geliebter Mensch starb. Der Gedanke tröstete mich oft, besonders als immer weniger Hoffnung bestand. Und heute, da es nicht mehr vorstellbar ist, dass mein Vater noch lebt, verstört es mich, dass es nicht so war. So viel geschieht in dieser Welt, ohne dass wir mit der Wimper zucken.

Höchstwahrscheinlich wurde Vater bei dem Massaker in Abu Salim getötet. Etliche der Gefangenen haben das gesagt. Sie hatten ihn zwar nicht selbst gesehen, aber von anderen gehört, dass auch Jaballa Matar an diesem Tag in den Hof gebracht wurde. Ehlayyel Bejo war sehr erstaunt, dass ich daran zweifelte, doch als ich ihn fragte, ob er jemanden kenne, der meinen Vater gesehen habe, sagte er: »Nein« und fügte hinzu: »Aber es ist offensichtlich.« Ein anderer Gefangener, der in einer Zelle mit Blick auf den Durchgang zum Hof gesessen hatte, erklärte mir: »Ich könnte schwören, dass ich ihn gesehen habe, sicher bin ich jedoch nicht, weil das Licht so schlecht war. Es war sehr früh am Morgen.« Es ist möglich, dass diese Aussagen mit Absicht vage formuliert wurden, um den Schock zu mildern. Obwohl es also nie bestätigt wurde, ist mein Vater wahrscheinlich am 29. Juni 1996 umgebracht worden, als er siebenundfünfzig und ich fünfundzwanzig war.

Während all der Jahre, in denen ich meine Nachforschungen anstellte, hatte ich nie in mein Tagebuch von 1996 gesehen. Ich bin kein regelmäßiger Tagebuchschreiber, und es gibt Jahre mit nur einer Handvoll Einträge. Nach meiner Rückkehr von der Tizian-Ausstellung in Rom jedoch suchte ich unter meinen Notizbüchern und fand das aus dem Jahr 1996. Und da war er, ein Eintrag vom 29. Juni, dem Tag des Massakers. Es war ein Samstag gewesen. Ich wohnte im West End, etwa zwanzig Minuten von der National Gallery entfernt, und hatte wenig

Geld. Wochenlang aß ich nur Reis und Linsen und machte mir ständig Sorgen, wie ich über die Runden kommen sollte. Aber ich tat alles, um so gepflegt wie möglich auszusehen, und machte es mir zur Regel, niemandem zu verraten, wie verzweifelt ich war. Der Eintrag lautet:

»Bin erst mittags aus dem Bett gekommen. Zur NG gegangen. Mit Velázquez fertig. Habe zu Manets *Maximilian* gewechselt. Rede nie wieder über Geldsorgen. Morgen zeichnen.«

Am folgenden Tag gibt es einen weiteren Eintrag. Eine Zeile: »Nicht gezeichnet.«

Ich las die Einträge ein weiteres Mal. Die Distanz hatte etwas Schwindelerregendes. Offenbar hatte ich meine Regel gebrochen und abends zuvor über meine finanzielle Situation geklagt. Aber das allein kann nicht erklären, warum ich als der Frühaufsteher, der ich für gewöhnlich bin, nicht vor Mittag aus dem Bett kam. Was mich jedoch erschaudern ließ, war die Tatsache, dass ich an dem Tag, an dem im Gefängnis meines Vaters 1270 Männer exekutiert wurden, das Bild wechselte und mir ausgerechnet Édouard Manets *Erschießung Kaiser Maximilians*, das Bild einer politischen Hinrichtung, als neues Objekt für meine Wache aussuchte.

Diego Velázquez, der spanische Maler aus dem siebzehnten Jahrhundert, hielt mich in jenen Jahren in Bann. Der Franzose Manet gilt als von ihm beeinflusst, und wahrscheinlich war es die Chronologie der Einflüsse, die mich meine Wahl treffen ließ. Dennoch ist die thematische Nähe beunruhigend. Manet reagierte mit seinem Bild auf eines der kontroversesten politischen Ereignisse seiner Zeit. Der Einmarsch der Franzosen in Mexiko fand mit der Erschießung des von ihnen eingesetzten Herrschers, Kaiser Maximilians, 1867 ein desaströses Ende. Es gab keine Fotografien der Hinrichtung, Manet musste sich auf die Geschichten stützen, die er gehört hatte, und auf die Berichte in den Zeitungen. Bald darauf schon begann er an verschiedenen Szenerien zu arbeiten und stellte während der nächsten Jahre drei große Gemälde, eine Ölskizze und eine Lithografie fertig, die alle den Fall Maximilians darstellten. Die Bilder sind in der ganzen Welt verteilt. Meiner Meinung nach ist das in der National Gallery das ergreifendste, nicht zuletzt, weil es nach dem Tod des Künstlers zerschnitten und in Einzelteilen verkauft wurde. Der Impressionist Edgar Degas kaufte die noch auffindbaren Teile, und erst 1992, zwei Jahre nach dem Verschwinden meines Vaters, versammelte die National Gallery sie auf einer einzigen Leinwand. Große Teile des Bildes fehlen nach wie vor. Maximilian ist nicht zu sehen, nur seine Hand, die von einem seiner Generäle gehalten wird. Das Erschießungskommando ist so mitleidlos konzentriert und gleichgültig, wie es auch die Männer um den heiligen Laurentius sind. Es lässt sich schwer ein Gemälde denken, das das unbestimmte Schicksal meines Vaters und der in Abu Salim getöteten Männer besser evoziert. Zu erfahren, dass mein unwissendes fünfundzwanzigjähriges Ich, ob nun rational oder instinktiv, am Tag des Massakers gerade dieses Bild aussuchte, hat mich verunsichert und mein Verhältnis zu den Arbeiten dieses französischen Malers für immer verändert, der irgendwo in Prousts Romanen als der Maler zahlloser Porträts bereits vergessener oder der Geschichte angehörender Modelle beschrieben wird. Wann immer ich heute einen Manet sehe, ist das Weiß darauf, sein Weiß, das keinem anderen gleicht, keine Wolke, keine Tischdecke und kein Kleid, sondern, und so wird es immer bleiben, das Weiß der Ledergürtel des Exekutionskommandos auf seinem Bild *Die Erschießung Kaiser Maximilians von Mexiko.*

16. Die Kampagne

Was immer in den letzten zweieinhalb Jahrzehnten geschehen ist, seit ich meinen Vater verloren habe, während all meiner Erfolge und Misserfolge, all der verschiedenen Aufgaben, die man zu erledigen hat, um hierhin oder dorthin zu gelangen, all der Entdeckungen und verpassten Gelegenheiten, all der Zerwürfnisse, neuen Lieben und neuen Freunde, während ich manchen gefiel und andere verstimmte, während all meiner lauten und stillen Stunden – die Bemühungen, meinen Vater zu finden, gingen weiter. Jede neue Information bedingte ihre eigene kleine Neuausrichtung. Ich drang weiter ins Dunkel vor, fand nichts, und meine Suche schien mehr und mehr zum Selbstzweck zu werden. Seit einem Vierteljahrhundert schwindet meine Hoffnung kontinuierlich, und so kann ich heute sagen, dass ich so gut wie frei davon bin. Es bleiben nur noch ein paar vereinzelte Fünkchen.

2009, nach neunzehn Jahren des Stocherns im Nebel, im Februar, dem trostlosesten Monat des englischen Kalenders, in dem sich eine Wolkenschicht über die andere schiebt, rief mich ein Mann an. Er sagte, er sei acht Jahre eingesperrt gewesen und erst kürzlich freigekommen.

»Ich habe Ihren Vater gesehen, im Schlund der Hölle«, sagte er. »Vor ein paar Jahren.«

»Wann genau?«

»Das war 2002.«

»Sie haben im Jahr 2002 meinen Vater gesehen?«

»Ja, 2002.«

Noch nie hatte jemand behauptet, meinen Vater nach 1996, dem Jahr des Massakers, gesehen zu haben. Wenn das stimmte …

Ich sagte, ich könne im Augenblick nicht frei sprechen, aber sei es möglich, ihn in etwa einer Stunde zurückzurufen? Er gab mir seine Nummer. Alles um mich herum blieb stehen. Was ich gerade getan hatte oder tun wollte, verschwand. Ich informierte mich über den Mann. Er war tatsächlich ein politischer Gefangener gewesen, und das Gefängnis mit dem grausigen Namen gab es auch. Der »Schlund der Hölle« war eine Hochsicherheitseinrichtung in Tripolis. Ich wählte die Nummer, die er mir gegeben hatte. Er nahm gleich ab.

»Wie erschien er Ihnen?«, fragte ich.

»Wie meinen Sie das?«, fragte der Mann.

»Wie sah er aus? Sein Gesicht? War er gesund?«

»Ich habe ihn nur einmal gesehen, und das sehr kurz. Er war schwach, aber wohlauf.«

Die Worte »schwach« und »wohlauf« rollten stumm durch meinen Mund. Hoffnung überschwemmte mich, schwer, ertränkend, wie Wasser, das über ausgedörrte Erde spült. Das waren gewaltige Neuigkeiten. Gewaltig wie ein Sturm oder eine Flut. Wenn dein Vater entführt wird und neunzehn Jahre lang verschwunden bleibt, ist der Wunsch, ihn zu finden, eben – so groß wie die Angst davor. Du führst einen schändlichen Kampf mit dir selbst.

Human Rights Watch veröffentlichte in seinem nächsten Bericht vom 12. Dezember 2009, dass er gesehen worden sei. Das Presseecho befeuerte meine Suchanstrengungen. Zusammen mit einigen Menschenrechtsorganisationen, Journalisten und Schriftstellern setzten wir eine Kampagne in Gang, die das Schicksal meines Vaters und, im weiteren Sinn, die Menschenrechtssituation in Libyen thematisierte. Wir versuchten, die engen diplomatischen Verbindungen Englands mit dem Gaddafi-Regime für echte Reformen nutzbar zu machen. Das englische Zentrum der weltweiten Schriftstellerorganisation PEN International organisierte einen offenen Brief an Außenminister David Miliband und drängte die britische Regierung:

> ... ihre neuen Beziehungen zur libyschen Regierung zu nutzen, um ernsthafte, wesentliche Verbesserungen in der libyschen Menschenrechtsbilanz einzufordern. So bitten wir das Außenministerium, mit Blick auf den letzten Bericht von Human Rights Watch ... in dem der Fall von Jaballa [Matar] dokumentiert ist, bei der libyschen Regierung um Informationen zum Aufenthaltsort Jaballas und anderer politischer Gefangener nachzusuchen.

Der Brief wurde am 15. Januar 2010 in der *Times* veröffentlicht, zusammen mit einer Liste der bekannteren Namen der insgesamt zweihundertsiebzig Unterzeichner. An dem Tag »erzitterte« die libysche Botschaft in London, wie mir ein Botschaftsmitarbeiter berichtete. »Sie haben ein Erdbeben verursacht«, sagte er. Der Botschafter schrie: »Wie zum Teufel kann dieser Hisham Matar so über uns herfallen?« Mein Handy fing an, sich merkwürdig zu verhalten, und stellte sich von selbst an und aus. Ich wurde paranoid. Ein paar Jahre zuvor hatte mir ein Mann, der behauptete, ein Mitglied des libyschen Geheimdienstes zu sein und »nur mein Bestes« zu wollen, erklärt, ich trüge eine »rote Lampe« auf dem Kopf. Er sagte, er wolle mich warnen, »weil Sie aufhören müssen. Ich mache mir Sorgen um

Sie.« Jetzt stellte ich mir vor, dass das rote Licht heller geworden war. In einem erbärmlichen Versuch zur Selbstverteidi-
gung trug ich ein Messer in der Tasche, wann immer ich die
Wohnung verließ. Schatten legten sich auf uns und drangen in
jeden Raum unseres Heims.

David Miliband reagierte sofort. Seine Antwort wurde ebenfalls in der *Times* veröffentlicht.

»Hisham und seine Familie müssen die Wahrheit erfahren«,
schrieb er. »[Jaballa Matars Verschwinden] gehört zu einer
Reihe Bedenken, die wir zur Menschenrechtssituation in Libyen haben.«

Freunde sammelten sich um mich wie ein Wald. Einer legte eine Website an, ein anderer kümmerte sich um die sozialen Medien, und alle öffneten ihre Adressbücher. Besonders
ein Freund, Paul van Zyl, der durch seine Arbeit mit dem International Center for Transitional Justice ausführlich Erfahrung im Umgang mit unterdrückerischen Regimen gesammelt
hatte, wurde zu meinem engsten Verbündeten und Ratgeber.
Ich befragte ihn vor jedem neuen Schritt. Die Suche wurde zur
Besessenheit, ich verlor jede Zurückhaltung und war bereit zu
kontaktieren, wer immer, wie ich dachte, helfen konnte. Drei
Monate lang schrieb ich keine einzige Zeile und schlief kaum.
Das Einzige, was ich lesen konnte, war Lyrik, aber immer nur
ein paar Zeilen, während das Blut heiß in meinen Adern pulsierte. Mein Denken wurde zu einer hoch drehenden Maschi-
ne, die sich allein auf die nächste Aufgabe konzentrierte. In den
wenigen Momenten der Ruhe, wenn der Motor mit der Leistung
herunterging, entstand jedoch ein Geschmack des Unauthen-
tischen, den ich nicht verstand. Tat ich nicht alles, was möglich
war? Hatte ein Sohn kein Recht darauf, zu erfahren, was mit
seinem Vater geschehen war? Aber offenbar ist die Suche nach

dem Vater immer auch eine Suche nach anderen Dingen, und je mehr Energie ich in sie investierte, desto weniger präsent war er in meinen Gedanken. Es ist paradox, doch mein Vater schien mir nie ferner als in jenen Tagen, als ich jede Minute darauf verwandte, ihn zu finden. Wöchentlich wurde sein Name mindestens einmal in der Zeitung, im Radio oder Fernsehen genannt. Ich blieb meist zwei, drei Tage wach und fiel dann für zwölf oder mehr Stunden wie ein Toter ins Bett, wachte zermürbt und verwirrt auf und wusste nicht, wo ich war. In einem solchen Stadium tiefer Bewusstlosigkeit träumte ich von ihm. Er kam in die Wohnung, und das Wohnzimmer sah genau so aus, wie es tatsächlich gerade aussah: Auf dem Tisch lagen exakt dieselben Unterlagen, und ich sah die verwelkenden Blumen und die leere Teetasse auf dem Boden vor dem Kamin. Er stand in der Tür und beobachtete mich. Aus irgendeinem Grund wollte er nicht hereinkommen. Er war wegen irgendetwas böse. Endlich begann er zu sprechen.

»Du zollst mir nicht genug Aufmerksamkeit«, sagte er.

Eine der Ungerechtigkeiten im Zusammenhang mit dem Verschwindenlassen eines Menschen ist schwer zu beschreiben. Es macht den Verschwundenen zu einer Abstraktion, und solange die Möglichkeit besteht, dass er nach wie vor unter derselben Sonne und demselben Mond existiert, ist es schwierig, ein klares Bild von ihm zu bewahren. Im Tod verblassen die Charakteristika, und auch noch so viele Denkmäler können die Flut des Vergessens nicht aufhalten – der »nur« Verschwundene hingegen ändert sich auf aktive, komplizierte Weise.

Ein paar Tage nach dem offenen Brief und David Milibands Antwort schrieben die Romanautorin Kamila Shamsie und der angesehene internationale Rechtsexperte Philippe Sands einen Zeitungsartikel, in dem sie zu dem Schluss kamen:

[Jaballa] Matars Entführung war eine Verletzung internationalen Rechts; seine fortdauernde Gefangenschaft ohne Kontakt zur Außenwelt verletzt internationales Recht; sein fast zwei Jahrzehnte langes Verschwundensein verletzt internationales Recht; das Versäumnis der libyschen Regierung, den Fall ernsthaft zu untersuchen, verletzt internationales Recht. Diese Verletzungen bringen einzelne Mitglieder der libyschen Regierung in die Nähe krimineller Handlungen. Das alles bedeutet, dass auch Hisham Matars Rechte verletzt werden. Als Bürger des Vereinigten Königreichs darf er erwarten, dass die britische Regierung direkt in Libyen interveniert, um die Qual zu beenden.

Am folgenden Tag saßen der extra nach London eingeflogene Ziad, Diana und ich sowie eine Gruppe Freunde auf der Galerie des Oberhauses. Um 14 Uhr 44 stand der Anwalt und Menschenrechtsverfechter Lord Lester auf und fragte die Regierung Ihrer Majestät, ob sie nach dem Bericht von Human Rights Watch »bei der Regierung Libyens um Information über den Verbleib von Jaballa Hamed Matar« nachsuchen werde.

Vaters Namen in der höchsten Kammer meiner Wahlheimat ausgesprochen zu hören hatte etwas Schwindelerregendes, und jedes Mal, wenn er wiederholt wurde, erneuerte sich dieses Gefühl. Es war weniger Stolz als eine verwirrende Leere, und ich war sicher, dass Ziad ähnlich empfand. Sein Blick war völlig ruhig, sein Ausdruck leicht in sich gekehrt. Ich verspürte den überwältigenden Drang, ihn bei der Hand zu nehmen und mit ihm aus dem neugotischen Gebäude zu rennen. Zu rennen, bis keine Kraft mehr in uns war.

Die Staatsministerin für Europa, Baroness Kinnock, antwortete. Sie zitierte David Milibands Antwort auf den offenen Brief und fügte hinzu: »Unsere Botschaft in Tripolis hat das Thema den Libyern gegenüber angesprochen und um weitere Aufklärung gebeten.«

Etliche Mitglieder der Kammer meldeten sich zu Wort.

Baroness Kennedy sagte: »Ich wäre dankbar, wenn uns die Ministerin sagen könnte, ob die [britische] Regierung sich um eine Untersuchung des Massakers im Gefängnis Abu Salim 1996 bemüht hat ... In welchem Ausmaß dämpft die Regierung ihre Kritik an den Menschenrechtsverletzungen, um Handelsbeziehungen einzurichten, vor allem in Bezug auf Öl?«

Die Ministerin wies den Gedanken zurück, dass »Geschäftsinteressen unser Verhalten motivieren«.

Baroness D'Souza stand auf. »My Lords, könnte die Ministerin ausführen, wann der Fall Jaballa Matar zuletzt bei direkten Konsultationen zwischen der britischen und der libyschen Regierung zur Sprache kam?«

»Tatsächlich kann ich der ehrwürdigen Baroness sagen, dass die letzten Diskussionen in Sachen Jaballa Matar am Wochenende stattgefunden haben«, sagte die Staatsministerin.

Ein anderes Mitglied des Oberhauses, Lord Hunt, wies darauf hin, dass Großbritannien einen Antrag der EU unterstützte, die Handelsbeziehungen mit Libyen zu intensivieren, und forderte: »Würde die Ministerin eine einfache Frage beantworten: Stimmt sie zu, dass das gegenwärtig verhandelte Rahmenabkommen zwischen der EU und Libyen einen wesentlichen Fortschritt bei der Reform der politischen Rechte und der Menschenrechte erfordert? Falls dies der Fall ist, können wir eine einfache Bestätigung hören?«

»Die Antwort lautet ja«, sagte die Staatsministerin.

Ein weiteres Mitglied des Hauses, Lord Avebury, ergriff das Wort: »My Lords, auch wir danken dem Außenminister für seine Stellungnahme zum Fall Jaballa Matar ... Könnte der Außenminister eine vollständige Liste der einzelnen Erklärungen gegenüber der libyschen Regierung einschließlich der jeweils gegebenen Antworten zusammenstellen?«

Peter Mandelson, ein hochrangiges Mitglied der Labour Party, der wie Tony Blair eine enge Beziehung zu Gaddafis Sohn Saif al-Islam pflegte, war ebenfalls anwesend. Während der gesamten Diskussion behielt er mich im Blick. Sein Gesicht war theatralisch hart und schien bewusst ohne jede Emotion. Es gab dem Zynismus Ausdruck, mit dem einige Mitglieder des britischen Establishments Beziehungen zur libyschen Diktatur pflegten.

Nach der Sitzung fühlten wir uns ermutigt und optimistisch. Keiner von uns hatte mit einer so breiten, engagierten Unterstützung gerechnet. Lord Lester trat zu uns und sagte, es sei ungewöhnlich, dass derartige Fragen, denen eigentlich nur ein paar Minuten zugestanden werden, so viele unterstützende Erklärungen provozierten. Wir gingen hinaus, und eine kurze Weile fühlte ich mich an jenem Nachmittag nützlich.

Mehr Artikel erschienen. Der BBC World Service bereitete eine Dokumentation über das Verschwinden meines Vaters vor. Ich selbst gab zahllose Fernsehinterviews. Dann geschah etwas Unerhörtes. Der Gewinner des Friedensnobelpreises und ehemalige Erzbischof von Kapstadt, Desmond Tutu, wandte sich mit einer Erklärung an Muammar Gaddafi:

... dringend über das Schicksal und den Verbleib Jaballa Matars Klarheit zu schaffen ... Libyens Austritt aus der Isolation wird

erst dann komplett, wenn es die Opfer von Menschenrechtsverlet-
zungen mit den Heilmitteln versorgt, die sie verdienen. Der Fall
Jaballa Matar wäre eine ausgezeichnete Möglichkeit, da einen An-
fang zu machen.

Niemals zuvor hatte eine afrikanische Persönlichkeit vom For-
mat Tutus Gaddafi öffentlich kritisiert. Die meisten afrikanischen Führer waren auf libysche Zuwendungen angewiesen
und verhielten sich dem Diktator gegenüber schändlich un-
terwürfig. Eine der wenigen ehrbaren Taten Gaddafis war die
langjährige unerschütterliche Unterstützung des Afrikanischen
Nationalkongresses, was es ziemlich unwahrscheinlich machte, dass die Mitglieder der südafrikanischen Anti-Apartheid-
Bewegung gegen die Menschenrechtsverletzungen in Libyen
protestierten. Im Jahr 2002 hatte ich über einen Freund, der
eine herausragende Rolle in der Anti-Apartheid-Bewegung gespielt hatte und den südafrikanischen Präsidenten persönlich
kannte, einen Brief an Nelson Mandela geschickt, in dem ich
ihn fragte, ob er sich angesichts seiner engen Verbindung mit
Gaddafi nach dem Verbleib und Wohlergehen meines Vaters
erkundigen könne. Die Antwort, die meinem Freund gegeben wurde, war unzweideutig: »Mandela sagt, er will nie wieder um so etwas gebeten werden.« Da die Antwort aus zweiter
Hand kam, ist es unmöglich, mir der genauen Wortwahl sicher
zu sein, klar war jedoch, dass sich selbst ein großer Mann wie
Mandela zu sehr in der Schuld Gaddafis fühlte, als dass er das
Risiko eingegangen wäre, ihn zu verärgern. Derartige Bedenken hatte der Erzbischof nicht. Sein Statement verlieh unserer
Kampagne außergewöhnlichen Schwung.

Ich wurde zum Dorn im Fleisch der libyschen wie der britischen Regierung. Nach mehreren Bitten um ein Gespräch mit

David Miliband wurde mir endlich eine Audienz gewährt. Ich nahm einen Freund mit, einen der ersten und aktivsten Organisatoren der Kampagne, dazu Lord Lester, der mittlerweile zu einer zentralen Figur unserer Versuche geworden war, die britisch-libysche Zusammenarbeit mit der Forderung nach einer politischen Reform und einer Menschenrechtsreform in Libyen zu verbinden. Das Gebäude des Ministeriums für Auswärtige Angelegenheiten und das Commonwealth ist architektonisch interessant, weil es unter widerstreitenden Einflüssen leidet. Sein Architekt, George Gilbert Scott, war ein Vertreter der Neugotik, die England von Mitte des 17. bis Mitte des 18. Jahrhunderts beherrschte. Augustus Pugin, einer ihrer Stars und der Mann hinter der überreizten Architektur des Palace of Westminster, in dem das Oberhaus untergebracht ist, inspirierte George Gilbert Scott, aber die Vorgaben des Auftraggebers engten ihn ein. Verlangt wurde ein italianisierter Stil, der sich an der Renaissancearchitektur des 16. Jahrhunderts orientierte. Das Ergebnis ist ein merkwürdig widersprüchliches Gebäude mit italienischem Gerippe, einer eklektischen Ausgestaltung im Stil des britisch-kolonialen Romantizismus und dem Temperament und der Atmosphäre der Neugotik, die sich vor allem im erdrückenden Inneren und der Entschlossenheit zur Kontrolle des Lichts niederschlägt. Wie das Ministerium, das es beherbergt, will auch das Gebäude anderswo sein. Während wir die langen Korridore hinuntergingen, begann Lord Lester, meinem Freund und mir von den verschiedenen Eigenarten der Institution zu erzählen. Er wirkte nervös.

»Was er Sie sicher fragen wird, ist, warum Sie nicht früher zu ihm gekommen sind. Die Regierung ist nicht glücklich mit dem Presseecho«, sagte Lord Lester, und ein paar Schritte später: »Und vergessen Sie nicht, ihn zu beglückwünschen, zum Beispiel zur Menschenrechtsbilanz der Labour Party.«

»Das kann ich auf keinen Fall«, sagte ich.

»Nun, irgendetwas sollten Sie sich einfallen lassen.«

»Ich habe schon eine Idee«, sagte ich. »Ich wollte ihn zu seinem Vater beglückwünschen.« Ich hatte das Buch des bekannten Soziologen Ralph Miliband *Der Staat in der kapitalistischen Gesellschaft* gelesen.

»Was? Sie meinen diesen Marxisten?«, sagte Lord Lester. »Woher wollen Sie wissen, dass er seinen Vater nicht hasst?«

»Auch ein Mann, der seinen Vater hasst, mag Menschen, die Gutes über ihn sagen.«

»Ich denke, Sie sollten sich etwas anderes einfallen lassen.«

Wir wurden in ein Wartezimmer und ein paar Minuten später in David Milibands Büro geführt. Er erwartete uns an der Tür, war herzlich und aufgeräumt und machte einen Witz, an den ich mich nicht mehr erinnere. Das Büro war groß, hatte Bogenfenster, eine hohe, vergoldete Decke, und über die dunkelgrüne Tapete zog sich ein goldenes Muster. Über dem Kamin hing ein großes Gemälde mit einem majestätisch wirkenden Inder, der ein Schwert in der Hand hielt. Ebenfalls anwesend war der Länderreferent des Ministeriums für Libyen, Declan Byrne. Wir setzten uns in rote Ledersessel. David Miliband bat mich, den neben ihm zu nehmen. Mir fiel auf, wie unbehaart seine Hände waren. Lord Lester hatte recht, das Erste, was Miliband fragte, war, warum ich nicht eher zu ihm gekommen sei.

»Vor all dem Lärm«, sagte er, machte eine Geste mit der Hand und lächelte leutselig.

Ich hielt es nicht der Mühe wert, ihn daran zu erinnern, dass ich bereits mehrfach um eine Unterredung gebeten hatte. Ich sagte nur: »Aber nur wegen des Lärms bin ich hier.«

Er war ganz offensichtlich intelligent und hatte Charisma, doch in diesem Moment, vielleicht zum Teil provoziert durch das Gespräch mit Lord Lester, beschloss ich, ihn nicht zu seinem Vater zu beglückwünschen.

Die einzige Zusage, die uns gemacht wurde, bestand darin, dass der britische Botschafter in Libyen vierzehntägig nach meinem Vater fragen würde. Das war bedeutend. So wurde der Druck beibehalten. Als David Miliband mich hinausgeleitete, legte er mir eine Hand auf die Schulter.

»Hören Sie«, sagte er, »sind Sie jetzt Brite?«

»Ja.«

»Guter Mann. Ausgezeichnet. Damit sind Sie einer von uns.«

War das herablassend? Vielleicht nicht. Vielleicht war es die herzliche Verbündung eines Mit-Briten. Aber vielleicht war es auch der ungeduldige, schikanöse Pragmatismus der Macht gegenüber einer Person gemischter Identität, eines Mannes, dessen Beschäftigungen nicht sauber in die Grenzen eines einzelnen Landes passten, und was Miliband wirklich meinte, war: Komm schon, du bist jetzt Brite. Vergiss Libyen.

Alle paar Wochen kontaktierte ich das Libyen-Referat im Außenministerium. Etliche Male fuhr ich hin, trug mich beim Sicherheitsdienst ein und wurde über die Korridore zu einem Sitzungssaal im obersten Stock gebracht, wo ich Declan Byrne und seine Kollegen traf. Als die Konservativen die Wahl gewannen, entschied der neue Außenminister William Hague gemäß einer Erklärung des Ministeriums, »mit der bestehenden Strategie fortzufahren«, und man bestätigte mir, dass es bei den vierzehntägigen Anfragen bleibe. Ich erkundigte mich bei jedem Treffen, ob die Anfragen etwas erbracht hätten, und bekam stets ein Nein zur Antwort. So unwillig und unaufrichtig die Bemühungen sein mochten, glaubte ich doch, durch sie den Druck aufrechterhalten zu können. Wenn offensichtlich wurde, dass die Anfragen nutzlos waren, dachte ich, konnte ich immer noch auf einen Strategiewechsel drängen. So arbeitete mein Gehirn damals. Heute sehe ich es anders.

Neben Tony Blair und Peter Mandelson gab es noch etliche andere einflussreiche Personen im britischen Establishment, die dem libyschen Regime eng verbunden waren, und wir wollten alle, die mit der libyschen Diktatur in Geschäftsbeziehungen standen, auf den Fall aufmerksam machen. Auch der Finanzier Nathaniel Rothschild war mit Saif al-Islam befreundet. Ein Freund von mir kannte seinen Vater Jacob und bot an, mich ihm vorzustellen. Ich hatte noch nie einen Mann kennengelernt, der so von Macht durchdrungen war. Selbst die Wände seines Büros strahlten das aus. Lord Rothschild hatte, wie ich während unseres Treffens erfuhr, zwei Jahre als Berater für die Libyan Investment Authority gearbeitet, und er begann unser Gespräch damit, dass er mir erklärte, er kenne verschiedene Leute, die Beziehungen zur libyschen Diktatur unterhielten. Interesse und Neugier sprachen aus seinen Worten. Ich dachte, für Männer wie ihn muss die Welt ein einziges Amüsement sein. Ich gab ihm ein Dossier über den Fall meines Vaters.

»Die engen Beziehungen der britischen Regierung und britischer Unternehmen zum libyschen Regime«, erklärte ich ihm, »bieten Großbritannien die Möglichkeit, eine konstruktive Rolle bei der Verbesserung der Lebensumstände des libyschen Volkes zu spielen. Dieser Fall wäre ein guter Anfang.«

Lord Rothschild sagte, er sei bereit zu helfen. Er habe Saif al-Islam bei mehr als einer Gelegenheit getroffen. »Ich bitte Nat, mit Saif zu sprechen.«

Ich verließ sein Büro, ging auf dem kürzesten Weg zur National Gallery und stellte mich vor Canalettos *Die Werkstatt
der Steinmetze.*

Einige Tage später schrieb Jacob Rothschild, Saif al-Islam sei
in London. Er fügte eine Handynummer hinzu und sagte, er
erwarte meinen Anruf.

17. Der Sohn des Diktators

Schon 2004, als Tony Blair nach Libyen flog und sich die Beziehungen zwischen den beiden Ländern normalisierten, hatten mich verschiedene libysche Freunde gedrängt, Saif al-Islam zu kontaktieren. Es war bekannt, dass er bei mehr als einer Gelegenheit, als es darum ging, Libyens Image aufzubessern, politische Gefangene freigelassen hatte. Zuletzt war ihm 2009 das scheinbar Unmögliche gelungen: Da hatte er Abdelbaset al-Megrahi, einen wegen zweihundertsiebzigfachen Mordes durch den Anschlag auf Flug 103 von Pan Am über Lockerbie verurteilten libyschen Geheimdienstoffizier, aus den Fängen des schottischen Justizsystems befreit. Als ihr Flugzeug in Tripolis landete, trat Saif siegreich aus der Tür und hielt al-Megrahis Hand in die Luft, der Wind füllte seinen Ärmel und blies den Stoff zu einem Ballon auf. Kurz darauf kaufte Saif ein Haus in Hampstead. Ich erfuhr sehr bald davon und musste lange gegen den Impuls ankämpfen, seine Tür einzutreten und ihn zu erschießen.

Als ich 2003 in Paris wohnte, ein paar Tage nachdem ich nahe daran gewesen war, von einer Brücke zu springen, setzte ich mich hin und schrieb einen der Briefe an Saif al-Islam, wie ich sie jahrelang an die libyschen und ägyptischen Behörden geschrieben hatte, führte die bekannten Fakten zum Fall meines Vaters auf und bat darum, mir über sein Schicksal Klarheit zu verschaffen. Über die Jahre habe ich fast dreihundert solcher Briefe geschrieben und nicht eine einzige Antwort erhalten. Einmal organisierten wir eine Demonstration vor der ägyptischen Botschaft in London. Ein Polizist übergab unseren Brief einem jungen ägyptischen Diplomaten, der an der Tür zur Botschaft stand. Der Mann hielt den Umschlag hoch über den Kopf, damit wir sehen konnten, wie er ihn langsam zerriss. Dabei blieb mir weniger sein Verhalten in Erinnerung als sein Gesichtsausdruck. Eine Heftigkeit, die eine merkwürdige Mischung aus Abscheu und Scham verriet und für mich zum Ausdruck all derer wurde, die nie auf meine Briefe antworteten. Ich schrieb Saif kein zweites Mal, aber jetzt, sieben Jahre später und auf dem Höhepunkt unserer Kampagne, war ich verzweifelt genug, mit dem Teufel zu sprechen, um herauszufinden, ob mein Vater noch lebte oder tot war. So war ich damals. Heute bin ich nicht mehr so.

Ich wählte die Nummer, die Lord Rothschild mir geschickt hatte. Es nahm niemand ab. Ich hinterließ eine Nachricht. Zehn Minuten später läutete das Telefon und zeigte eine andere Nummer. Ich hörte eine männliche Stimme die typische Abfolge von Platitüden herunterleiern, noch bedeutungsloser als gewöhnlich, denn er ließ keinen Raum für eine Antwort. Dann sagte er: »Ich bin Saif.«

Ich stellte mich vor und bat um ein Treffen.

Er sagte, mir würden Zeit und Ort mitgeteilt.

Abends rief ein Mann an. »Ich bin Rajab el-Laiyas«, sagte er in einem Ton, als erwartete er, dass ich ihn kennen würde. »Wir treffen uns morgen um siebzehn Uhr im Jumeirah. Das kennen Sie doch?«

Als ich auflegte, dachte ich, alles könnte passieren. Ich konnte herausfinden, was mit meinem Vater war, oder ich konnte wie er entführt werden. Ich musste an jene dunklen Minuten am Rand des Pont d'Arcole in Paris denken. Obwohl ich mit der Frau zusammenlebte, die ich liebte, und den Großteil meiner Zeit zum ersten Mal dem Schreiben widmen konnte, obwohl die Sonne an den meisten Tagen schien und wir gut aßen, schien mir einzig und allein die Vorstellung, zusammen mit meinem Vater in dem »noblen Palast« Abu Salim zu sein, Erleichterung von dem Sekunde um Sekunde in mir pochenden Schmerz zu verschaffen.

Ich rief Ziad in Kairo an und fragte ihn, wann er da sein könne. Er nahm den Nachtflug und stand am nächsten Morgen vor meiner Tür. Wir rauchten viel, tranken zahllose Tassen Kaffee und versuchten uns vorzubereiten. Wir malten uns alle möglichen Szenarien aus: Werden Sie uns hinauf ins Zimmer bitten oder werden wir in der Lobby reden? Werden sie wollen, dass wir mit ihnen anderswohin fahren? Was wird ihre Strategie sein, und wie sollen wir darauf reagieren? Ich nannte den zentralen Personen unserer Kampagne Zeit und Ort des Treffens. Diana sollte mit einer Liste Nummern in einem nahen Café warten und sie, falls wir nicht zurückkamen, alle anrufen.

Das Jumeirah Carlton Tower Hotel liegt in Knightsbridge. Das Einzige, was ich darüber wusste, war, dass sich dort vor langer Zeit, als es noch einen anderen Namen trug, der peruanische Schriftsteller Mario Vargas Llosa und der mexikanische Dichter Octavio Paz zu treffen pflegten. Wir kamen zehn Minuten zu früh und setzten uns an einen der runden Vierertische im Café in der Lobby. Es lag auf der Seite, mit einem guten Blick auf den Eingang. Ich bin nicht sicher, ob meine Erinnerungen an die Hotel-Lobby genau sind oder ob sie von meiner Verfassung eingefärbt wurden. Wie es sich auch verhalten mag, so erinnere ich mich daran: Schwere arabische Geschäftsleute saßen in riesigen Sesseln. Anzugtragende englische Architekten oder Bauunternehmer lehnten sich über sie, deuteten auf Tabellen und Baupläne, und je mehr sich die devoten Engländer vorbeugten, desto enger wurden ihre Krawatten und desto röter ihre Gesichter.

Obwohl uns beiden nicht danach war, bestellten Ziad und ich Tee.

Eine leicht verlegen wirkende Frau saß in der Mitte der Lobby und zupfte an einer Harfe. Es war klar, wie gut sie spielen konnte, aber offenbar war sie angehalten, bei den Instrumentalversionen gut bekannter Popsongs zu bleiben. Als ich zu ihr hinübersah, begann sie gerade mit der Eröffnung von *Yesterday* von den Beatles. Wir sahen den Fernsehprediger Amr Khaled mit einer Gruppe Bewunderer zusammensitzen, und an einigen anderen Tischen saßen paarweise Edelprostituierte und nippten an Weingläsern. Sie sahen aus wie künstliche Blumen. Nach einem Marathon bekannter Melodien erlaubte sich die Harfenistin eine kurze Ablenkung. Eine von Bachs *Goldberg-Variationen*. Nummer sieben, glaube ich. Es dauerte etwa eine Minute.

Eine Stunde nach der vereinbarten Zeit kam eine Gruppe Männer in Jeans und T-Shirts, eher dem Outfit einer Hip-Hop-Band als dem von Security-Leuten, zügig auf unseren Tisch zu. Saif hatte seine Begleiter sorgfältig ausgesucht. Mit dabei war Mohammad al-Hawni, ein fünfundsechzig Jahre alter, in Rom niedergelassener Anwalt, der libysch-italienischen Geschäftsinteressen diente. Wir nannten ihn den Intellektuellen, da seine Hauptfunktion darin bestand, uns zu vermitteln, dass einige von Saifs Helfern Bücher lasen. Die übrigen waren Bodyguards, von denen einer, wie Saif uns gleich aufklärte, zu unserem Stamm gehörte. Saif setzte sich mir gegenüber, der

Intellektuelle gegenüber von Ziad, die Bodyguards belegten den Tisch hinter uns mit Beschlag.

Ziad gab sich wie gewohnt selbstbewusst und umgänglich. Ich fürchtete, das kostete ihn mehr Kraft, als mir meine Rolle abverlangte. Er fragte die Männer, was sie trinken wollten und ob sie öfter herkämen.

»Ich nehme an, das hier ist Ihr *hangout*«, sagte Ziad auf Englisch und lächelte.

Saif fragte: »Wer ist der Schriftsteller?«

Ziad sagte, das sei ich.

»Sie sind der Schriftsteller?«, fragte Saif noch einmal.

»Ja«, sagte ich.

»Ist das alles, was Sie tun?«

»Ich fürchte, ja«, sagte ich.

»Was, Sie meinen, Sie schreiben nur?«

»Genau.«

»Sie tun nichts anderes?«

»Ich versuche es«, sagte ich.

»Sie sind ein wundervoller Schriftsteller«, warf Mohammad al-Hawni ein. »Ein großes Talent. Wir sind sehr stolz auf Sie.«

»Es überrascht mich, dass Sie das sagen, wo meine Bücher in Libyen doch verboten sind.«

»Nein, nein, nein«, sagte der Intellektuelle. »*Im Land der Männer*, richtig? Ich habe es gelesen. Auf Italienisch, ein ausgezeichnetes Buch. Kommt da bald noch etwas anderes? Wir warten schon alle darauf.«

All dieser nervtötende Unsinn verfolgte einen ernsthaften Zweck. Sie wollten herausfinden, wie um alles in der Welt dieser kleine Schreiberling so einen »Lärm« veranstalten konnte, wie Miliband es genannt hatte. Wie schaffte er es, ranghohe Mitglieder des Oberhauses für sich einzuspannen, das Außenministerium, Nobelpreisträger, internationale Rechtsexperten, Menschenrechtsgruppen und NGOs? Ist er ein Spion? Warum ist er nicht für Geld anfällig? Wie kommen wir, und das ist die Frage, die sich die Macht immer stellt, an ihn heran?

Einer von Saifs Bodyguards gab ihm ein Telefon. »Entschuldigung«, sagte Saif und nahm das Gespräch an.

»Ein ausgezeichnetes Buch«, flüsterte Mohammad al-Hawni, und eine Weile später: »*Im Land der Männer.*«

Als Saif dabei war, sein Telefongespräch zu beenden, sah Ziad mich an, lächelte sein verschmitztes Lächeln und sagte laut genug, dass die anderen es hören konnten: »Ist er nicht ein netter junger Mann?«

»Was haben Sie gesagt?«, fragte Saif, sobald er aufgelegt hatte.

»Ich sagte, was für ein netter junger Mann Sie doch sind.«

Ungeachtet dieser bizarren Unterhaltung begann das Treffen gut. Ziad legte die Tatsachen des Falles dar und gab einen kurzen Abriss unseres langen Bemühens um Information. Saif brach mit der offiziellen Linie. Statt Vaters Entführung und Einkerkerung zu leugnen, bestätigte er, dass unser Vater nach Libyen gebracht worden war.

»Das ist ein äußerst komplizierter Fall«, sagte er. »Der ägyptische und der libysche Geheimdienst sind darin involviert, und es wird mir eine Menge Ärger einbringen, aber ich bin bereit, das auf mich zu nehmen. Ich verspreche, dass ich mich informiere und Ihnen die Fakten bringe, Minute für Minute dessen, was passiert ist, ob es nun gute oder schlechte Nachrichten sind.«

»Auch wenn er tot ist«, warf Mohammad al-Hawni ein.

Das war der erste Hinweis.

»Sie können damit machen, was Sie wollen«, fuhr Saif fort. »Ich bin auch bereit, es selbst zu veröffentlichen. Ich bekomme eine ganze Seite in einer Zeitung und drucke es da«, sagte er, als wäre es eine Herausforderung. »Ich will diese Akte schließen.«

Dann sprach er darüber, wie gefährlich mein Vater für das libysche Regime sei.

»Wenn Sie davon so überzeugt sind«, sagte ich, »hätten Sie ihn vor Gericht stellen sollen.«

»Wie das abgelaufen ist, war dumm«, sagte er, was implizierte, dass es eine andere, »cleverere« Art gegeben hätte, ihn verschwinden zu lassen.

»Hören Sie«, sagte ich, »Sie und Ihr Vater mögen ja mit der politischen Einstellung meines Vaters nicht übereinstimmen, aber haben Sie Zweifel an seinem Patriotismus?«

»Nein«, sagte Saif.

»Dann sollten Sie sich schämen.« Ich war nicht sicher, was ich da tat. Ein Teil von mir wollte ihn auf die Probe stellen, wollte sehen, ob er so ein Hitzkopf wie sein Vater war. »Sie haben einen der besten Männer Libyens verschwinden lassen, auf feige Weise, und dann so getan, als hätte es niemand gesehen. Einen Mann, der sich ganz seinem Land gewidmet hat und dessen Vater vor ihm dafür kämpfte, Libyen von den Italienern zu befreien. Das ist nicht dumm, sondern kriminell.«

Ziad sagte in sanfterem Ton: »Aber hören Sie, wir haben Hoffnung, und wir wollen Ihnen eine Möglichkeit geben, den Schaden zu begrenzen, den Schaden, der unserer Familie immer noch zugefügt wird.«

»Was machen Sie in Kairo?«, fragte Saif Ziad.

»Ich bin Unternehmer. Ich produziere Kleidung.«

»Sie haben also Fabriken?«

»Ja.«

»Sie produzieren Kleidung. Was für Kleidung?«

»Hauptsächlich für den amerikanischen Markt.«

»Warum kommen Sie nicht zurück? Wenn Sie Geschäfte machen wollen, helfen wir Ihnen. Libyen ist Ihre Heimat. Wir wollen die Barrieren einreißen.«

»Darüber können wir hier nicht sprechen«, sagte Ziad. »Im Übrigen schaffe ich kaum, alles so, wie es ist, am Laufen zu halten, an einen Umzug ist nicht zu denken.«

Jetzt sah Saif mich wieder an und sagte in ungeduldigem Ton: »Was wollen Sie, wenn er tot ist?«

Das war der zweite Hinweis.

»Wir wollen wissen, wann, wo und wie es passiert ist«, sagte ich. »Und wir wollen seinen Körper, damit wir ihn auf unsere Weise begraben können. Wir wollen eine Beerdigung, und dann sind die Verantwortlichkeiten zu klären. Wenn Sie davon sprechen, ›die Akte zu schließen‹, gehört das dazu.« Ich war verblüfft über die kalte Mechanik in meiner Stimme. Es war, als wüsste ich bereits, dass nichts von alldem geschehen würde.

»Verstanden«, sagte Saif.

»Und was, wenn er noch lebt?«, fragte Ziad.

Saif zögerte und wiegte das Knie hin und her. »Nein, nein, nein«, sagte er. »Die Frage ist, was, wenn er tot ist.«

Das war der dritte Hinweis. Vater ist tot.

»Ja, aber wenn er noch lebt?«, setzte Ziad nach.

»So oder so, Sie bekommen alle Fakten«, sagte Saif und wiederholte noch einmal, was sein Refrain bei zukünftigen Gesprächen sein würde. Dreizehn Monate lang sollten wir das hören: »Ich will die Akte schließen.«

Ich drängte ihn, ein Datum zu nennen, bis zu dem wir die Informationen bekommen würden.

»Bald«, sagte er.

»In Wochen oder Monaten?«

»Wochen, Wochen«, sagte er, und dann noch einmal: »Aber

kommen Sie zurück. Libyen ist Ihre Heimat. Wir wollen, dass Sie die Barrieren niederreißen.«

»Die Barrieren, von denen Sie sprechen«, sagte Ziad, »sind nicht Scheu oder Zaghaftigkeit. Wir lieben unsere Heimat und haben viel dafür geopfert. Aber bevor wir darüber reden können zurückzukehren, müssen drei Dinge geschehen.«

»Und die wären?«, fragte Saif.

»Die Aufklärung über das Schicksal unseres Vaters und die Freilassung zweier Onkel, Mahmoud Matar und Hmad Khanfore, sowie unserer beiden Cousins Ali und Saleh Echnayquet. Sie sind ebenso lang schon politische Gefangene. Das Gericht hat bereits ihre Freilassung verfügt, und trotzdem sind sie immer noch im Gefängnis. Onkel Mahmoud ist sehr krank, und ihm wird eine angemessene medizinische Versorgung verweigert.«

»Okay. Was wollen Sie noch?«, sagte Saif.

»Das Haus unserer Familie in Tripolis wurde von einem Mitglied des Regimes gestohlen. Wir wollen es zurück.«

Saif schlug auf den Tisch und sagte: »Betrachten Sie das als erledigt.«

Als Saif und die anderen aufstanden und gingen, ließ Mohamad al-Hawni sich noch etwas Zeit. Er legte mir und Ziad jeweils eine Hand auf die Schulter.

»Ich möchte, dass Sie auf Gott vertrauen. Sie sind erwachsene Männer, und Sie müssen sich auf das Schlimmste vorbereiten.«

»Wann ist es geschehen?«, fragte ich.

Er hob die Hände. »Ich weiß nichts sicher. Ich sage nur …«

»Wir sind nicht hier, weil wir einen Rat oder Mitleid brauchen«, erklärte ich ihm. »Wir wollen die Fakten.«

»Und Saif hat gesagt, Sie bekommen sie.«

Ziad und ich verließen das Hotel schweigend. Statt über die Sloane Street liefen wir durch kleine Nebenstraßen in Richtung Sloane Square, wo Diana im Café saß und auf uns wartete. Es war ein kalter Abend, wir gingen langsam.

»Das war mit das Schwerste, was ich je habe tun müssen«, sagte Ziad.

Ich fühlte mich verantwortlich und fragte mich, ob es klug gewesen war, uns das anzutun und uns an einen Tisch mit dem Sohn des Mannes zu setzen, der unseren Vater ermordet hatte.

»Vater ist tot«, sagte ich.

»Aber das weißt du nicht.«

»Es ist verdammt offensichtlich, oder?«

Warum musste ich ihn so darauf stoßen? Es war, als wären mein Wunsch, dass Ziad es akzeptierte, und mein Ärger über seine sture Weigerung nicht nur auf ihn, sondern ebenso sehr auf mich gemünzt, denn auch ich arbeitete, während wir uns von diesem verfluchten Hotel entfernten, an meinem eigenen kleinen, schwachsinnigen Hoffnungsmotor und suchte nach Gründen, aus denen es nicht stimmen konnte.

Als Diana uns die Straße überqueren sah, kam sie aus dem Café gelaufen. Sie begriff sofort, dass wir keine guten Neuigkeiten mitbrachten. Keiner von uns konnte stillstehen. Wir winkten ein Taxi heran und setzten uns gemeinsam auf die Rückbank. Zu Hause angekommen, standen wir kurz vor dem Haus und beschlossen, noch etwas zu gehen. Wir endeten in einem nahen Restaurant. Einer meiner engsten Freunde rief an und stieß ein paar Minuten später zu uns. Er sah mich tröstend an, und in seinen Augen stand die Frage: »Wie kann ich helfen?« So, dachte ich, sehen Trauernde Hinterbliebene an. Wir bestellten gerade, als mein Telefon klingelte, die Nummer kannte ich nicht. Es war Mohammad al-Hawni, der sich exakt eine Stunde nach unserem Treffen wieder meldete. Ich ging hinaus auf die Straße.

»Ich freue mich so, dass wir uns kennengelernt haben«, sagte er. »Ich möchte nur, dass Sie und Ihr Bruder sich auf das Schlimmste vorbereiten.«

»Hören Sie, Herr al-Hawni, bitte denken Sie nicht, Sie müssen uns auf irgendetwas vorbereiten. Wir sind keine Kinder mehr. Es sind jetzt zwanzig Jahre, und Sie können mir nicht sagen, ich soll die Hoffnung aufgeben, bevor ich die Tatsachen kenne.« Während ich das sagte, konnte ich in der Abendluft meinen müden kleinen Motor im Hintergrund surren hören.

»Denken Sie, wenn Saif wüsste, dass Ihr Vater noch lebte, würde er es Ihnen nicht sagen?«, fragte er.

»Saif weiß also Bescheid?«, fragte ich.

»Natürlich weiß er es.«

Einen Monat nach unserem Treffen rief Saif abends um sieben Uhr an. Ich saß gerade im Bus, unterwegs zur Wigmore Hall, und war spät dran für ein Konzert.

»Ich möchte, dass Sie mich als einen Bruder und Freund sehen«, sagte er, und als ich nichts darauf antwortete, fügte er noch hinzu: »Ich sehe Sie als einen Freund und Bruder.«

An der nächsten Haltestelle stieg ich aus und ging in eine ruhige Straße.

»Ich glaube wirklich, wir könnten gute Freunde sein, Sie und ich«, sagte er.

»Die Menschen können sich ihre Geschichte nicht aussuchen«, entgegnete ich und hörte den kalten, mechanischen Ton in meine Stimme zurückkehren. »Und wenn zwei Männer mit so unterschiedlichen Geschichten wie Sie und ich so weit kommen, sich als Freunde zu betrachten und, wer weiß, vielleicht sogar als Brüder, dann ist ohne Zweifel ein Stück des Wegs zurückgelegt, um unser Land zu heilen.«

»Gut«, sagte er. »Gut. Wie ich Ihnen und Ihrem Bruder gesagt habe, bin ich entschlossen, die Akte zu schließen. Aber damit wir den nächsten Schritt tun können, müssen Sie mir aufschreiben, was Sie und Ihr Bruder mir gesagt haben. Genau so wie bei unserem Treffen. Das schicken Sie mir, und ich sage Ihnen, was der nächste Schritt ist.«

»Und es gibt nichts, was Sie mir jetzt sagen können?«

»Nein, nichts.«

»Aber ich weiß, dass Sie Bescheid wissen.«

»Das ist richtig. Ich weiß, was mit Ihrem Vater geschehen ist, aber ich kann es Ihnen erst sagen, wenn ich alle Fakten habe.«

»Das ist sehr schwer. Können Sie mir nicht wenigstens sagen, ob er noch lebt oder tot ist?«

»Warten Sie, bis ich die Fakten habe.«

Ich fuhr zurück nach Hause und e-mailte ihm das Gewünschte noch am selben Abend.

Etwa in diesen Tagen bekam ich einen Anruf von einem Bekannten, einem libyschen Diplomaten in New York, der mir sagte, ein Kollege, Tarek al-Abady aus der libyschen Botschaft in London, wolle mich sprechen. Ich kannte den Namen. Tarek al-Abady war bei meiner ersten Lesung aus meinem ersten Roman zugegen gewesen, im März 2006, drei Monate bevor das Buch veröffentlicht wurde und als noch kaum jemand davon, oder von mir, wusste. Die Lesung fand im irischen Kulturzentrum in Hammersmith statt. Unterwegs musste ich an Samuel Beckett denken, denn das Zentrum lag nahe bei den Riverside Studios, wohin der irische Dramatiker in den 1980ern aus Paris gekommen war, um *Warten auf Godot* mit einzustudieren. Mein Freund David Gothard war damals der künstlerische Leiter der Riverside Studios gewesen, und er erzählte mir einmal, dass sich Beckett, kaum dass er in London angekommen war, gefährlich nahe an Zuhause gefühlt und David instruiert hatte, »unter keinen Umständen, nicht einmal für eine Beerdigung, dürfen Sie mir erlauben, nach Dublin zu fahren«. Ich bewunderte Beckett für seine Sturheit. Als ich im irischen Kulturzentrum ankam, sah ich drei Männer aus der Botschaft in der ersten Reihe sitzen. Tarek al-Abady war einer von ihnen, er stellte sich als der Kulturattaché vor. Kaum, dass ich mit meiner Lesung fertig war, hob einer der drei die Hand. »Warum lassen Sie Ihr Buch in Libyen spielen? Wir wollen, dass Sie über Ihr Leben hier in London schreiben.« Ein paar Tage später wurde ein Bericht nach Tripolis geschickt und mein Buch verboten.

Ich hatte Tarek al-Abady wiedergesehen. Er war mir eines Tages, als ich die Knightsbridge Road in westlicher Richtung hinunterging, entgegengekommen, unterwegs zur Hyde Park Corner und der libyschen Botschaft.

»Mr Hisham«, rief er. »Was für ein Vergnügen. Bitte, kommen Sie und beehren Sie die Botschaft. Was Sie auch wünschen, eine Frage genügt.«

Ich war schlechter Laune. »Was ich auch wünsche?«, sagte ich scharf. »Nun, überlegen wir mal, was könnte ich von euch brauchen? Ach ja, ich erinnere mich. Das Gleiche, wonach ich schon 1990 gefragt habe: Was habt ihr mit meinem Vater gemacht?«

Ich fragte mich, was Tarek al-Abady jetzt, vier Jahre später, von mir wollte. Wir verabredeten uns in einem privaten Club, in dem ich Mitglied war. Ich wählte den Ort, weil ich so nach einer Liste der Namen derer fragen konnte, die er mitbringen würde.

»Ich komme allein«, sagte er.

»Ich weiß nicht, was Sie normalerweise tragen, aber im Club brauchen Sie ein Jackett und eine Krawatte.«

»Ich bin Diplomat«, fuhr er auf. »Ich trage immer einen Anzug.«

Ich bat den Club, einen Raum im obersten Stock vorzubereiten, und statt den Aufzug zu nehmen, ging ich mit al-Abady die Treppe hinauf. Als wir oben ankamen, war er außer Atem. Wir setzten uns, und ich sah aus irgendeinem Grund auf die Uhr. Er begann damit, mir zu erklären, dass er aus einer »guten Familie« stamme. Dann folgte sein Monolog.

»Ich möchte, dass Sie wissen, und Gott sei mein Zeuge, dass ich mir nichts in meinem Leben so sehr wünsche, wie Ihr Freund zu sein. Ich bewundere Sie und habe mich immer gefragt – wenn Sie erlauben, dass ich offen spreche –, was Sie davon abhält, zurück in unser Land zu kommen. Libyen ist nicht Gaddafi. Es gehört weder ihm noch seiner Familie. Es gehört Ihnen, kommen Sie zurück. Gestatten Sie uns, Sie zu ehren, so wie Sie es anderen erlauben. Länder rund um die Welt haben Ihnen Auszeichnungen und Preise verliehen, lassen Sie auch uns das tun. Wir wollen Sie ebenfalls auszeichnen, und wenn Sie sich geschäftlich betätigen wollen, Ihnen steht ein Teil von Libyens Reichtum zu …«, und so weiter.

Seine einleitenden Bemerkungen beanspruchten mehr als zwanzig Minuten, bevor er sagte: »Saif al-Islam Gaddafi und Abu Zaid Durda schicken mich.«

Abu Zaid Durda war der Direktor des Mukhabarat el-Jamahiriya, des Auslandsgeheimdienstes unter Gaddafi.

»Zunächst einmal«, fuhr Tarek fort, »erlauben Sie mir, mich für die beiden zu verbürgen. Ich schwöre, und Gott sei mein Zeuge, wenn Saif in die Botschaft kommt, sorgt er sich um jeden einzelnen Mitarbeiter und befragt uns alle, ohne Ausnahme, ob es uns gutgeht und ob wir etwas brauchen, was auch immer. Und was Abu Zaid Durda angeht, er ist so anständig wie nur möglich. Die beiden stellen eine Frage und nur diese eine Frage: ›Was möchte Hisham Matar?‹«

»Wie komisch«, sagte ich. »Ich habe erst kürzlich mit Saif gesprochen. Er hätte mich selbst fragen können.«

»Nun, um ehrlich zu sein«, korrigierte sich Tarek al-Abady, »ist es eher Abu Zaid Durda, der mich schickt, und er lässt ausrichten, wenn es etwas gibt, das Sie brauchen, was immer es ist, müssen Sie nur fragen.« Und er wiederholte sich: »Wir wollen Sie ehren: Wir wollen Ihnen Preise verleihen. Kommen Sie nach Libyen und erlauben Sie uns, Sie auszuzeichnen, wie es andere getan haben.«

»Durda hat Sie also geschickt?«

»Genau«, sagte er.

»Dann arbeiten Sie für den Mukhabarat?«

»Absolut nicht«, sagte er entrüstet. »Ich bin Diplomat. Berufsdiplomat.«

»Also gut. Bitte, danken Sie Herrn Durda. Sagen Sie ihm, ich weiß seine Besorgnis zu schätzen, und dass Hisham Matar ratlos ist, warum Abu Zaid Durda ratlos ist, was Hisham Matar möchte. Ich möchte, worum ich schon seit zwanzig Jahren bitte: Ich möchte erfahren, was Sie mit meinem Vater gemacht haben. Was Auszeichnungen betrifft, so mag ich keine Beachtung, und ich bin auch schrecklich im Umgang mit Geld. Sobald ich zehn Pfund in der Tasche habe, will ich sie auch schon ausgeben.«

»Ich verspreche Ihnen«, sagte er, »ich werde ihm exakt berichten, was Sie sagen, und ihn und auch andere nach Ihrem Vater fragen.«

Als wir die Treppe hinunterstiegen, begann er Mitgefühl vorzutäuschen.

»Um ehrlich zu sein, ist es sehr schwer, für dieses Regime zu arbeiten. Es bereitet Kopfschmerzen, da sind so viele Probleme zu lösen.«

Dann erklärte er mir stolz, dass ihm der Posten in London dafür zugesprochen worden sei, dass er in der Schweiz »aufgeräumt« habe, nachdem Gaddafis Sohn Hannibal dort den Skandal verursacht hatte: Hannibal hatte seine Bediensteten in einem Hotel in Genf so brutal geschlagen, dass sie ins Krankenhaus mussten, war verhaftet worden, und als Vergeltung dafür hatte sein Vater zwei Schweizer Geschäftsleute festgenommen, die sich zu der Zeit gerade in Libyen aufhielten. Die Schweizer ließen die Anklage fallen und erlaubten Hannibal, das Land zu verlassen. Gaddafi weigerte sich dagegen, die beiden Schweizer freizulassen, und so saßen sie noch immer in Tripolis im Gefängnis.

»Was für eine Geschichte«, sagte Tarek. »Aber Gott sei Dank ist sie gut ausgegangen.«

Zwei Wochen nachdem ich Saif die gewünschten Informationen per E-Mail geschickt hatte, rief er gegen Mitternacht an.

»Ich werde Ihnen heute die Entwicklungen und den nächsten Schritt mailen«, sagte er.

Seit unserem ersten Treffen waren sechs Wochen vergangen. In der Hoffnung, ihn aufzurütteln, entgegnete ich: »Der zwanzigste Jahrestag der Entführung meines Vaters ist in zwei Wochen, am 12. März. Würden Sie versprechen, die gewünschten Informationen bis dahin zu erbringen?«

Er seufzte. »Ich werde es versuchen.«

»Ich verstehe die Vielschichtigkeit der Situation, aber das ist etwas, was dringend gelöst werden muss«, sagte ich und spürte, wie sich mein Körper versteifte.

»Es ist eine Last«, sagte er.

»Ja, aber noch größer ist die Last auf dieser Seite des Zaunes. Eine tatsächliche Lösung wäre eine wahre Wohltat.«

»Ich melde mich noch vor dem 12. März mit Neuigkeiten«, sagte er.

Eine Woche lang hörte ich nichts von ihm. Dann schrieb mir Mohammed Ismail, Saifs persönlicher Sekretär:

Lieber Hisham,
es wäre besser, wenn Sie öffentlich über die Fakten redeten oder sie veröffentlichten, weil es sehr heikel ist, wenn wir es tun. Wenn Sie es tun, werden wir antworten. Der Teil, der Ihren Vater nach seiner Ankunft in Libyen betrifft – zu diesen Informationen werden wir Ihnen Zugang verschaffen. Um das Gesicht zu wahren, ist das der beste Ausweg.
Grüße,
Mohammed

Die E-Mail artikulierte die problematische Rolle, die Saif al-Islam Gaddafi im öffentlichen libyschen Leben einnahm. Er war ein Vertreter des Regimes (das »wir« ist das Regime und das zu wahrende »Gesicht« ebenfalls), hatte aber keine offizielle Rolle inne, und so spielte er, wenn es ihm gelegen kam, den unabhängigen Reformer.

Ich rief Mohammed Ismail gleich an. Er sagte, für sie sei notwendig, dass ich die Rolle Ägyptens bei der Entführung in einer englischen Zeitung öffentlich machte. »Um das Gesicht zu wahren«, wiederholte er.

»Aber das ist schon zahllose Male geschehen, zuletzt vor einer Woche«, sagte ich.

»Das wusste ich nicht«, sagte er.

»Haben Sie die Presse nicht verfolgt?«

»Nein«, sagte er.

Ich hielt das für unaufrichtig, und der Verdacht bestätigte sich später. Angesichts der Tatsache, wie eng Saif der Botschaft in London verbunden war und wie verstört man dort auf das Medienecho reagierte, war es unmöglich, dass er und seine Helfer nicht Bescheid wussten.

»Ich schicke Ihnen die Artikel und Interviews, in denen die Rolle Ägyptens erläutert wird«, sagte ich.

Drei Tage später, am Abend des 5. März, einem Freitag, eine Woche vor dem zwanzigsten Jahrestag des Verschwindens meines Vaters, rief Mohammed Ismail an.

»Ich bin morgen in London. Treffen wir uns.«

Ich telefonierte mit meinem Freund Paul van Zyl, und wir gingen alle möglichen Szenarien durch. »Wenn du mich während eures Gesprächs anrufen willst: Ich sitze neben dem Telefon«, erklärte er mir.

Ich beschloss, Ziad nichts zu sagen. Ich wollte ihn nicht beunruhigen oder dazu bringen, die gleiche überhastete Reise noch einmal zu machen. Und ich wollte mir die Möglichkeit geben, was immer mir Mohammed Ismail am nächsten Tag an schrecklichen Nachrichten überbringen würde, eine kurze Weile für mich zu behalten, bevor ich mir darüber Gedanken machte, wie ich es der Familie beibringen sollte.

Ich konnte in dieser Nacht nicht schlafen. Mutter, Ziad und ich planten, uns in ein paar Tagen zu treffen, um den Jahrestag gemeinsam zu begehen, wenn wir auch nicht wussten, wie man eines solchen Datums gedenken sollte. Nach Kairo konnte ich nicht kommen, da es seit der Veröffentlichung meines ersten Romans dort nicht länger sicher für mich schien. Also hatten wir uns auf Nairobi geeinigt, die Stadt, in der Mutter einen Teil des Jahres verbrachte. Ich konnte mir nicht vorstellen, ihr sagen zu müssen, dass Vater tot war. Ich sprach die Worte laut aus, um zu hören, wie es klingen würde, und war nicht sicher, ob ich es konnte. Aber wenn ich erfuhr, dass er tot war, blieb mir keine Wahl, dann musste ich es ihr sagen.

Mohammed Ismail und ich waren übereingekommen, uns um drei Uhr nachmittags zu treffen. Ich dachte nicht, dass es klug war, allein zu gehen, also rief ich einen meiner engsten Freunde an, von dem ich wusste, dass er unter Druck gut reagierte. Wir trafen uns unterwegs. Mein Freund ist Engländer und spricht kein Wort Arabisch. Ich sagte ihm, er solle so tun, als verstünde er alles.

»Wann immer ich dich ansehe«, sagte ich, »nickst du einfach zustimmend.«

Wir waren pünktlich und mussten, wie schon beim Treffen mit Saif, eine Stunde warten. Diesmal saßen wir im InterContinental an der Park Lane, einem von mehreren Londoner Hotels, die mit dem Geld der Libyan Investment Authority im Namen eines engen Geschäftspartners Saifs gekauft worden waren. Ich hatte keine Ahnung, wie Mohammed Ismail aussah. Dann kam ein untersetzter Mann aus einem der Aufzüge und steuerte direkt auf uns zu. Wir gaben uns die Hand, meinen Freund stellte ich nicht vor. Ich dachte, je mysteriöser er für Ismail bleibt, desto weniger wahrscheinlich ist es, dass uns etwas geschieht. Mohammed legte zwei Handys auf den Tisch und begann mir von seiner Familie zu erzählen. Seine Frau und sein Kind lebten in London. Er hatte seinen Sohn Hannibal genannt.

»Nach Saifs Bruder. Ich liebe Hannibal. Oh, Hannibal ist toll«, sagte er. Mohammed Ismail kam auf seinen verstorbenen Schwiegervater zu sprechen. »Er hat Ihren Vater gekannt. Sie waren zusammen in der Armee. Nach der Revolution wurde mein Schwiegervater verhaftet, wie Ihr Vater, und erst nach achtzehn Jahren wieder entlassen.«

Ich versuchte mir vorzustellen, wie ein Mann seine letzten Tage mit einem Enkel verbringen muss, der nach dem Sohn des Mannes benannt ist, der ihn eingekerkert hat. Mir fiel ein, was Sarah Hamoud, die bei Amnesty International die Libyen-Abteilung geleitet hatte, einmal zu mir sagte: »In keinem anderen Land sind die Unterdrückten so mit den Unterdrückern verflochten wie in Libyen.«

Mohammed Ismail sagte: »Ich bin speziell wegen Ihnen gekommen, mit dem Privatjet.«

»Bevor Sie mir sagen, was Sie sagen wollen«, erklärte ich Mohammed, »will ich Sie daran erinnern, dass uns sämtliche Einzelheiten versprochen wurden.«

»Nein, nein, nein«, sagte er. »Ich bin nicht hier, um Ihnen auch nur irgendetwas zu sagen. Ich bin gekommen, weil Saif möchte, dass Sie einem ägyptischen Journalisten, der für *Asharq al-Awsat* schreibt, ein Interview geben. Wir wollen, dass Sie ihm sagen, was geschehen ist. Dann schreiben Sie einen Brief an Präsident Hosni Mubarak mit gleichem Inhalt. Wenn Sie das getan haben, geben wir Ihnen die Informationen.«

»Aber das ist alles schon geschehen. Ich habe zahllose Briefe an den ägyptischen Präsidenten geschrieben, und wie Sie aus meiner E-Mail ersehen konnten, sind in der ägyptischen Presse bereits etliche Artikel darüber erschienen, welche Rolle das Land bei dem Verbrechen gespielt hat.«

»Ich weiß. Aber wir wollen, dass Sie es noch einmal tun. Sie können sofort mit dem Journalisten sprechen. Er wartet beim Telefon. Tun Sie das, und morgen oder höchstens übermorgen halten Sie alles in Händen.«

Ich war entnervt. »Also gut«, sagte ich. »Machen wir's so.«

Er suchte in den beiden Telefonen nach der Nummer des Journalisten und fragte nach langem Schweigen wie nebenhin: »Warum kommen Sie eigentlich nicht zurück nach Libyen?«

»Eines Tages«, sagte ich.

»Saif möchte, dass Sie mit uns arbeiten. Kommen Sie und arbeiten Sie mit uns.«

Was wäre eine bessere Bestätigung für den Wandel eines Regimes als der Sohn eines Dissidenten, der mit dem Sohn des Diktators zusammenarbeitet? Deshalb also hat mir Mohammed die kleine Geschichte über seinen Schwiegervater erzählt, dachte ich. Saif hat so viele Menschen gekauft, dass er denken muss, er kann auch mich kaufen, mich auf seine Seite ziehen, und wer weiß, vielleicht nenne ich eines Tages meinen Sohn nach ihm.

»Arbeiten Sie mit uns«, wiederholte Mohammed Ismail.

»Ich habe schon einen Job«, sagte ich.

Er konnte die Nummer nicht finden. Er ließ die beiden Handys auf dem Tisch liegen und ging hoch in sein Zimmer, um danach zu suchen. Ich war sicher, die beiden Telefone nahmen alles auf. Mein Freund zog mich vom Tisch weg.

»Was hat er gesagt?« Als ich es ihm erzählte, meinte er: »Tu's nicht. Bitte um eine Stunde Bedenkzeit. Dadurch verlierst du nichts. Ruf Paul an.«

Ich rief Paul an. Er antwortete sofort. Ich informierte ihn schnell, und er sagte: »Bitte um Zeit, dann kannst du dich über den Journalisten informieren: Wer er ist, was er bisher gemacht hat, und so weiter.«

Aber ich war ein durstiger Mensch. Alles, was ich vor mir sah, war die Aussicht, endlich in der einen Frage, die mich seit zwanzig Jahren beschäftigte, Gewissheit zu bekommen, und das morgen oder höchstens am Tag danach. Das Wort »danach« war wie ein schwarzes Loch in meinem Denken.

Als Mohammed Ismail zurückkam, schrieb ich mir den Namen und die Telefonnummer des Journalisten auf. »Ich bin nicht sicher, ob ich das tun kann«, sagte ich. »Alles, worum Sie mich bitten, ist längst geschehen, und ich verstehe nicht, warum ich mich und meine Familie in Kairo noch weiter exponieren soll.«

»Saif garantiert persönlich, dass Ihre Familie sicher ist. Niemand wird sie in Ägypten anrühren.«

»Sie wissen, dass er das nicht garantieren kann. Hören Sie, geben Sie mir ein paar Stunden, um darüber nachzudenken. In der Zwischenzeit unterrichten Sie Saif über meine Bedenken, und dass das, worum er mich bittet, bereits zahllose Male geschehen ist.«

Meine Nachforschungen über den ägyptischen Journalisten bestätigten, dass Saif al-Islam ihn in der Tasche hatte. Der Leiter von Human Rights Watch in Kairo sagte: »Sie können nicht darauf vertrauen, dass er druckt, was Sie sagen. Das ist eine Falle.«

Ein paar Tage später, während ich mich auf meinen Flug nach Nairobi vorbereitete, schickte ich Saif eine E-Mail, mit Kopie an Mohammed. Darin nannte ich noch einmal die Namen der ägyptischen Zeitungen, die meine Artikel zum Thema gedruckt hatten, inklusive aller Einzelheiten der ägyptischen Verwicklung, und schrieb, dass nun sie an der Reihe waren zu handeln.

»Wir haben zu viel Ungerechtigkeit erlitten, um jetzt auch noch aufgefordert zu werden, weiter ins Risiko zu gehen. Das ist jetzt Ihre Gelegenheit, unser Leiden anzuerkennen und den erlittenen Schaden zu begrenzen. Sagen Sie uns die Wahrheit.«

Ich war wütend, aber auch erleichtert, dass ich meiner Mutter keine schlimme Nachricht zu überbringen hatte.

18. Die guten Manieren der Geier

Mein Flugzeug kam abends in Nairobi an. Mutter und ich aßen in ihrer kleinen Wohnung und unterhielten uns bis Mitternacht. Sie lebt einen Teil des Jahres in der Hauptstadt Kenias, weil sie die Natur liebt, und ihres Bruders wegen, Onkel Soleiman, für den Kenia seit Jahrzehnten zu einer neuen Heimat geworden ist. Ihre Wohnung hatte die verspielte, unverbindliche Atmosphäre einer Ferienunterkunft. Wir schliefen ein. Mutter stand um zwei wieder auf, und ich hörte sie Kaffee kochen. Dann fing sie an, Brot zu backen, und fuhr eine Stunde später zum Flughafen, um Ziad abzuholen. Gegen fünf Uhr morgens kam sie mit ihm zurück. Ziad küsste mich fünf-, sechsmal auf die gleiche Wange.

Etwas später legte er sich neben mich. Mutter nahm das Sofa.

»Aber wie willst du so schlafen?«, fragte Ziad sie.

»Keine Sorge«, sagte sie. »Brauchst du einen Pyjama?«

»Nein.«

Nach ein paar Sekunden fragte sie ihn noch einmal: »Brauchst du einen Pyjama?«

»Das ist eine schreckliche Zeit, um anzukommen«, sagte Ziad. »Es ist weder Morgen noch Nacht. Die Engländer nennen es die ›Grabesstunde‹.«

»Wie morbide«, sagte Mutter.

Wir versuchten zu schlafen, aber Mutter konnte nicht aufhören. Sie stellte immer wieder Fragen zu Ziads Flug, ob er einen Pyjama brauche, ob uns kalt sei und ob sie uns eine Decke bringen solle. Sie vermisst uns. Wir vermissen uns gegenseitig. Alle. Vielleicht leben wir eines Tages wieder im selben Land.

Nach einem langen Schweigen stand ich leise auf und ging zu ihr.

»Schlaf neben Ziad«, flüsterte ich.

»Nein«, sagte sie.

»Lass uns bitte nicht streiten und ihn aufwecken.«

»Okay«, sagte sie. »Ich habe eine Idee.«

Ich wusste, was sie vorhatte, und ließ sie gewähren. Ich ging ins Bad, und als ich zurückkam, hatte sie die Sofapolster auf dem Boden ausgebreitet. Ich setzte mich auf die Terracotta-Fliesen neben sie.

»Ich bewege mich hier nicht weg, bis du dich ins Bett legst«, sagte ich.

Sie stand auf.

»Ich habe das Kissen schon umgedreht«, sagte ich.

»Okay, aber das musstest du nicht«, sagte sie. »Brauchst du ein anderes Kissen?«

»Nein«, sagte ich.

»Ich hol dir eins«, sagte sie und legte es dann neben mich. Ich spürte seine kühle weiße Form.

Es zog da, wo ich lag, also wartete ich, bis die beiden tief und langsam atmeten, und schob mein Lager zur Seite.

Als die Sonne gegen die Vorhänge drückte, stand ich auf. Mutter und Ziad schliefen noch tief. Ich zog mich an und schlüpfte aus der Wohnung.

Die Erde in diesem Land ist wie ein Tintenfass. Sie verfärbt jeden nackten Fuß, jeden Autoreifen und Baumstamm rötlich braun. Alles andere ist üppig grün, der Himmel nah und strahlend. Fast kann man die Sonne hören.

Als sie ins Café kamen, lächelten sie, und wir verbrachten den Rest des Morgens beim Swimmingpool und tranken Maracujasaft. Die Bäume rings um den Pool waren größer als Minarette, und das Dach ihrer Kronen wirkte wie die gewölbte Decke eines Theaters. Wenn wir redeten, sprachen wir über die Schönheit Kenias, die Schönheit von Ziads Kindern oder zogen uns wegen eines neuen Hemds oder einer flippigen Sonnenbrille auf. Dann fotografierten wir uns gegenseitig.

Es war klar, dass keiner von uns wirklich eine Vorstellung davon hatte, was wir tun sollten. Nairobi war der erste Ort, an den wir 1979 nach unserer Flucht aus Libyen gekommen waren. Der erste Ort unseres Exils. Und da waren wir wieder und erlegten ihm die Last auf, uns zu trösten.

Nachmittags verließ Mutter uns, Ziad und ich blieben am Pool. Die Sonne brannte, und wir zogen uns unter das dünne, durchsichtige Dach eines der großen Bäume zurück. Der Schatten lag zart und gleichmäßig wie Seide auf unserer Haut. Ein Adler, den wir hoch über uns hatten kreisen sehen, landete auf einem der Äste. Langsam legte er die Flügel an, und wie zur Antwort darauf schimmerten die Blätter rundum. Der Vogel sprengte die Dimensionen, er war selbst für diesen mächtigen Baum zu groß.

Ohne dass wir etwas gesehen oder gehört hätten, krachte ein Ast auf den kleinen Tisch zwischen Ziads und meinem Liegestuhl und ließ mein Handy, das ich wie zwanghaft immer dabeihatte, in seine Einzelteile zerspringen. Während ich sie aufsammelte, fragte ich mich, ob womöglich gerade ein anderer Ast stumm auf meinen Bruder und mich herunterraste. Der Kellner kam herbeigerannt, entschuldigte sich und brachte unsere Sachen zu zwei anderen Liegestühlen in der Sonne, außerhalb der Reichweite des Baumes.

»Der hätte uns umbringen können«, sagte Ziad.

Ich war damit beschäftigt, mein Telefon wieder zusammenzusetzen, schaltete es ein und starrte darauf, bis der Bildschirm aufleuchtete.

»So groß war er nicht«, sagte ich.

»Ja, aber unerwartet, und etwas mehr nach rechts oder links …« Als ich seinen Satz nicht vollendete, sagte er: »Nein?«

»Doch«, sagte ich. »Vielleicht schon.«

Eine der Badenden, die gesehen haben musste, was passiert war, breitete ihr Handtuch unter dem Baum aus und legte sich darauf. Ihr schimmernder Körper wirkte schrecklich ungeschützt.

»Meinst du, wir sollten sie warnen?«, fragte Ziad.

»Sie hat es gesehen«, sagte ich.

»Trotzdem«, sagte er.

Wir rührten uns beide nicht. Der schwere Adler bewegte sich immer noch durchs Blätterdach. Nach einem langen Schweigen schienen wir beide, jeder für sich, zum selben Schluss gekommen zu sein: Eine halbnackte Frau, die wir nicht kannten, vor einer Gefahr zu warnen, die ihr bewusst sein musste, würde zudringlich und übertrieben wirken. Und ihre Zuversicht hatte etwas Verlockendes, das fiel uns beiden auf. Vielleicht hätten Ziad und ich unter anderen Umständen eine ähnliche Seelenruhe bewiesen und wären auf unseren Plätzen geblieben, da sich ein so seltener Vorfall, dass ein Ast auf die Erde krachte, sicher nicht gleich wiederholte.

Ich sah zum Adler hinauf.

»Ich verstehe nicht, warum Adler so verehrt werden«, sagte ich. »Amerika hat sie auf dem Dollar, wir Araber bewundern sie, aber wenn du darüber nachdenkst, wenn du überlegst, wie Adler leben, sind sie ziemlich heimtückisch.«

»Sie sind stark und stolz«, sagte Ziad.

»Stark, stolz und heimtückisch«, sagte ich. »Sie greifen die Jungen an, wenn die Mutter nicht da ist.«

»Sie sind schnell, unglaublich präzise, und im Gegensatz zu Geiern fressen sie nur, was sie selbst gejagt haben«, sagte Ziad.

»Geier sind weit bewunderungswürdiger.«

»Wie kannst du das sagen?«

Und gerade, als ich ihm antworten und etwas über die guten Manieren der Geier sagen wollte, dass sie beispielsweise nichts tun, bevor sie nicht sicher sind, dass ihr Opfer tot ist, merkte ich, dass mir das Thema eigentlich nicht wichtig war. Meine Gedanken wanderten zu einem Gedicht über den Stolz der Adler, das Vater oft rezitiert hatte, und zu einem Foto, das ich von ihm habe, mit einem Adler auf dem Arm, dem er in die Augen sieht. Dann fragte ich mich, ob der Adler über uns unser Vater war. Vielleicht war er es gewesen, der den Ast direkt auf mein verdammtes Telefon heruntergeschickt hatte. Ziad sagte ich nichts von meinen Gedanken, weil er nicht denken sollte, ich glaubte, Vater sei tot. Er fürchtete, dass ich mehr wusste, als ich sagte – dass Mohammed Ismail mir eine definitive Auskunft gegeben hatte, die ich für mich behielt, weil ich ihm und Mutter nicht das Herz brechen wollte. Tatsächlich glaubte ich jedoch in dem Moment nicht, dass Vater tot war. Allerdings glaubte ich auch nicht, dass er noch lebte.

Am folgenden Tag, am Vorabend des Jahrestages, verpasste ich einen Anruf mit der Ländervorwahl + 55. Ich sah sie nach. + 55 war die Vorwahl von Brasilien. Ich rief die Nummer an, und Mohammed Ismail antwortete.

»Wie ist Brasilien?«, sagte ich.

»Woher wissen Sie, dass wir in Brasilien sind?«, fragte er argwöhnisch.

»Die Vorwahl.«

»Ah, verstehe«, sagte er. »Ich habe mit Saif gesprochen, und er sagt, Sie müssen es tun.«

»Hat er meine E-Mail gelesen?«

»Welche E-Mail?«

»Ich habe Ihnen eine E-Mail geschickt, in der ich meine Gründe noch einmal erklärt und festgestellt habe, dass der Zusammenhang erst kürzlich in Ägypten wieder in der Zeitung stand. *Al-Dustour* hat vor ein paar Wochen einen großen Artikel darüber gebracht.«

»Okay, wir werden die E-Mail lesen und rufen zurück.«

Am Abend des Jahrestages saßen wir in Mutters Wohnung zusammen. Onkel Soleiman kam ebenfalls. Mutter hatte nachmittags Weinblätter gewickelt, die mit ihrem Brot auf einer runden Platte in der Mitte des Tisches standen. Wir aßen, bis wir kaum noch Luft bekamen, wechselten aufs Sofa und rauchten, und plötzlich war der Grund unserer Zusammenkunft nicht mehr zu vermeiden. Und so gedachten wir seiner: Wieder und wieder erzählten wir die Geschichte, wie alles abgelaufen war, und jedes Mal erinnerte sich einer an ein weiteres Detail. Dann erzählten wir andere Geschichten, Nebengeschichten, die vom eigentlichen Ereignis weg- und wieder zu ihm hinführten. Wir waren die Zeugen, die sich um den Tatort herumbewegten, und da das alles keinen Trost bot, ging es bis drei Uhr morgens so.

Bald schon würde jeder von uns wieder in einem anderen Land sein. Aber ein paar Tage lang waren wir zusammen, so oft es ging.

19. Die Rede

Mohammed Ismail meldete sich nach zehn Tagen wieder.

»Saif sagt, Sie müssen es tun. Sie müssen es tun. Tun Sie es, und es wird möglich, Ihnen die Informationen zu geben.«

»Hören Sie, Sie können nicht ständig die gleiche Forderung wiederholen, ohne auf meine Bedenken einzugehen. Ich weigere mich, meine Familie weiteren Gefahren auszusetzen. Bitte, richten Sie Saif aus, dass ich ihn freundlich bitte, den Schaden zu begrenzen und uns die Wahrheit zu sagen.«

»Das werde ich.«

Mehrere Monate lang hörte ich nichts mehr. Dann, am Abend des 16. Juni, fünf Monate nach meinem ersten Treffen mit Saif, rief Cousin Hamed an, der Sohn von Onkel Mahmoud.

»Ich habe eine Nachricht für dich von meinem Vater. ›Die Bedingungen sind schlimmer, als wir es je erlebt haben. Wir müssen für unser Wasser zahlen. Die Gefängniswärter behandeln uns wie Tiere. Das Essen ist nicht genießbar. Du hast eine Woche. Wenn sich die Bedingungen nicht verbessern, treten wir in einen Hungerstreik.‹«

Ich konnte nicht schlafen. Sobald es Morgen wurde, rief ich Saif an. Keine Antwort. Ich kontaktierte Amnesty International und Human Rights Watch und fragte, ob sie etwas tun könnten. Ich versuchte es noch mal bei Saif, dann bei al-Hawni, der antwortete. Er klang wohlwollend und sagte, er werde mit Saif reden. Ich wählte Saifs Nummer ein weiteres Mal, hinterließ eine Nachricht und schickte sie auch als SMS.

»Verwandten in Abu Salim geht es nicht gut. Sie drohen mit einem Hungerstreik.« Ein paar Tage später bekam ich kurz nach Mitternacht folgende SMS von Saif: »Ich habe heute Geburtstag ☺.«

Zwei Tage später schickte er eine weitere SMS: »Bitte rufen Sie morgen an. Müssen reden.«

Ich tat es, und er sagte: »Ihre Verwandten werden in ein anderes Gefängnis verlegt, um ihre Entlassung vorzubereiten. Was Ihren Vater betrifft, entwerfe ich Ihnen einen Ablaufplan. Da muss noch einiges geschehen. Sie müssen mir vertrauen. Ich habe nichts davon, ich verliere mehr, als ich gewinne. Sie an meiner Stelle würden die Sache gar nicht erst anrühren.«

»Männer sind, was sie tun«, sagte ich.

»Vertrauen Sie mir.«

Ein paar Minuten später bekam ich diese SMS: »Das Wichtigste: Tu nichts, was du nicht willst. MOSHE DAYAN.«

Ich antwortete: »Sei der Wandel, den du in der Welt sehen möchtest. MAHATMA GANDHI.«

Er antwortete: »;->)«

Als ich nach ein paar Wochen wieder nichts gehört hatte, rief ich von mir aus an.

»Ich denke nicht, dass Sie die Sache ernst nehmen«, sagte ich. »Sie sprechen von Vertrauen, aber Sie sagen mir nicht, was Sie wissen.«

Er fing an, ins Telefon zu schreien: »Es ist kompliziert, da stecken so viele mit drin, der Mukhabarat, die Ägypter ...«

»Saif, Saif«, unterbrach ich ihn.

»Was?«, brüllte er.

»Es gibt ein Problem mit der Verbindung, Sie müssen mich zurückrufen.« Ich legte auf.

Er rief sofort wieder an und wiederholte, was er gesagt hatte, mit weit ruhigerer Stimme. Es funktionierte.

»Sie sehen das falsch herum«, sagte ich. »Ich brauche nichts von Ihnen. Sie haben nichts, was mir etwas geben oder nehmen kann. Mein Vater ist die Krone auf meinem Kopf. Was ich Ihnen anbiete, ist eine Chance, den verursachten Schaden zu begrenzen. Das tun Sie für sich selbst, für die Geschichte. Die Geschichte fällt das Urteil. Also hören Sie auf, mich zu drängen, ein Risiko einzugehen. Ich tue keinen einzigen weiteren Schritt, bevor Sie mir nicht sagen, was Sie wissen.«

Ein paar Tage später rief er gegen Mitternacht an. Er klang munter, freundlich und sagte, er habe die Briten gebeten, direkt ans libysche Außenministerium zu schreiben und um Informationen zu meinem Vater zu bitten.

»Könnten Sie das britische Außenministerium bitten, das so schnell wie möglich zu tun? Sobald der Brief geschickt ist, werde ich mein Versprechen einlösen können. Es wird nicht einfach«, sagte er, und fügte ohne Ironie hinzu: »Ich mache es umsonst.«

Ich kontaktierte das Außenministerium, und ein paar Tage später saß ich mit Declan Byrne, dem Leiter des Libyenreferats, und seiner Kollegin Philippa Saunders zusammen. Sie erklärten mir, dass sich der Staatssekretär für den Nahen Osten, Alistair Burt, kürzlich mit dem libyschen Außenminister Abdul Ati al-Obeidi getroffen habe. Declan war bei dem Treffen mit dabei gewesen. Als sie nach Jaballa Matar fragten, hatte sich der libysche Außenminister die Frage aufgeschrieben, aber nichts entgegnet.

Sie sagten, der von Saif angeforderte Brief sei noch am selben Tag vom Büro des Premierministers an die libysche Botschaft geschickt worden.

Dann begannen sie, frei zu sprechen, und Declan beschrieb das Verhältnis der britischen Regierung zu Libyen als ein »Einfluss generierendes Engagement«.

»Was, im libyschen Kontext«, sagte Philippa Saunders, »für Zuckerbrot, aber fast keine Peitsche steht.«

Der Ausdruck »Einfluss generierendes Engagement« erinnerte mich an Margaret Thatchers »konstruktives Engagement« zur Verteidigung ihrer freundschaftlichen Beziehungen mit dem Apartheid-Regime in Südafrika.

»Und welchen Einfluss wollen Sie geltend machen?«, fragte ich.

Sie sahen sich an, dann sagte Philippa: »Es ist nicht so, wie Sie denken. Es klingt ein wenig irreführend. Es geht nicht um Handel, Know-how, Bildung, aber Premierminister Cameron fährt zur Afrikakonferenz nach Libyen. Was Gaddafi vor allem von England will«, sagte sie und wurde leicht rot, »ist, in einer Goldkutsche die Pall Mall hinuntergefahren zu werden. Er hat schon mehrere Male um einen Besuch bei der Queen gebeten.«

»Ganz allgemein gesagt«, warf Declan ein, »sucht Libyen durch uns internationale Anerkennung.«

Ich fragte, warum sie dachten, dass Saif helfen wolle.

»Es will als Reformer gesehen werden«, sagte Declan. Es war nicht zu überhören, wie gelangweilt er war.

»Von allen Söhnen«, sagte Philippa Saunders, »ist er derjenige, den nur wenig an Libyen bindet. Sein Hauptvorzug sind seine Beziehungen zum Westen, und er versucht die Kluft ständig dadurch auszugleichen, dass er sich als der Bessere erweist, als der fortschrittliche Reformer. Dieser Fall jetzt ist eine gute Möglichkeit für ihn, besonders da er mit Abu Salim zu tun hat und als ein Schritt weg von diesem dunklen Kapitel betrachtet werden kann.«

»Glauben Sie, mein Vater ist bei dem Massaker mit umgekommen?«, fragte ich.

»Darüber wissen wir nichts«, sagte Philippa, »und offen gesagt, bin ich nicht sicher, ob Saif oder irgendwer sonst in Libyen mehr weiß.«

Kaum, dass ich aus dem Ministerium war, rief ich Saif an.

»Der Brief, den Sie verlangt haben, ist bereits in der Botschaft in London eingegangen«, sagte ich.

»Okay, ausgezeichnet, ausgezeichnet«, sagte er.

Das war im August 2010. Bis zum 27. Januar des nachfolgenden Jahres hatte ich keinerlei Kontakt mehr zu Saif oder einem seiner Helfer. Wenige Tage zuvor hatte Tunesien die politische Landschaft verändert und damit auch die Landschaft unserer Vorstellung, hatte verändert, was wir von der Zukunft und uns selbst erwarteten. Es geschah siebenhundert Kilometer westlich von Tripolis. Tausende Tunesier versammelten sich in der Avenue Habib Bourguiba, der Hauptverkehrsader der tunesischen Hauptstadt, sangen und verlangten nach Demokratie. Und sie hatten Erfolg und beendeten friedlich eine dreiundzwanzig Jahre während Diktatur. Ägyptische Aktivisten fingen ebenfalls an, sich zu mobilisieren. Zwei Tage vor Saifs Anruf stand der Tahrir-Platz in Kairo voller Demonstranten. Libyens Nachbarn hatten sich erhoben und etwas Unumkehrbares in Gang gesetzt.

»Im Flugzeug lag eine Ausgabe des *New Yorker*«, sagte Saif, als ich abnahm. »Ich habe gesehen, dass Sie eine Geschichte darin haben.«

»Haben Sie sie gelesen?«, fragte ich.

»Nein, es war nur ein kurzer Flug. Hören Sie, die Unterlagen, die ich Ihnen versprochen habe, sind jetzt fertig und werden Ihnen von Scheich Sulabi überbracht. Kennen Sie ihn?«

»Nein.«

»Scheich Sulabi«, wiederholte er, als würde mir das allein schon mehr sagen. »Sie kennen ihn wirklich nicht?«

»Nein, ich habe nie von ihm gehört.«

»Er wird Sie kontaktieren. Ich habe ihm alles gegeben.«

»Wann?«

»Bald, bald«, sagte er.

»Sagen Sie's mir jetzt«, sagte ich.

»Warten Sie auf Sulabi.«

Ich fragte ihn nach meinen eingekerkerten Verwandten.

»Ich schlage eine Schlacht, und ich höre nicht auf.« Er sagte, die Freilassung sei vom Staatsanwalt verfügt worden, dann aber habe es ein Veto gegeben, »von jemand hoch oben. Aber ich tue, was ich kann. Da kommt es bald zu einer Lösung.«

Sechs Tage später rief er um Mitternacht an.

»Haben Sie es gehört?«, fragte er.

»Nein, was?«

»Die Freilassung Ihrer Verwandten. Es ist geschafft.«

»Sind sie zu Hause?«

»Entweder heute Nacht oder morgen. Aber es ist geschafft.«

»Das ist wunderbar«, sagte ich. »Danke.«

»Und Ihr Haus auch. Ich habe die Sache in Angriff genommen, mit den Leuten geredet, die es an sich gebracht haben und ihnen die Meinung gesagt. Das wird bald gelöst sein. Ich tu das alles für nichts. Es ist meine moralische Verpflichtung. Ich bitte Sie nur, für mich zu beten. Wünschen Sie mir Glück.«

»Es ist ein Beweis für Ihren Charakter«, sagte ich. Dann fragte ich ihn, was er von den Geschehnissen in Ägypten halte.

»Es ist gut«, sagte er. »Es wurde Zeit. Die Menschen können nicht länger ohne ihre Freiheit sein.«

Achtzehn Tage später, am 20. Februar, erschien Saif im staatlichen Fernsehen in Tripolis. Hinter ihm hing eine so große Weltkarte, dass sein kahler Kopf kaum Südafrika füllte. Er lag zurückgelehnt auf seinem Stuhl. Die Crozetinseln der Französischen Süd- und Antarktisgebiete waren ein erkennbarer Fleck neben seiner linken Schulter, Südgeorgien und die Südlichen Sandwichinseln deuteten auf seinen rechten Ellbogen. Saif saß verloren im Südlichen Ozean. Unter ihm wurde eingeblendet: DIE REDE DES INENIEURS: SAIF AL-ISLAM GADDAFI. Erst nach ein paar Minuten wurde der Schreibfehler korrigiert: INGENIEURS.

Er gab im Ausland lebenden Libyern die Schuld am Aufstand im Land.

»Es gibt Zeiten, die von mir verlangen, vollkommen ehrlich zu sein. Wir wissen, dass einige oppositionelle Elemente im Ausland leben. Was kann man sagen? Es gibt Libyer, die gegen uns sind, und sie haben Freunde und Verbündete, Helfer und mit ihnen auf Linie gebrachte Leute hier im Land. Sie wollten nachmachen, was in Ägypten geschehen ist.«

Hin und wieder zuckte er mit den Hüften, als wäre seine Hose zu eng, dann zog er an den Rockaufschlägen. Die langen Pausen zwischen seinen wiederholten Statements dehnten sich so sehr, dass es schien, als hörte er Stimmen, die seines Vaters, den er direkt vor der Rede getroffen hatte, und vielleicht auch die Stimmen derer, die einmal an ihn geglaubt hatten. Auf verschiedene Weise wiederholte er immer wieder die gleiche Behauptung: Libyer im Ausland hätten sich gegen das Land verschworen. Alles, was er sagte, wiederholte er endlose Male. Er hätte den Inhalt seiner achtunddreißigminütigen Rede auch in drei Minuten kommunizieren können. Es schien ein angemessener Ausdruck der Herrschaft seines Vaters.

Der interessanteste Teil kam, als er Voraussagen zu machen begann. Wenn die Leute nicht täten, was er sagte, so drohte er mit entnervender Genauigkeit, werde ein Alptraum folgen: Bürgerkrieg, Zerstörung, Massenflucht. Das Gemetzel, das er versprach, kam tatsächlich, aber nicht aus den Gründen, die offensichtlich erscheinen mögen. Er wusste vielleicht besser als alle anderen, dass das System, das sein Vater über zweiundvierzig Jahre aufgebaut hatte, auf der schwachen Prämisse beruhte, dass es »keine andere Option« gebe. Aber das Volk hatte gesprochen. Die Leute rissen die falsche Barriere ein, und all diejenigen, die später Saif und dem Regime seines Vaters nachtrauerten, sind wie ein Mann, der auf die Asche blickt und sagt: »Feuer ist mir viel lieber.« Das Unheil, das auf den Fall Gaddafis folgte, ist weit mehr eine Folge seiner Diktatur als der Revolution. All die Parolen, die uns in die Ohren gehämmert wurden und die wir als Kinder in der Schule wiederholen mussten, haben unser Denken geformt. »Ein Haus gehört dem, der darin wohnt« legalisierte den Diebstahl privaten Eigentums und hat in vielen von uns zur Missachtung des Gesetzes geführt. »Die Massen regieren. Repräsentative Politik ist keine Demokratie. Die wahre Demokratie liegt in der Herrschaft der Massen, und die Massen sind zu bewaffnen.« Das sind die Parolen, mit denen wir von 1969 bis 2011 bombardiert wurden, und als

Larry King 2009 Saif al-Islams Vater fragte: »Auf welche Errungenschaft sind Sie besonders stolz?«, antwortete Gaddafi: »Die Entstehung der Volksautorität.«

Wer Saifs Rede verfolgte, sah, wie sich jemand die Maske herunterriss. Weder entschuldigte er sich bei den Familien der zuletzt vom Regime getöteten Demonstranten, noch drückte er ihnen sein Beileid aus.

»Statt vierundachtzig Tote zu beweinen«, sagte er voller Verachtung und drohte mit dem Finger in die Kamera, »werdet ihr Hunderttausende Tote beklagen. Das Blut wird in Strömen fließen.« Er redete über Libyen, als wäre es der Privatbesitz seiner Familie. »Dieses Land gehört uns.«

Nach der Rede schloss er sich dem grausamen Feldzug seines Vaters zur Niederschlagung allen Widerstands an. Ein paar Tage später rief mich Saifs Helfer al-Hawni aus Rom an.

»Haben Sie die Rede gesehen?«, fragte er.

»Ja. Haben Sie sie geschrieben?«

»Natürlich nicht. Ich bin so enttäuscht.«

»Was ist aus Mohammed Ismail geworden?«, fragte ich.

»Der Hund. Er war der Anführer derer, die die Protestierenden in Bengasi angegriffen haben.« Und dann sagte er: »Ich habe einen Artikel über Saif geschrieben. Darf ich Ihnen den schicken?«

Ich war zu neugierig, um nein zu sagen. Später am Nachmittag rief er wieder an und wollte wissen, was ich davon hielt.

»Abgesehen von der vorteilhaften Wahl des Zeitpunkts ist es gut, dass Sie endlich Ihre Position klarmachen. Aber um ehrlich zu sein, ist der Artikel sentimental und widmet sich zu sehr Ihrer persönlichen Enttäuschung. Sie übernehmen keinerlei Verantwortung.«

»Er war wie ein Sohn für mich. Ich habe ihm geglaubt.«

»Aber es geht um Strukturen. Und Sie haben ihm dabei geholfen, seine Bühne zu errichten. Er repräsentiert eine Diktatur, und das haben Sie immer gewusst. Was wir jetzt brauchen, ist kein Klagelied, sondern etwas Ehrliches. Sie müssen die Verantwortung für Ihre Fehleinschätzung übernehmen. Woher, zum Beispiel, dachten Sie, kam das Geld?«

»Welches Geld?«

»Das Geld, das er ausgegeben hat, um mit Privatjets herumzufliegen. Das Geld, mit dem er all die Häuser gekauft hat.«

»Saif hat dem libyschen Volk nie auch nur einen Penny weggenommen. Und wenn, wusste ich es nicht«, sagte Mohammad al-Hawni.

»Aber sehen Sie nicht, dass genau da das Problem liegt? Sie können doch nicht erwarten, dass ich das glaube. Sie können nicht am Honigtopf lecken und so tun, als hätten Sie nicht gewusst, dass er gestohlen war. Erwarten Sie wirklich, dass ich glaube, Sie wussten nichts von der Libyan Investment Authority und wie Saif sie benutzt hat, um seinen Lebensstil zu finanzieren?«

»Nichts davon habe ich gewusst«, sagte er völlig unbefangen, klang dabei gleichzeitig ernüchtert und ernüchternd und verriet eine erstaunliche Fähigkeit zu Aufrichtigkeit wie Betrug. »Ich habe immer geglaubt, Saifs Geld stamme aus seinem Geschäft. Er hatte ein Fischereiunternehmen in Norwegen.«

»Ein Fischereiunternehmen in Norwegen«, sagte ich. »Natürlich.« Ich konnte meine Wut kaum zügeln. »Genau diese Betrügereien müssen aufgedeckt werden. Wenn Ihnen Libyen etwas bedeutet, dann müssen Sie erkennen, dass das noch schlimmer ist als die Verbrechen, die Morde und das Menschen-verschwinden-Lassen. Dieses, dieses … Sperrfeuer endloser Lügen. Es stinkt. Genug.« Um meine Fassung kämpfend, holte ich tief Luft. »Hören Sie, hören Sie«, sagte ich, obwohl er gar nichts mehr sagte, »es ist Ihre Sache, was Sie tun und schreiben. Was ich wissen will, ist nur eines. Sagen Sie mir jetzt, da die Geschichte fortschreitet, endlich, was mit meinem Vater geschehen ist?«

»Ich weiß nichts.«

Ein paar Wochen später, als das Gefängnis Abu Salim aufgebrochen und ein blinder Mann in Einzelhaft mit dem Foto meines Vaters gefunden wurde, rief Mohammad al-Hawni wieder an.

»Haben Sie gehört, dass sie in einer Zelle im Keller einen Blinden gefunden haben? Er hatte ein Foto Ihres Vaters. Denken Sie, vielleicht, ich meine, er könnte Ihr Vater sein, nein?«

Ich legte auf.

20. Jahre

Ich fand heraus, dass der Mann, der mich 2009 angerufen hatte, um mir zu sagen, dass er meinen Vater 2002 im Schlund
der Hölle gesehen habe, in Bengasi lebte. Ich kontaktierte ihn,
und wir verabredeten uns. Wir stellten als Erstes fest, wie sehr
es uns freute, dass wir, wie durch einen Zauber, in einem Café
in Libyen sitzen und uns in aller Öffentlichkeit unterhalten
konnten, ohne fürchten zu müssen, dass man uns abhörte.
Wir rauchten und redeten wie Landvermesser, die die Entfernung zwischen zwei fixen Punkten bestimmen: dem Zeitpunkt
2009, als wir miteinander telefoniert hatten, und der Gegenwart, dem März 2012, der so voller Hoffnung für die Zukunft
war. Und der Umstand, dass wir nicht nur körperlose Tele-
fonstimmen waren, sondern uns in Fleisch und Blut an einem
Tisch gegenübersaßen, er zu mir herüberlangen und mir die
Schulter drücken und ich seine herzliche Geste im Geist der
siegreichen Kameradschaft erwidern konnte, die so viele von
uns während jener hoffnungsvollen Tage empfanden, auch das
schien eine weitere Bestätigung der Vorteile der Gegenwart gegenüber der dunklen Vergangenheit. Die Gegenwart war kör-
perlich und wahr, die Vergangenheit, Gaddafis Libyen, ein
Alptraum, aus dem wir endlich erwacht waren.

Ich wollte mehr über sein Zusammentreffen mit Vater erfahren und genoss es doch auch gleichzeitig, nicht darüber sprechen zu müssen. Mit den Gedanken irgendwo zwischen diesen

beiden Polen, bot ich ihm an, ihm ein auf meinem Handy gespeichertes Foto meines Vaters zu zeigen.

»Ja, ja«, sagte er, nahm die Brille ab und lehnte sich vor. Er ging nahe an das Bild heran, und sein Ausdruck wurde starr und leer.

»Das ist Jaballa Matar?«, fragte er.

Es war eine Frage, da war ich mir sicher, doch im darauffolgenden Schweigen fragte ich mich, ob es nicht eher eine Feststellung gewesen war: »So, das ist also Jaballa Matar.« Der andere Gedanke war, dass mein Vater sich so drastisch verändert haben musste, dass dieser Zeuge nun erlebte, was ich immer gefürchtet hatte – das Entsetzen, meinen eigenen Vater nicht wiederzuerkennen –, allerdings andersherum, und dabei dachte: Mein Gott, hat sich der Mann verändert.

»Aber das ist nicht Jaballa Matar«, sagte er schließlich und lehnte sich zurück.

»Sie müssen bedenken, das Foto ist viele Jahre davor aufgenommen«, sagte ich.

»So sah er nicht aus«, wiederholte der Mann.

Ich gab ihm das Handy, damit er das Bild genauer ansehen konnte. Er nahm es in die Hand.

»Das Bild ist aus den Achtzigern«, erklärte ich. »Das war etwa zwanzig Jahre, bevor Sie ihn gesehen haben.«

»Nein«, sagte er, schüttelte den Kopf und gab mir mein Telefon zurück. »Das ist nicht der Mann, den ich gesehen habe.«

»Wie meinen Sie das?« Meine Worte kamen lauter als gewollt heraus.

Ich machte ihn nervös.

»Es muss ein Irrtum gewesen sein«, sagte er. »Sehen Sie … ich weiß nicht …«

Ich darf ihn nicht nervös machen, wenn ich erfahren will,

was er weiß, sagte ich mir. Um alles wahrheitsgemäß zu hören, muss ich dafür sorgen, dass er entspannt ist. Ich winkte dem Kellner und bat um eine kalte Flasche Wasser, zwei Gläser und noch zwei Espressi. Ich bot ihm eine Zigarette an. Wir warteten schweigend, bis das Bestellte kam. Die Pause verwandelte ihn.

»Wie auch immer«, sagte er mit einem leichten Anflug von Ungeduld in der Stimme, »es war ein anderer, der ihn erkannt hat. Ich hatte ihn ja noch nie gesehen. Es war ein anderer Gefangener, er zeigte auf einen alten Mann. ›Siehst du den Mann da?‹, sagte er. ›Das ist Jaballa Matar.‹ Und deshalb habe ich, als ich rauskam, nach Ihrer Nummer gefragt. Ich dachte, ich würde etwas Gutes tun.«

»Und dafür bin ich Ihnen dankbar«, sagte ich. »Für das Risiko, das Sie eingegangen sind.«

Statt jetzt auseinanderzugehen, versuchte ich das Thema zu wechseln und ihn in eine lockere Unterhaltung zu verwickeln, was ich selbst unter den besten Voraussetzungen nicht gut kann. Aber mein Wunsch, ihn zu beruhigen, war überwältigend. Ich schämte mich. Nicht zu wissen, wo dein Vater ist, nicht aufhören zu können, nach ihm zu suchen, und gleichzeitig damit aufhören zu wollen, all das ist beschämend. Ich schwatzte drauflos, obwohl die Muskeln in meinem Hals alle paar Sekunden zuckten und ich schlucken musste, als versuchte ein Bissen, den ich gerade gegessen hatte, den Weg zurück die Speiseröhre hinaufzunehmen. Endlich standen wir auf und verabschiedeten uns.

»Ich bin sicher, Sie werden ihn finden«, sagte er mit einem eigenartigen Optimismus. »Nichts bleibt für immer verborgen.«

Was für ein Unsinn, wollte ich sagen. Was für ein absolut verdammter Unsinn. Ich nickte. »Natürlich.«

Als er gegangen war, blieb ich noch ein paar Minuten im Café sitzen. Schließlich wanderte ich hinaus auf die Straße. Es war Abend geworden, und es fühlte sich gut an, dass es Abend war. Der Mann war der Einzige gewesen, der meinen Vater nach dem Massaker 1996 in Abu Salim gesehen hatte. Alles, was darauf aufbaute, der Bericht von Human Rights Watch, unsere Kampagne, die Verhandlungen mit Saif al-Islam, all das schien mit einem Mal leer und sinnlos, ein grausamer Witz. Eine Welle der Erschöpfung erfasste mich, und ich wünschte, weinen zu können. Ich spürte das alte, finstere Eingeständnis, dass Vater bei dem Massaker getötet worden war, und hieß das Gefühl willkommen, nicht nur weil es vertraut war, nicht nur weil Gewissheit besser als Hoffnung ist, sondern auch weil mir der Gedanke, dass er nicht allein sterben musste, schon immer lieber gewesen ist. Bestimmt war er den anderen eine Stütze gewesen. Sein Instinkt, die Menschen um sich herum zu trösten und ihnen Kraft zu geben, hatte ihn beschäftigt gehalten. Wenn ich mich genug anstrenge, kann ich ihn hören: »Jungs, steht aufrecht. Leiden bringt Linderung. Leiden bringt Linderung.« Dass er allein gestorben sein könnte – diese Vorstellung entsetzt mich.

Ich wollte nicht am Wasser entlanggehen, wollte nicht spazieren gehen. Ich wollte die Geschäftigkeit der Stadt, wollte Lärm und Bewegung und fand mich beim Gericht wieder, wo am 15. Februar 2011 Anwälte und Richter zusammengekommen waren. Es war ein Schrein für die Gefallenen geworden. Die Korridore, in denen Marwan, Nafa und ich als Kinder gespielt und auf ihren Vater gewartet hatten, Sidi Ahmed, den Richter des Obersten Gerichts von Bengasi, der bald seinen Arbeitstag beenden würde, die Wände dieser Korridore hingen voll mit gephotoshopten Plakaten junger Männer, die in der Revolution ihr Leben verloren hatten. Die meisten Plakate zeigten mehrere Bilder aus verschiedenen Lebensphasen der Getöteten, als Kleinkinder, Schuljungen, in Uniform, an der Universität, im Krieg – tot. Die Bildsequenzen waren mit den Namen der Männer und dem Wort »Märtyrer« versehen. Das war neu. In Libyen war es bisher immer der Brauch gewesen, erst ein Jahr nach dem Begräbnis Fotos der Toten zu zeigen. Man war der Meinung, die Fotos würden die Erinnerung der Trauernden stören oder den Schmerz noch vertiefen. Doch nun sah man überall Bilder der vor kurzem verstorbenen jungen Kämpfer. Manche Familien mieteten sogar eine Reklamewand. Es war, als hätte die Gewalt eine lang vergessene alte Tradition wiederbelebt. Heiligenbildern gleich hingen die Porträts der jungen Männer dort, wo früher die verschiedenen strengen und lächelnden Gesichter Gaddafis zu sehen gewesen waren. Statt des Diktators hatten wir nun Märtyrer.

In einem großen Raum am Ende eines der langen Korridore herrschte eine besondere Atmosphäre, die Art Schweigen, die eigentlich nur in der Anwesenheit anderer möglich ist. Aber der Raum war leer. An seinen vier Wänden hingen keine graphisch gestalteten Plakate, sondern lauter vor Jahren aufgenommene passfotoartige Bilder, die auf Postkartengröße gebracht worden waren. Den Frisuren nach zu urteilen, stammten die Fotos aus den 60er, 70er und 80er Jahren. In der Mitte des Raumes stand ein maßstabgerechtes Modell des Gefängnisses Abu Salim – der Raum war ein Denkmal für die 1270 Opfer des Massakers, das vor all den Jahren die Kettenreaktion auslöste, an deren Ende der Sturz Gaddafis stand. Ich wollte gleich wieder gehen, doch schon beim Eintreten hatte ich mich von etwas ergriffen gefühlt. Obwohl ich allein war, tat ich interessiert wie ein unvoreingenommener Betrachter. Ich versuchte, mir die Gesichter der Männer anzusehen, aber meine Augen vermochten sich nicht auf sie zu konzentrieren. Vielleicht, dachte ich, finde ich hier meinen Vater. Vielleicht weiß jemand mehr als ich und hat sein Bild hierhergehängt. Vielleicht finde ich ihn, kann nachfragen und ein Stück Papier bekommen, ein Dokument, auf dem steht, dass Jaballa Matar einer der 1270 war, die am 29. Juni 1996 umgebracht wurden, als ich fünfundzwanzig war, an dem Morgen, an dem ich, ich weiß nicht mehr, warum, nicht aus dem Bett kam, voller Selbstmitleid und Bedauern darüber, dass ich abends zuvor einem Freund meine Geldsorgen gestanden hatte, dann die etwa fünfzehn Minuten zur National Gallery ging, um aus ebenfalls unbekanntem Grund die Göttin der Liebe von Velázquez, die *Venus vor dem Spiegel*, hinter mir zu lassen, ein Bild, das solch ein sexuelles Verlangen in mir ausgelöst hatte, und mich Manets unvollendeter *Erschießung Kaiser Maximilians* zuzuwenden, und das etwa zu der Stunde, als die Erschießungskommandos und Gefängniswärter in Tripolis ein Massengrab aushoben und die Körper, die zu den Porträts an den Wänden gehörten, hineinrollten, einen über den anderen, bis die Grube gefüllt war. Tränen, die Tränen, die ich fast nie weine und die sich seit so langer Zeit schon aufgestaut hatten, dass sie nicht länger in meinen Augen, sondern tief im Leib ausharrten, drohten aufzusteigen. Ich vermochte kaum mehr zu atmen. Die Gesichter starrten mich an. Ich ließ den Blick über die Reihen wandern und suchte nach meinem Vater. Erst jetzt bemerkte ich eine Frau an einem Tisch in der Ecke, die schon die ganze Zeit da gesessen haben musste. Sie sah mich an. Ich kannte den Blick. Ich kannte ihn von den Helfern bei der Kampagne. Mitfühlend, tröstend, beharrlich. Ich kannte ihn von Freiwilligen in London, Paris, Den Haag, Stockholm, die noch mehr Briefe schrieben als ich, jede Woche einen an die libysche Regierung schickten, seit zehn, fünfzehn, zwanzig

Jahren, und nach dem Verbleib meines Vaters fragten. Sie unterzeichneten Petitionen und übten Druck auf ihre örtlichen Politiker aus. Ich erkannte in dieser Frau das gleiche ungewollte Mitgefühl, den gleichen trainierten Willen, und in mir erkannte ich die gleiche Solidarität, das Gefühl von Brüderschaft und Unbehagen, das ich solchen Menschen gegenüber empfinde. Ich bekomme immer noch Post. Der holländische Verband von Amnesty International hat seinen Mitgliedern meine Adresse gegeben, und auch wenn sie nicht ganz stimmte, weiß der Postbote doch, wo er die Sendungen hinzubringen hat. Alle enthalten exakt die gleiche Nachricht: »Hisham, wir unterstützen deine Bemühungen, die Wahrheit herauszufinden und Gerechtigkeit für deinen Vater zu erlangen. Wir hoffen, du hast Erfolg«, handgeschrieben von Kindern und Erwachsenen auf Postkarten mit Landschaftsbildern, einem selbst ausgedruckten Narzissenbild, einer mit Glitzer besprenkelten Kinderzeichnung mehrerer Herzen (und der Glitzer bleibt dir an den Fingern kleben und ist nur schwer wieder abzuwaschen), dem Aquarell einer Alpenszene oder einer ernsten weißen Seite mit der sorgfältigen, zittrigen Schrift einer älteren Person. Arme Menschen, arme Leute, die ihre Nachmittage mit dem Schreiben solcher Postkarten verbringen. Ich weiß nie, was ich damit machen soll. Ich lege sie in eine Schublade, werfe sie irgendwann weg und fühle mich schuldig. Die Frau in dem Raum erregte das gleiche aufgerührte Gefühl in mir.

»Kennen Sie jemanden?«, fragte sie in dem leicht mitleidigen Ton.

»Meinen Vater«, sagte ich. »Aber er ist nicht dabei.«

»Das hier«, sagte sie und blickte zu den Fotos, »sind nur einige der Opfer. Das Ziel ist, alle zu haben«, und als ich darauf nichts sagte, fügte sie hinzu: »Eines Tages.«

»Ja«, sagte ich.

»Wie ist der Name Ihres Vaters?«, sagte sie.

»Jaballa Matar«, sagte ich.

»Jaballa Matar«, wiederholte sie und sah auf die ordentlich vor ihr auf dem Tisch liegenden Blätter. »Das klingt vertraut. Jaballa ... Matar ...« Sie fuhr mit dem Finger über die Liste.

Es ist möglich, sagte ich mir. Es ist möglich.

»Er steht nicht mit auf der Liste«, sagte sie. »Das sind die bestätigten Opfer, wissen Sie. Es gibt natürlich noch viele andere, die aber nicht bestätigt sind. Ich weiß das, weil mein Neffe bei dem Massaker umgekommen ist.«

»Das tut mir leid«, sagte ich. Ich hatte sie offenbar völlig falsch eingeschätzt. »Es tut mir wirklich leid.«

»Ebenso«, sagte sie.

Die Tränen drängten wieder hoch. Schweigen, tief atmen, das hilft. Aber nichts ist wirksamer als der Verdacht, weinen zu wollen. Verdacht verschafft mir immer einen klaren Kopf.

»Haben Sie Neues herausgefunden?«, fragte sie.

»Nein.«

»Sind Sie sicher, dass er bei dem Massaker umgekommen ist?«

»Nein.«

»Ich hoffe, Sie finden es eines Tages heraus.«

Niemand in Libyen hatte mir das je gesagt. Niemand hatte gesagt, er hoffe, ich werde es herausfinden, nur dass ich es herausfinden würde. Und etwas daran durchbrach meine Deckung. Die Tränen waren da. Ich holte noch einmal tief Luft, aber es war zu spät. Ich wandte mich ab und tat so, als betrachtete ich die Fotos, verschränkte die Hände hinter dem Rücken und wanderte an der Galerie der Gesichter entlang, als wäre ich einer der Menschen, wie man sie in Kunstsammlungen sieht, die sich seitwärts von einem Bild zum nächsten bewegen, kaum eine Pause machen und so bis zu fünfzig in der Stunde schaffen, als ginge es darum, sie angesehen zu haben, und nicht, sie anzusehen. Ich spürte, wie sich mein Herz zusammenzog und ganz klein wurde. Schmerz lässt das Herz schrumpfen. Das ist, glaube ich, Teil der Absicht. Du lässt einen Mann verschwinden, um ihn zum Verstummen zu bringen, aber auch, um das Denken der Hinterbliebenen zu verengen, ihre Seele zu verderben und ihre Phantasie einzuschränken. Indem Gaddafi meinen Vater entführte, steckte er mich in einen Raum, der kaum größer als die Zelle meines Vaters war. Ich lief auf und ab, wütend in der einen, voller Hass in der anderen Richtung, bis ich spürte, wie sich mein Inneres zusammenzog und hart wurde. Und weil ich jung war und Hass und Wut die Gefühle eines jungen Mannes sind, betrog ich mich selbst und dachte, das sei gut, es entspreche meiner Entwicklung und sei ein Zeichen von Lebenskraft und Stärke. So verbrachte ich den Großteil meiner Zwanziger, bis ich mich im Herbst 2002, zwölf Jahre nach dem Verschwinden meines Vaters, auf dem Pont d'Arcole in Paris wiederfand und in den grün dahinziehenden Strom hinuntersah. Mit dem Roman, den ich schrieb, ging es nicht gut voran, und ich fühlte mich von dem Wunsch überwältigt, davongeschwemmt zu werden. Ich wollte in die Tiefen hinab und für immer verloren sein, weggeholt. Bis ich die Glocke schlagen hörte: *Arbeite und überlebe.* Am folgenden Tag ging es mit dem Roman etwas besser voran. Danach stürzte ich mich tief in die Arbeit, und ehe ich mich versah, war ich zurück im Buch und mein Denken strukturiert, nicht nur die Zeit.

Die ersten Anzeichen dafür, dass etwas Schreckliches hinter den Mauern von Abu Salim geschehen war, kamen erst einige Jahre nach dem Massaker zum Vorschein. Einzelne Informationen begannen aufzutauchen, alle unvollständig, als achtete jemand sorgfältig darauf, nicht das ganze Bild auf einmal entstehen zu lassen. Ich hörte die Geschichten und registrierte sie womöglich so, wie wir alle in unserem komplizierten Leben Dinge aufnehmen, nämlich erst, wenn sie endlose Male wiederholt worden sind, und selbst dann verstehen wir sie nicht ganz. So viel Information geht verloren, dass jeder kleine Verlust unerklärliche Trauer provoziert. Die Macht muss das wissen. Die Macht muss wissen, wie müde die menschliche Natur ist, und wie wenig bereit wir sind, zuzuhören, wie willig, Lügen zu akzeptieren. Die Macht muss wissen, dass wir im Grunde lieber nicht Bescheid wüssten. Die Macht muss glauben, dass die Welt so, wie die Dinge laufen, besser für die Täter taugt als für die, die nach der Tat kommen und Gerechtigkeit wollen oder die Wahrheit oder dass die Täter zur Verantwortung gezogen werden. Die Macht muss solche Versuche für erbärmlich halten, und doch können die Hinterbliebenen, der Zeuge, der Nachforschende und der Chronist nur versuchen, das teuflische Durcheinander zu verstehen. Jeder ist durch seine eigenen Bedürfnisse, Vorstellungen und Obsessionen motiviert, eilt in diese oder jene Richtung, wie nach Krümeln suchende Ameisen nach einem Picknick, und inzwischen geht die Zeit weiter, verdoppelt wieder und wieder den Abstand, trägt uns fort vom eigentlichen Ereignis und macht es mit jedem neuen Tag weniger wahrscheinlich herauszufinden, was wirklich geschehen ist oder ob überhaupt etwas geschehen ist. Und doch wird es mit jedem neuen Jahr, das das vorhergehende nachäfft wie ein Schritt den anderen, auch schwieriger, alldem zu entfliehen und aufzugeben, was bislang investiert wurde, und schon gar nicht die Person, die von der Ungerechtigkeit geschluckt wurde. Am Ende wird der ursprüngliche Verlust, der Beginn, der Punkt, von dem an sich das Leben unwiderruflich verändert hat, beinahe zu einer lebenden Präsenz mit eigener Kraft und einem eigenen Temperament. Wie beim Verlangen liegt ihre Lebendigkeit in dem, was sie nicht preisgibt, bis Hingabe und Ablehnung so unentwirrbar miteinander verbunden sind, dass es schwierig wird, das eine vom anderen zu trennen.

Es war im Jahr 2001, dass wir Geschichten von in Zivil gekleideten, überall im Land unangekündigt an die Türen klopfenden Beamten hörten. Sie fragten nach dem Familienbuch, einer Urkunde, die alle Mitglieder der Familie aufführte, mit den Geburtsdaten und, im Falle der schon Verstorbenen, auch mit Todesdatum und Todesursache. Ein paar Tage später wurde das Buch zurückgebracht. Es schien eine Routineüberprüfung, und wer fragte, bekam die Antwort: »Ja, es ist alles in bester Ordnung.« Gemeinsam war den besuchten Familien, dass sie einen Vater, Ehemann oder Sohn in Abu Salim hatten.

Die meisten Familien bemerkten die Änderung erst Tage später. Ich hörte von einem Fall, in dem eine Familie erst nach Monaten, als sie ein Neugeborenes eintragen lassen wollte, entdeckte, dass laut Familienbuch der eingesperrte Großvater seit Jahren tot war. Eine der Geschichten erzählte von einer Frau, die nach der Rückgabe in das Familienbuch sah und keine Veränderung fand. Sie überprüfte alles sorgfältig und war erleichtert, dass alles war, wie es sein sollte. Erst etwa eine Woche später, aus Gründen, die sie nicht benennen konnte, wachte sie mitten in der Nacht auf und lief zu der Schublade, in der sie das Familienbuch aufbewahrte, und jetzt konnte sie sehen, was ihre Augen beim ersten Mal nicht hatten wahrnehmen wollen, eine Zeile in dicker blauer Tinte beim Namen ihres Sohnes: »1996 eines natürlichen Todes gestorben.« Man hörte sie schreien. Ihre Familie versuchte sie zurückzuhalten, doch es gelang ihr, auf die Straße hinauszulaufen, und von all den Worten, die sie an diesem Tag geschrien haben muss, ist das einzige, das die verschiedenen Nacherzählungen der Geschichte überlebte, das Wort »Jahre«. Wieder und wieder schrie sie es heraus. Sie mag die Jahre gemeint haben, die sie nun ohne ihren Sohn würde ertragen müssen, oder die vergangenen, besonders die seit 1996, in denen sie immer wieder die lange Reise von ihrem Wohnort Bengasi nach Tripolis unternahm und darauf hoffte, dass die Gefängniswärter sie ihren Sohn würden besuchen lassen. In den Jahren vor 1996 waren ihr Besuche erlaubt worden, und sie hatte ihrem Sohn Kleider, Vitamine, Essen, Zahnpasta und Aftershave mitbringen dürfen. Seit dem Juni 1996 jedoch waren ihre Besuche umsonst gewesen. Den Wärtern schien es wirklich leidzutun. Sie sagten, jeder direkte Kontakt sei bis auf weiteres untersagt, versprachen ihr aber, ihrem Sohn ihre Geschenke zu geben, und vergaßen auch nie, ihr zu sagen, sie solle es im nächsten Monat wieder versuchen. Fünf Jahre lang kochte sie jeden Monat Essen, kaufte Geschenke für ihren toten Sohn, schrieb Briefe und grübelte darüber nach, was sie ihm sagen und was sie weglassen sollte. Die Wärter nahmen alles an sich, warfen die Briefe weg, aßen das Essen und verkauften die Mitbringsel an die Gefangenen oder behielten sie selbst, schenkten sie ihren Freunden oder den eigenen Kindern. Vielleicht bekam ein Sohn zu seinem Geburtstag einen neuen Pyjama oder ein Aftershave. Das waren wohl die »Jahre«, die sie meinte.

Bald danach, von 2001 an, begannen Mütter und Frauen vor dem Gefängnis Abu Salim zu campieren. Sie hielten gerahmte Fotografien ihrer Söhne und Ehemänner in die Höhe, doch ihre Trauer wurde nie anerkannt. Es wurden immer mehr, bis ein junger Menschenrechtsanwalt beschloss, den Wünschen des Regimes zu trotzen und sich der Familien anzunehmen. Als er 2011 eingesperrt wurde, marschierten sie gesammelt zum Gericht in Bengasi, um gegen seine Verhaftung zu demonstrieren.

Den Rest des Abends ging ich mit Diana durch die Stadt. Ich sehe ihr gern beim Fotografieren zu. Die Ruhe der konzentrierten Anstrengung. Allein die Aufmerksamkeit, die sie dabei auf sich zieht, mag ich nicht. Obwohl die Leute hier in Bengasi locker waren. Auch das sollte sich ändern. Journalisten, libysche wie ausländische, wurden Hauptziele für Entführungen und Attentate. In der Folge wurde über die Geschehnisse im Land kaum berichtet, und man konnte nur hoffen, über die sozialen Medien zu erfahren, was vorging.

Diana ging auf einen Platz bei der Omar-al-Mukhtar-Straße. In seiner Mitte gab es eine große viereckige Fläche aus Steinplatten mit Bänken und ein paar Palmen, und rings um ihn herum standen niedrige Wohnblocks. Etwas an dem Platz gefiel ihr. Diana ist niemand, der hübsche Sonnenuntergänge fotografiert, sie ist hinter etwas anderem her. Sie stellte ihr Stativ in der Mitte auf und richtete die große Kastenkamera auf eine der Ecken des Platzes. Sie fotografiert oft bei Nacht und benutzt niemals Blitze oder Strahler. Sie maß den Luxwert, um zu entscheiden, wie lange der Verschluss geöffnet bleiben musste, drückte den Auslöser und hielt den Finger volle zwei Minuten darauf. Um sicherzugehen, machte sie noch zwei weitere Aufnahmen, mit einer Belichtungszeit von anderthalb und von drei Minuten. Währenddessen saß ich auf einer der Bänke. Die leisen Geräusche der Familien in den Wohnungen ringsum, von Geschirr und Besteck, Fernsehern und Unterhaltungen, trieben aus den Fenstern auf den Platz hinaus. Um eine der Bänke hatte sich eine Gruppe junger Männer versammelt. Sie rauchten, und ich roch die Süße von Haschisch. Plötzlich kamen zwei Jungs auf den Platz gerannt – sie konnten nicht älter als zehn Jahre sein – und stellten sich einander gegenüber. Andere Jungen im gleichen Alter umkreisten sie. Es gab alle libyschen Hautfarben, Schwarz, Braun und Weiß. Ein paar der jungen Raucher schlenderten hinüber und trennten die beiden Widersacher, bevor der Kampf überhaupt beginnen konnte. Das Ganze hatte etwas seltsam Vorhersehbares, als wäre es Teil einer eingeübten Vorstellung. Die Jungs liefen in verschiedene Richtungen davon.

Als Diana fertig war, half ich ihr beim Zusammenpacken, und wir verließen den Platz. Es fiel uns nicht auf, dass uns jemand folgte. Wir waren bereits wieder auf der Omar-al-Mukhtar-Straße, als ein Junge hinter uns herrief.

»*Ustad, Ustad.*« Er wirkte schüchtern. »Sind Sie Journalisten?«, fragte er. Er war einer der beiden, die sich beinahe geprügelt hätten. Er hatte ein unvergessliches Gesicht, sanft und intelligent. Neben ihm stand ein anderer Junge, der aussah, als wollte er ihn unterstützen.

»Nein«, sagte ich. »Keine Journalisten. Meine Frau ist Künstlerin, und ich bin Schriftsteller.«

»Gehören Sie zu denen, die hier waren, um nach den Familien der Verschwundenen zu fragen?«

»Nein, warum? Kennst du einen von den Verschwundenen?«

»Meinen Bruder.«

»Wie alt ist er?«

»Fünfundzwanzig. Er wurde bei der Demonstration vom 25. März 2011 verhaftet.«

»Das tut mir leid«, sagte ich. »Ich hoffe, ihr findet ihn bald.«

»Danke.«

»Es ist schrecklich, oder?«

Er nickte.

»Man weiß nicht, was man machen soll.«

Er sah weg, und ich dachte, ich muss etwas Positives sagen.

»Habe Vertrauen, und sorge dafür, dass du in der Schule nichts verpasst.«

Er nickte wieder.

»Mein Vater ist auch verschwunden«, sagte ich.

»Möge Gott ihn sicher zurückbringen«, sagte der Junge und fragte nach einer Pause: »Wann ist es passiert?«

»Vor vielen Jahren. Am 12. März 1990.«

Er sah mich an und wieder weg.

Ich übersetzte für Diana und sagte dem Jungen, was sie geantwortet hatte: »Meine Frau sagt, sie hofft, du findest deinen Bruder sehr bald.«

»Woher kommt sie?«, fragte der Freund, der noch kleiner war.

Der erste Junge sah ihn an, als wollte er sagen: Sei nicht unhöflich.

»Aus Amerika«, sagte ich.

»Aus Amerika?«, fragte der Freund.

Ich fragte ihn, ob er auch jemanden kenne, der verschwunden sei.

»Nein«, sagte er und stieß seine kleine Faust unter dem Stoff seines T-Shirts vor.

»Das freut mich«, sagte ich und dann, als keiner mehr etwas sagte: »Okay, bis dann.«

»Wo wohnen Sie?«, fragte der Junge.

Ich nannte ihm den Namen des Hotels.

Er überlegte und sagte: »Das am Wasser?«

»Genau.«

»In Ordnung. Gute Nacht«, sagte er.

Wir gingen davon. Als ich mich umsah, standen sie immer noch an der gleichen Stelle. Ich winkte, aber sie winkten nicht zurück. Auf dem Weg zum Hotel dachten Diana und ich mehrfach daran, umzukehren und eine Ausrede zu erfinden, um mehr Zeit mit ihnen zu verbringen. Das Gefühl hielt bis in den nächsten Tag hinein an. Wir gingen zurück zu dem Platz und blieben etwa eine Stunde lang dort, aber die Jungen tauchten nicht wieder auf.

21. Die Knochen

In jenen Tagen in Bengasi entdeckte ich bei mir immer wieder eine merkwürdige Bindung an Adschdabiya, die ich als Kind nie empfunden hatte. Sie ist über die Jahre gewachsen und hat mir die Sehnsucht nach Tripolis genommen, der Stadt meiner Kindheit, nach Bengasi, wo mein Bruder und ich mit Cousins und Cousinen die Sommer verbrachten, und auf Adschdabiya übertragen, diesen strengen, ernsten Ort, den ich als Junge nie wirklich mochte. Hätte mein Vater noch gelebt, wäre er jetzt dreiundsiebzig gewesen. Wenn ich davon träumte, wieder mit ihm vereint zu sein, hatte ich mir nie vorgestellt, ihn in Kairo wiederzusehen, der Stadt, aus der er entführt worden war, oder London, wo ich lebte und manchmal überlegte, ob er nach seiner Freilassung nicht auch herkommen würde, nachdem Ägypten ihn so verraten hatte, nein, es war immer in Adschdabiya gewesen. In meiner Vorstellung brachte ich ihn zurück ins Haus seines Vaters, und es geschah nicht im Geheimen, nicht in den Nachtstunden, während deren er seine gefährlichen Besuche gemacht und sich über die ägyptisch-libysche Grenze gestohlen hatte, um Großvater Hamed zu besuchen, sondern im hellen Tageslicht.

Ich kehrte nach Adschdabiya zurück, diesmal allein.

Bei unserem ersten Besuch war Onkel Hmad Khanfore nicht da gewesen. Jahrelang hatte ich für seine Freilassung gekämpft, ihn aber noch nie gesehen. Er liebte das Theater, hatte Mutter mir erzählt, und wenn er meine Eltern früher in Kairo besucht hatte, war sie mit ihm jede Woche wenigstens in drei Stücke gegangen. Es gibt ein Foto von ihm mit Mutter und Cousin Ali, wie sie in einer der reich geschmückten Pferdekutschen am Nil sitzen. Selbst der Fahrer lächelt in die Kamera und hält seine Peitsche senkrecht neben sich in die Höhe. Ein paar Monate nach dieser Aufnahme wurden Onkel Hmad und Ali verhaftet. Während ihrer einundzwanzigjährigen Haft hatte ich das Foto immer wieder betrachtet. Onkel Hmad hatte Bühnenautor werden wollen, Cousin Ali gerade sein Wirtschaftsstudium in Düsseldorf beendet und so, wie er sich anzog und hielt, eine eigentümlich deutsche Förmlichkeit angenommen. Das nächste Foto von ihnen stammte von ihrer Freilassung und wurde mir bereits tags darauf zugemailt. Auf ihm stehen Onkel Mahmoud, Hmad und die Cousins Ali und Saleh vor dem Gefängnistor. Sie tragen saubere, gebügelte Kleider und sind zwanzig Jahre älter. Nicht nur ihr Haar, sondern auch ihre Haut wirkt ausgeblichen. Sie sehen in die Kamera und versuchen ungezwungen zu lächeln. Was erwartest du?, sagte ich mir. Freude? Wie soll man sich da freuen? Wenn du nach einer so langen Einkerkerung entlassen wirst, nimmt das volle Ausmaß der Ungerechtigkeit Form an. Erst jetzt kannst du wirklich ermessen, wie viel Zeit vergangen ist, wie sehr die Welt sich verändert hat und wie viel verloren ist. Aber ich begriff, dass es nicht allein das war. Irgendetwas stimmte nicht.

Direkt vor meinem Flug nach Bengasi hatte ich Cousin Ali in Kairo getroffen. Er war zu einem kurzen Besuch in der Stadt. Ich erklärte ihm den Weg und wartete an der Straßenecke. Ich freute mich unglaublich darüber, ihn endlich kennenzulernen. Als er angefahren kam, sah ich, dass es ihm wie mir ging und er auch nicht aufhören konnte zu lächeln. Er parkte, und wir umarmten uns. Das ist der Körper, der zwei Jahrzehnte weggeschlossen war. Das ist der Körper, der zu dem Namen gehört, den ich in meinen Briefen an Regierungen und NGOs immer wieder geschrieben habe. Wir setzten uns nebeneinander aufs Sofa und unterhielten uns, bis es Mittagessen gab. Er erzählte vom Leben im Gefängnis, und was mir vor allem im Gedächtnis blieb, war seine Beschreibung der Lautsprecher. Vater hatte sie in einem seiner Briefe aus dem Gefängnis erwähnt, doch es war weit schlimmer, als ich es mir vorgestellt hatte. Die Lautsprecher waren nicht draußen auf den Gängen, sondern in jeder Zelle, hoch oben an der Decke, wo man nicht an sie herankam und sie nicht ausstellen konnte. Sie übertrugen Reden von Gaddafi, unterbrochen nur von Propagandaliedern und Parolen zu den Tugenden des Regimes. Die Übertragung ging jeden Tag von sechs Uhr morgens bis Mitternacht, mit voller Lautstärke.

»So laut«, sagte Ali, »dass es manchmal schwer war, die Worte zu verstehen. Du konntest spüren, wie deine Muskeln vibrierten. Ich habe mich hingelegt und zugesehen, wie die leeren kleinen Plastikflaschen auf dem Betonboden zitterten.« Und vielleicht, um mich zu trösten, fügte er noch hinzu: »Am Ende gewöhnst du dich daran.« Dann plötzlich sagte er: »Ich möchte dir danken.«

»Wofür?«, fragte ich.

»Für alles, was du getan hast.«

Der Ton, in dem er das sagte, war kompliziert. Er war ehrlich und zurückhaltend, dankbar und bedauernd. Er passte zu dem Foto vom Tag ihrer Freilassung.

Später am Nachmittag gab Ali noch etwas preis. Nachdem Saifs Helfer ihm und den anderen eröffnet hatten, dass sie endlich nach Hause durften, nachdem sie ihnen gesagt hatten: »Heute Nacht schlaft ihr in euren eigenen Betten«, nachdem sie ihnen saubere Kleider, Rasierer und Rasiercreme gegeben und genug Zeit gelassen hatten, sich von ihren Mitgefangenen zu verabschieden, nachdem sie über den Hof in ein Büro mit großen Sofas und Sesseln gebracht und mit Tee, Kaffee und Zigaretten versorgt worden waren, und das alles mit aufgeräumter Freundlichkeit und Ruhe, wurde ihnen gesagt, dass ihre Freilassung von einem letzten Detail abhänge: Sie sollten eine förmliche Entschuldigung unterschreiben, dass sie sich »je gegen den Großen Führer gestellt« hatten. Saif selbst hatte die Entschuldigung vorbereitet, jemand hatte sie ausgedruckt, und da lag sie, mit einer gepunkteten Linie neben jedem einzelnen Namen. Alle mussten unterschreiben, sonst kam keiner frei.

»Ich wollte nicht«, sagte Ali. »Aber Mahmoud war am Ende seiner Kräfte. Er war krank und geschwächt, und ich habe mir Sorgen um ihn gemacht.«

Nach einundzwanzig Jahren grausamer, ungerechter Einkerkerung eine Entschuldigung unterschreiben zu müssen kann einen Mann zerbrechen. Hätte ich nichts unternommen, wären sie auch herausgekommen – als die Revolutionäre Abu Salim einnahmen und die Türen aufbrachen. Aber ich handelte nach den aktuellen Umständen. Saif hatte nie etwas von einer Entschuldigung gesagt, und selbst wenn, wäre es nicht meine Sache gewesen, meinen Onkeln und Cousins die Entscheidung abzunehmen. Trotzdem verdarb diese neue Information alles, und wann immer mir von nun an einer für die Rolle, die ich bei der Freilassung meiner Verwandten gespielt hatte, dankte oder mich zu meinem Erfolg beglückwünschte, wechselte ich schnell das Thema.

Onkel Hmad schien merkwürdig jung und alt zugleich, als wäre sein jüngeres Ich mit seiner Liebe zum Theater und seinen zahllosen Zukunftsplänen durch die Gefangenschaft unterdrückt und konserviert worden. Das ist nicht ungewöhnlich, nehme ich an, unser jüngeres Selbst bleibt immer Teil von uns. Aber in einem aktiven Leben frei von dramatischen Brüchen, in dem das Fortschreiten der Dinge nicht durch Katastrophen aufgehalten und die Gedanken fortwährend von neuen Eindrücken, Entdeckungen und Einflüssen geprägt werden, folgt unsere Reife einer scheinbar bruchlos ansteigenden Linie. Bei Onkel Hmad schienen der junge Mann, der er bei seiner Verhaftung gewesen war, und der weit ältere, zu dem er geworden war, nebeneinander zu existieren, dazu verurteilt, nie zusammenzufinden und doch wie zwei dissonante Töne gemeinsam widerzuhallen.

Sein Englisch war gut, und er war darauf bedacht, es mit mir zu üben. Ein Teil seines Bewusstseins war fortwährend mit den Menschen um ihn herum beschäftigt. Seine außergewöhnliche Aufmerksamkeit, stellte ich mir vor, musste ihn in Gesellschaft fürchterlich erschöpfen. Ich begegne den Menschen um mich herum auch nicht annähernd so aufmerksam, und doch finde ich es in Gesellschaft anderer unmöglich, »ich selbst« zu sein, da ich mit meinen Gedanken ständig bei meinem Gegenüber bin. Wenn ich die Leute mag, neigen sich meine Überzeugungen in ihre Richtung, wenn nicht, bin ich absichtlich stur. Im einen wie im anderen Fall ermüdet mich das Zusammensein, ich werde vage und bedaure, mein Alleinsein aufgegeben zu haben. Da ich mich aber dennoch nach Gesellschaft sehne, ist das Ganze eine endlose Kreisbewegung. Vielleicht, dachte ich, litt Onkel Hmad unter der gleichen Last, was ihn mir sofort sympathisch machte. Ich wollte ihm zuhören, und er wollte mir seine Erinnerungen mitteilen. Vielleicht argwöhnten wir beide, dass unsere gemeinsame Zeit begrenzt sein, die Welt sich ändern würde und die Gelegenheit, regelmäßig nach Libyen zu reisen oder gar einen Teil des Jahres dort zu leben, sich mir nicht mehr lange bieten würde.

»Eigentlich«, sagte Onkel Hmad auf Englisch, »war Onkel Jaballa mein Schwager, aber ich sah immer einen Vater in ihm, und das nicht nur wegen des Altersunterschieds. Er war ein Vorbild«, fügte er hinzu und sah mich mit dem Ausdruck in den Augen an, den ich auch von anderen Männern kannte, die meinen Vater liebten. Fortan nannte ich ihn nicht mehr »Onkel«, sondern einfach nur Hmad.

Diese Treffen mit meinen Verwandten, die Jahrzehnte im Gefängnis verbracht hatten und deren Namen ich während der Jahre meines Eintretens für sie immer wieder ausgesprochen und aufgeschrieben hatte, fanden in kabbeligem Gewässer statt. Sie wollten mir erzählen, wie das Leben während der langen Zeit im Gefängnis gewesen war, und ich wollte ihnen klarmachen, wie oft ich an sie gedacht hatte. Es war ein Austausch von Versprechungen und Zuneigung, auf ihrer Seite durch die Erregung derer gefärbt, die ein Unheil überlebt haben, auf meiner durch das Schuldgefühl, frei gewesen zu sein – ein Schuldgefühl, aber auch sture Schamlosigkeit: Ja, ich hatte ein freies Leben geführt. Mit anderen Worten provozierte unser Zusammensein wahre Kreuzseen eigener und fremder, potenziell nur vorgestellter Urteile. Sie wollten mir sagen, dass sie in ihrer Treue zu Vater nicht geschwankt hatten, und ich wollte, dass sie wussten, ich hatte sie nicht vernachlässigt, sondern getan, was ich konnte. Sie wollten ihren Gefühlen für meinen Vater Ausdruck geben, was mir das Gefühl gab, dass sie einräumten, was sie sich weigerten anzuerkennen: dass er tot war. Sie hatten mir mehr zu erzählen als ich ihnen. Und sie wollten mich in die Finsternis holen, ihr Leiden darlegen und dadurch, diskret und indirekt, die so bittere wie bedeutsame Leistung hervorheben, das alles überlebt zu haben. Gibt es eine größere Leistung, als ein solches Leiden zu überleben? Und das mehr oder weniger heil? Ich spürte, dass sie das Erzählen genossen und wie sich der grausame Schrecken ihrer Zeit im Gefängnis, die ein Drittel bis eine Hälfte ihres bisherigen Lebens ausmachte, in die Sanftheit eines entspannten Nachmittags mit Tee und Zigaretten fügte.

»»Ich missbillige, was Sie sagen, aber ich werde bis zum Tod Ihr Recht verteidigen, es zu sagen‹«, hörte ich Onkel Mahmoud sagen. Dann unterbrach er jemanden, um mir zuzurufen: »Heißt es nicht so, Ibn Jaballa? Kennst du den Satz? Voltaire, oder?«, und er wiederholte ihn noch einmal genüsslich.

Bei unserem ersten Besuch, als wir eine Weile allein waren, hatte mir Onkel Mahmoud erzählt, dass sie alles bei ihm versucht hatten. »Sie haben mich geschlagen, mir Essen und Schlaf verweigert, mich gefesselt, mir einen Eimer Kakerlaken über die Brust geschüttet. Es gibt nichts, was sie nicht probiert hätten. Mir kann nichts mehr passieren, was schlimmer ist. Und ich habe es immer geschafft, mir einen Ort im Kopf freizuhalten, an dem ich fähig war, alle zu lieben und ihnen zu vergeben«, sagte er mit sanften Augen und einem Lächeln. »Das haben sie mir nicht nehmen können.«

Hmad und ich saßen auf dem Boden in der Ecke von Onkel Mahmouds Wohnzimmer. Wir unterhielten uns leise, um die anderen im Raum nicht zu stören, die gerade die gegenwärtige Situation besprachen, die fehlende Sicherheit und die zunehmende Ausbreitung von Waffen.

»Wer um alles in der Welt soll die je wieder einsammeln?«, fragte einer.

»In jedem Haus gibt es mittlerweile Waffen, überall im Land«, sagte ein anderer.

Hmad begann vom Massaker zu reden. Ich nahm an, er kam darauf, weil es das Ereignis war, das die Feuersbrunst in Gang gesetzt hatte. Wie die Anfänge jener Feuer, die am Ende ganze Wälder verschlingen, hatte auch die Revolution von 2011 einen ganz spezifischen Anfang genommen – einen erstaunlichen, wie wir dachten. Aber wahrscheinlich fing Hmad auch davon an, weil mein Vater nach dem Massaker von Abu Salim nicht mehr gesehen worden war. Glaubte er, dass Vater dort umgekommen war? Und genau in dem Moment, da ich dachte, dass ich mich das nicht zu fragen traute, hörte ich mich auch schon sagen: »Ist Vater da getötet worden?«

»Das weiß Gott allein«, sagte Hmad.

»Das stimmt«, sagte ich und achtete darauf, dass meine Stimme so locker klang, als redeten wir über die Wasserversorgung zu dieser Jahreszeit. »Aber was glaubst du?«

»Das weiß Gott allein«, sagte er wieder. »Zu Anfang konnten wir ihn hören und mit ihm sprechen. Er saß in einer Zelle, die nicht zu weit weg war, doch dann haben sie ihn verlegt, und wir hatten keinen Kontakt mehr, abgesehen von einem gelegentlichen Brief.«

Ich musste das Thema wechseln. Ich fragte ihn nach seinen Kindern, und ob es stimmte, dass er jetzt in Großvater Hameds altem Haus lebte.

»Ja«, sagte er und lächelte. »Aber es ist nicht mehr so, wie du es zuletzt gesehen hast. So viel hat sich verändert. Du musst kommen und uns besuchen.«

»Das werde ich«, sagte ich.

»Fangen wir ganz am Anfang an, mein Lieber«, sagte Hmad und nahm seinen Bericht wieder auf, »Monate vor dem Massaker gab es einen Protest im Gefängnis. Da kam einiges zusammen. Die äußeren Bedingungen waren immer schon miserabel gewesen, aber doch stabil und vorhersehbar. Im November 1995 allerdings brachen dreizehn Gefangene aus, und unsere Behandlung verschlechterte sich drastisch.

Der Schrecklichste von ihnen, ich werde den Kerl nie vergessen, war El Magroos. Wenn er sich auf einem Stuhl niederließ, sah es aus, als setzte er sich auf eine Dose Milchpulver. Der Stock in seiner Hand war wie ein Zahnstocher. Der Mann war ein Riese, alles nur Muskeln. Am Ende des Verhörs fing er an, dich zu verhöhnen. So ging es immer. Nicht nur, um dich lächerlich zu machen oder zu provozieren, sondern um sich die Zeit zu vertreiben. Die Wärter und Vernehmungsbeamten waren nämlich alle fürchterlich gelangweilt und suchten ständig nach Ablenkung.

Ich weiß noch, einmal, nachdem sie mich stundenlang befragt hatten, sagte Magroos: ›Willst du zurück in deine Zelle?‹

Also, das wird jetzt schwer zu glauben sein«, sagte Hmad, »aber seine Frage hörte sich so süß an, als ginge es nach Hause. Kannst du dir das vorstellen?«, sagte Hmad und klopfte mir aufs Bein. »Die Verhöre waren so fürchterlich, dass du, wenn sie dich endlich wieder in deine Zelle brachten, so glücklich warst, zurück in dieses elende Loch zu kommen, als ließen sie dich zu Frau und Kindern. Ich war fertig, erschöpft und blutete an etlichen Stellen.

›Also gut‹, sagte Magroos. ›Du kommst zurück in deine Zelle, aber nur, wenn ich dich sagen gehört habe, dass Jaballa Matar ein räudiger Köter ist.‹

›Wozu soll das gut sein?‹, fragte ich.

›Ich will es dich sagen hören.‹

Ich sagte: ›Hören Sie, ich würde eher Dinge sagen, die mich den Kopf kosten, als welche, die ihn mich senken ließen.‹

Den anderen Verhörbeamten rührte das. ›Lass ihn gehen‹, sagte er. El Magroos weigerte sich.

›Ich bin kein Held‹, fuhr ich fort, ›aber eins ist sicher, Sie können mich so lange mit Ihrem Stock schlagen, wie Sie wollen, das sage ich nicht. Und was hätten Sie auch davon? Nichts. Mich dagegen würde es zerbrechen.‹

Gott sei Dank ging der andere Mann wieder dazwischen, und ich hatte Glück, denn wenn sie mich weiter geschlagen hätten, hätte ich es gesagt. Alles hätte ich gesagt.«

Hmad lachte. »Als Mahmoud und die anderen mich sahen, waren sie perplex. Ich war grün und blau, aber glücklich, und ich konnte schlafen.«

Ich sehnte mich mit jeder Faser meines Körpers nach einer Zigarette, bot auch Hmad eine an und gab uns Feuer.

»Aber lass mich zu den Geschehnissen vor dem Massaker zurückkommen«, sagte er und stieß den Rauch aus. »Wie ich schon sagte, nach der Flucht der Männer wurde die Behandlung immer schlechter, und uns wurden auch noch die letzten Annehmlichkeiten genommen: Seife, Kissen, Matratze, uns blieb nur der nackte Betonboden. Wir wurden dünn wie Gespenster.

Nach ein paar Monaten dieser Hölle kam eine neue Gruppe in die Zelle gegenüber, und im Vergleich mit ihnen hatten wir es geradezu luxuriös. Sie hatten in Bengasi einen bewaffneten Aufstand angezettelt und versucht, eine Garnison einzunehmen. Einer von ihnen hieß Khaled al-Baksheesh. Sie schlugen ihn so lange, bis ihm der Oberschenkel brach, und ließen ihn dann ohne Behandlung und Schmerzmittel in seiner Zelle liegen. Wir hörten ihn stöhnen. Mit der Zeit begann sein Bein zu verfaulen. Dann schlugen seine Zellengenossen gegen die Tür, bis die Wärter kamen und Khaled in den Hof neben unserem Trakt brachten. Wir waren erleichtert, weil wir dachten, er käme ins Krankenhaus. Ich sah sein kaputtes Bein. Ich konnte es nicht glauben, wie ein Stück Tau schleifte es hinter ihm her. Sie legten ihn mitten in den Hof und zielten mit Wasserschläuchen auf ihn. Dann traten sie ihn zurück in seine Zelle. In der Nacht hörten wir nichts, und am Morgen sagten seine Zellengenossen, er sei tot.

Es war diese Gruppe in der Zelle gegenüber, der Zelle 9, die den Ungehorsam lostrat. Ich erinnere mich gut an den Tag. Es war ein Freitag. Freitag, der 28. Juni 1996. Direkt nach dem Nachmittagsgebet hörte ich Schreie, ein Handgemenge und Schüsse. Geschehen war Folgendes: Als die Wärter Zelle 9 öffneten, um das Essen hineinzuschieben, gingen die Männer auf sie los. Sie nahmen ihnen Waffen und Schlüssel ab und ließen die Gefangenen aus ihren Zellen. Wir versammelten uns im Korridor, ohne recht zu wissen, was wir als Nächstes tun sollten. Die Wärter vom Stockwerk über uns eröffneten das Feuer, einige Gefangene wurden getötet, andere verwundet, und wir verschanzten uns in unseren Zellen. Hin und wieder konnten wir es riskieren und rannten von einer Zelle zur nächsten. Die Pattsituation blieb für Stunden bestehen.

Dann geschah etwas Seltsames. Du wirst es nicht glauben, aber ich schwöre es, beim Leben meiner Kinder. Die Leiche eines getöteten Gefangenen blieb völlig unverändert, die Wangen wurden nur etwas blasser, der Rest blieb gleich. Er roch sogar leicht nach Moschus, obwohl wir so was nicht im Gefängnis hatten. Dagegen wurde das Gesicht eines Wärters, der genauso lange tot war, bereits schwarz, sein Körper blähte sich auf wie ein Ballon, und er stank fürchterlich. Wir konnten alle nur staunen.

Bei Sonnenuntergang rief einer der Wärter von oben und versprach Wasser. Sie hatten den Haupthahn abgedreht, um uns zur Aufgabe zu zwingen. Er sagte, wir sollten aus jedem Trakt einen Mann benennen, um mit ihnen zu verhandeln. Unsere Vertreter gingen und blieben lange weg. Als sie zurückkamen, waren drei der höchsten Leute des Regimes bei ihnen: Abdullah Senussi, der Geheimdienstchef und Schwager von Gaddafi, Abdullah Mansour, ebenfalls vom Geheimdienst, und Khairi Khaled, der die Gefängnisse unter sich hatte und der Bruder von Gaddafis erster Frau war. Tatsächlich gehörten sie zu den wichtigsten Leuten überhaupt, vor allem Abdullah Senussi, der sich äußerst herzlich gab.

›Was ist das Problem, Brüder?‹, fragte er. ›Warum seid ihr so aufgebracht?‹

Wir sagten ihm, dass unsere Behandlung unerträglich sei und wir lieber sterben würden, als so weiterzuleben. ›Menschenrechte? Was für Menschenrechte?‹, sagten wir. ›Wir werden schlimmer behandelt als Tiere. Tiere werden wenigstens gefüttert und getränkt und nicht geschlagen. Solche Privilegien haben wir nicht, und wer krank ist, wird dem Tod überlassen.‹

›Ist das alles, was ihr wollt?‹, fragte Abdullah Senussi. ›Das sind vernünftige Forderungen, dafür muss ich nicht mal jemanden konsultieren. Eure Bitten werden sofort erfüllt. Betrachtet die Missstände, über die ihr euch beschwert, als behoben.‹

Während des Gesprächs war Senussi in fortwährendem Kontakt mit Gaddafi. Sein Telefon klingelte, und dann stand er jedes Mal stramm und flüsterte hinein. Jetzt klingelte es erneut, und wieder sahen wir, wie er ein paar Schritte zur Seite trat, bevor er antwortete: ›Ja, Eure Exzellenz. Die Situation ist völlig unter Kontrolle, Eure Exzellenz. Absolut, genau so machen wir es. Seien Sie versichert.‹ Er legte auf und sagte, wir sollten zurück in unsere Zellen gehen. ›Wenn ihr aufwacht‹, erklärte er, ›wird sich alles geändert haben.‹

Wir forderten hohe Vertreter der Rechtsprechung und ausländische Botschafter als Zeugen der Übereinkunft.

›Wir sind die Regierung, und ihr seid die Gefangenen‹, sagte Senussi. ›Wenn wir wollen, schicken wir heute Nacht Kampfjets und bomben das Gefängnis mit euch und den Wärtern in Grund und Boden. Wir haben weder Angst vor euch, noch bedeutet ihr uns etwas. Trotzdem haben wir aus Demut und Güte beschlossen, mit euch zu reden‹, sagte er und rief schließlich: ›Hört zu, um euch unserer guten Absichten zu versichern: Gebt uns die hundertzwanzig Männer, die am dringendsten medizinische Hilfe brauchen, und ich werde sie persönlich, eigenhändig, ins Krankenhaus Salah el-Dinh bringen.‹

Dieses letzte Versprechen«, sagte Hmad, »war eine große Versuchung. Es kam zu Streitereien unter uns.

›Während ihr zu einer Entscheidung zu kommen versucht‹, rief Senussi über den Gang, ›bringt die Kranken und Verwundeten. Wir nehmen auch die Toten und begraben sie. Morgen, das verspreche ich, bekommt ihr neue Wärter, anständiges Essen und eine respektvolle Behandlung. Ihr werdet denken, ihr seid in einem Fünf-Sterne-Hotel.‹

Die Gefangenen stritten. Es lag eine ziemliche Spannung in der Luft. Einige riefen: ›Kommt, hoffen wir das Beste. Sucht hundertzwanzig aus, dreißig aus jedem Trakt.‹

Aus unserem Trakt gehörten mein Bruder Ahmed und deine Cousins Ali und Saleh mit dazu, ein paar Männer aus Onkel Jaballas Gruppe, dein Onkel Mahmoud und ich. Keiner von uns schlief in dieser Nacht.

Am Morgen, vor Tagesanbruch, der Himmel war noch vollkommen schwarz, wurden wir in den großen, offenen Hof gebracht. Ich konnte nicht glauben, was ich da sah. Reihen um Reihen Soldaten, alle kampfbereit, einige in Schussposition. Es waren so viele, dass es schien, als hätten sie die gesamte libysche Armee dort versammelt. Wie konnte es sein, dass wir sie nicht hatten kommen hören?, fragte ich mich. In Schubkarren brachten die Gefängniswärter die toten Gefangenen und warfen sie in Müllcontainer. Dem Rest von uns wurden Handschellen angelegt, israelische Handschellen, da kamen sie her. Die letzte Entwicklung. Ein dünner Plastikdraht, der sich schon beim leichtesten Widerstand enger zusammenzog. Den Schmerz fühltest du nicht so sehr in den Handgelenken wie im Kopf.

Wir wurden in große Busse verfrachtet. Ich saß am Fenster und sah einen Mann, ich weiß nicht, wer er war, aber nach seiner Kleidung zu urteilen und so, wie ihm etliche hinterherliefen, war mir klar, er hatte das Kommando. Er kam in den Bus und rief: ›Wer von euch gehört zur Adschdabiya-Gruppe?‹

Ali war mit im Bus, und noch einer, der direkt vor mir saß. Ich flüsterte ihm zu, dass wir uns melden sollten.

Er sagte: ›Nein.‹

Der Offizielle wiederholte: ›Die Adschdabiya-Gruppe, die Opposition, der Fall von 1990, melden Sie sich.‹

Ich hob die Hand.

›Wer sonst gehört noch dazu?‹, fragte der Mann.

Ich zeigte auf Ali, den anderen Mann nannte ich nicht. Ich wollte nicht verantwortlich sein.

Ali und ich stiegen aus dem Bus und sahen Saleh, meinen Bruder Ahmed, Mahmoud und ein paar andere aus unserer Gruppe. Wir wurden in einer Reihe aufgestellt und mussten uns hinknien. Die israelischen Handschellen fühlten sich an, als würden sie meine Hände abschneiden. So blieben wir, bis der Morgen anbrach. Dann hörte ich von hinten, wie derselbe Offizielle einem seiner Untergebenen befahl, unsere Namen in unsere Taschen zu stecken. Wir mussten unsere Namen sagen, sie schrieben sie auf Zettel und steckten sie uns in die Taschen. Das war's, dachte ich, meine Stunde ist gekommen. Doch dann gab es ein großes Durcheinander. Sie holten alle aus den Bussen und brachten sie in eine Art Scheune, die wir die Werkstatt nannten. Unsere kleine Gruppe brachten sie wieder nach drinnen und schlossen uns in eine neue Zelle. Ein paar Sekunden später hörten wir eine laute Explosion, dann intensives, nicht nachlassendes Feuer aus allen möglichen Waffen, Gewehren, Maschinenpistolen, und das Geschrei von Männern. Das alles kam aus der Werkstatt. Wie sich herausstellte, wir erfuhren das erst viel später von einem der Wärter, der dabei gewesen war, hatte Abdullah Senussi das Massaker eröffnet, indem er eine Handgranate in die Werkstatt warf. Das war die Explosion.

Aber das war erst der Anfang. Das Gefängnis füllte sich mit einer finsteren Atmosphäre und großer Energie. Wärter eilten mit Namenslisten von Zelle zu Zelle. Hunderte Gefangene wurden zusammengetrieben, gefesselt und in die Höfe geschafft, die rechteckig waren und ohne Dach, etwa zehn mal fünfundvierzig Meter groß, die Mauern rundum ungefähr acht Meter hoch. Sechs solche Höfe wurden gefüllt. Soldaten und Gefängniswärter nahmen ihre Positionen auf den Dächern ein, und das Schießen begann.«

»Wie habt ihr davon erfahren?«, fragte ich. »Habt ihr es gesehen?«

»Nein, aber die Leute in den Zellen um die Höfe haben es gesehen, und später haben uns auch einige der Wärter, die dabei waren, davon erzählt. Ich habe außerdem alles gehört. Das Feuer dauerte etwa zwei Stunden.«

»Mir hat mal jemand erzählt, es sei wie ein Presslufthammer im Kopf gewesen.«

»Das stimmt«, sagte Hmad. »Aber das Schlimmste waren die Schreie. Man hörte sie deutlich, als die Maschinenpistolen ihr Feuer einstellten. Es folgten noch vereinzelte Pistolenschüsse, Gnadenschüsse, nahmen wir an. Vier Tage blieben die Toten da liegen. Bis sich einige wegen des Gestanks übergeben mussten.«

Meine Gedanken kamen nicht zur Ruhe. Bilder meines Vaters in diesem teuflischen Alptraum blitzten vor mir auf. Ich sah einen Teil seines Fußes, dann den Knöchel reglos auf dem Boden, hin- und hergestoßen von den Bewegungen ringsum. Seine faltige Handfläche, halb geschlossen. Die sanfte Stärke seines Rumpfes. Und, ganz kurz, sein Gesicht. Mit einem Ausdruck, den ich nicht verstand. Traurigkeit und Erschöpfung und unendliches Mitleid, als trauerte er nicht nur um die Getöteten, sondern auch um die Schießenden, und all das mit dem endgültigen und untröstlichen Begreifen, dass er uns nie wiedersehen würde. Mir wurde schwindelig. Als stünden wir an zwei gegenüberliegenden Ufern, und der Fluss würde immer breiter und breiter, weit wie ein Ozean.

»Nach und nach begannen die Wärter zu reden«, sagte Hmad. »Sie wollten reden, weil sie alles miterlebt hatten, und sie waren ungeheuer interessiert, was mit uns geschehen war, der Adschdabiya-Gruppe, und wie wir davongekommen waren. ›Ihr wart doch unter den Ersten‹, sagten sie. ›Wie um alles in der Welt habt ihr es geschafft, das zu überleben?‹ Sie lachten, als wären wir ein verrücktes Kuriosum.

Jeden Tag muss ich an den Freund denken, der vor mir im Bus gesessen hatte.«

Die Toten wurden begraben, wo sie zusammengebrochen waren, in flachen Massengräbern. Monate später wurden sie exhumiert. Die Knochen wurden zu Staub zermahlen und ins Meer geschüttet.

22. Die Terrasse

Es gab eine weitere Runde Tee, und ich steckte mir noch eine Zigarette an. Ich rauchte zu viel. Meine Brust fühlte sich ganz nikotinvernebelt an. Onkel Mahmoud sagte zu Hmad, er solle mich nicht ganz für sich behalten. Hmad lächelte. Sie sind sehr vertraut miteinander, das ist mir auch bei Saleh aufgefallen. Nach ihrer Verhaftung waren sie alle in derselben Zelle. In Gruppen auf verschiedenen Seiten des Raumes zusammenzusitzen und sich leise zu unterhalten musste ihnen in Fleisch und Blut übergegangen sein. Ich erinnerte mich, wie ich Ali in Kairo getroffen und wir beschlossen hatten, Onkel Mahmoud anzurufen. Als ich Ali das Telefon gab, war ich erschrocken, was für einen harten Ton er seinem Onkel gegenüber anschlug. »So bist du also«, sagte er. »Tage vergehen, und du rufst nicht mal an.« Ich erwartete, dass Ali lachte, wie man es gewöhnlich nach solch eigentlich liebevoll gemeinten Ermahnungen tut, doch er behielt ein ernstes Gesicht und beendete den Anruf mit einem »Bis irgendwann dann«. Ich weiß noch, wie ich dachte, sie sind sich so nahe, dass das geht, sie können sich gegenseitig auf die Füße treten und es dabei belassen. Wenn du mit jemandem so eng zusammenlebst, in einer Zelle, geht das – in einer Welt, in der alles geschehen kann und die Entfernungen immer größer werden, müssen wir so etwas bei der ersten sich bietenden Möglichkeit zurechtrücken. Ihre Art Nähe, die Komplizenschaft und Schroffheit, die sie erlaubt, als müsste man sich keine Beachtung mehr schenken, ist so selten wie sonderbar. Es schien ganz so, als hätten die vier keinerlei Angst, sich zu verlieren. Sie hatten zu einer anderen, feineren Form der Verbindung gefunden.

»Es gibt so viel, was ich dir erzählen will«, sagte Hmad lächelnd.

»Und ich will alles hören«, antwortete ich.

»Weißt du, dass ich einmal ein Dichter war?«, sagte er.

»Nein, das weiß ich nicht.«

»Aber im Gegensatz zu diesen unwissenden Narren«, sagte er laut genug, dass Onkel Mahmoud und die anderen ihn hören konnten, »habe ich meine Gedichte auf Englisch verfasst.«

»Er war immer schon ein Ausländer«, sagte Onkel Mahmoud.

»Die Inspiration kam nur auf Englisch«, sagte Hmad. »Im Gefängnis. Ich erinnere mich an keines mehr.«

»Hast du sie nicht aufgeschrieben?«, fragte ich.

»Wir durften nichts aufschreiben. Auch all die wunderbaren Briefe von deinem Vater habe ich entweder verbrannt, zerrissen oder die Toilette hinuntergespült, sobald ich sie gelesen hatte. Wenn du mit einem erwischt wurdest, verbrachten du und auch der Schreiber einen Tag in der Hölle.«

Es war, als ertränke ich. Wohin immer ich hier gehe, stolpere ich über meinen Vater.

»Was hat er geschrieben?«, fragte ich.

»An einen Brief erinnere ich mich besonders gut. Wobei du nicht vergessen darfst, dass alles durch ein langes, kompliziertes Netzwerk geheimer Verbindungen zwischen den Zellen geschmuggelt und manchmal zerstört werden musste, bevor es den gewünschten Leser erreichte.«

»Woher hattet ihr Papier und Stifte?«

»Irgendeinen Wärter, der uns was verkaufte und wegsah, gab es immer. Einmal verstummte Onkel Jaballa für lange Zeit, und wir fragten uns, ob mit ihm alles in Ordnung war. Ich schrieb ihm und bekam erst etliche Wochen später eine Antwort. Ich erinnere mich noch an den Satz, in dem er sagte: ›Macht euch keine Sorgen, es geht mir gut. Ich bin wie der Berg, den vorbeiziehende Stürme weder ändern noch verkleinern.‹«

Ich fühlte mich taub, mir war kalt, ich zitterte innerlich und war gänzlich hilflos. Stumm erinnerte ich mich an die ungeheuer persönliche Offenbarung am Ende des auf Kassette aufgenommenen Briefes, als Vater sich erlaubt hatte zu weinen, ohne es vom Band zu löschen. Niemals hätte ich mich getraut, Hmad davon zu erzählen. Beides so nebeneinander zu sehen, Vaters Standfestigkeit und seine Verzweiflung, war bitter. Ich empfand eine erbärmliche Ohnmacht, als befände ich mich in einem Tunnel, aus dem es kein Entkommen gab. Wieder musste ich an Telemachs Worte denken:

Wär ich doch lieber der Sohn von einem glücklichen Manne,
den bei seiner Habe das ruhige Alter beschliche!
Aber der Unglückseligste aller sterblichen Menschen
ist, wie man sagt, mein Vater.

Und zum ersten Mal veränderten und erweiterten die mir seit Jahren so vertrauten Worte ihre Bedeutung und betrafen genauso sehr Odysseus wie Telemach, den Vater wie den Sohn. Sie handelten vom Wunsch des Sohnes, den Vater für den Rest seiner Tage in der Geborgenheit und Würde seines eigenen Hauses zu wissen, aber auch von dem Wunsch, den Vater zu Hause lassen, sich endlich umdrehen und nach vorne sehen und hinaus in die Welt ziehen zu können. Solange Odysseus vermisst wird, kann Telemach sein Zuhause nicht verlassen. Solange Odysseus nicht zu Hause ist, ist er überall und nirgends.

»Wo wir von Gedichten reden«, sagte Onkel Mahmoud, »komm und sieh dir das an.«

Er stand auf, und ich folgte ihm zu einem Schrank. Er öffnete eine Schublade und zog einen zusammengefalteten weißen Stoff daraus hervor. Es war früher einmal ein Kissenbezug gewesen und mittlerweile so dünn, dass man hindurchsehen konnte. Er breitete ihn aus.

»Ich habe ihn gestohlen«, sagte er lächelnd, »die Naht aufgetrennt und ein Tuch daraus gemacht.«

Beide Seiten waren mit Schrift bedeckt. Das dünne Gewebe sah aus wie eine Membran mit komplizierten Mustern. Onkel Mahmoud begann mir vorzulesen. Es waren durch dünne Linien voneinander abgetrennte Gedichte und Briefe, die er über mehrere Jahre hinweg und an seine Kinder geschrieben hatte. Das Ganze war wie ein Diagramm der menschlichen Anatomie: Ein Brief hatte die Form einer Niere, ein anderer füllte eine Lunge, und ein Gedicht tat sein Bestes, den Raum dazwischen auszufüllen.

»Das ist alles, was ich aus all den Jahren habe bewahren können«, sagte Onkel Mahmoud. »Möglicherweise sind es die einzigen überlebenden Stücke Literatur aus all den zahllosen Bänden, die im Gefängnis Abu Salim geschrieben wurden«, sagte er und lachte.

Es war ihm gelungen, den Stoff zu retten, indem er ihn zu einem Streifen zusammengefaltet und in den Bund seiner Unterhose genäht hatte.

Wir aßen zu Mittag. Ich fühlte mich erschöpft und leer und muss müde ausgesehen haben, denn Onkel Mahmoud bestand darauf, dass ich in Izzos Zimmer ein kleines Schläfchen machte. Es war seltsam, auf dem Bett meines toten Cousins zu liegen. An den Wänden hingen Bilder von ihm, und ich spürte, wie die Matratze gegen meinen Körper drückte.

Als ich aufwachte, ging ich zu Tante Zaynab in die Küche. Es war die Nachmittagsstunde, an die ich mich so gut erinnerte, zu der ein libysches Haus weder schläft noch ganz wach ist und die Straße draußen, ja die ganze Welt leer zu sein scheint. Die Küchentür zur Terrasse stand offen. Die Sonne brannte noch kräftig vom Himmel, hatte ihren Zenit aber weit überschritten. Sie fiel in einem verzerrten Dreieck auf den Küchenboden und ließ den Rest des Raumes merkwürdig trist und statisch wirken, wie verlassen. Jemand, wahrscheinlich Hamed oder Amal, hatte die Terrasse abgespritzt. Das Wasser war verdampft, aber die Steinplatten glänzten noch feucht und dunkel. Eine sanfte, kühle Brise wehte in die Küche. Tante Zaynab sah mich an und lächelte.

»Willst du helfen?«, fragte sie. Sie knetete Teig, und bei jedem neuen Zusammenfalten brachen Luftblasen nach außen. »Gib mir die Schüssel«, sagte sie.

Die Schüssel war aus hauchdünnem Aluminium, perfekt rundgehämmert, als wäre es das untere Drittel eines Globus. Sie wog fast nichts. Mit dem vergnügten Lächeln einer guten Köchin, die weiß, dass man ihr zusieht, stellte Tante Zaynab die Schüssel umgedreht über eine Herdflamme, bearbeitete den Teig mit beiden Händen, befeuchtete einen Finger und prüfte die Temperatur des Metalls. Es zischte leise, als sie es berührte. Sie zog und dehnte den Teig, bis er ganz dünn war und legte ihn über den metallenen Helm der Schüssel. Sobald er das heiße Metall berührte, zog er sich etwas zusammen und begann aufzugehen.

»Wie war dein Schläfchen?«, fragte Tante Zaynab.

Ich entschied mich, nicht zu sagen, wie komisch es mir vorgekommen war, in Izzos Zimmer zu sein und meinen Kopf auf sein Kissen zu legen. Und ich erzählte ihr auch nicht von meinem intensiven, tiefen Traum. Obwohl ich nur zwanzig Minuten geschlafen hatte, schien er ewig gedauert zu haben. Darin vorgekommen war ein wirkliches Fernsehinterview mit einem Rebell aus Bengasi, das ich direkt nach der Befreiung der Stadt gesehen hatte. Der Mann stach heraus, weil er genau in meinem Alter war und im allgemeinen Jubel des Tages nicht ganz so glücklich wirkte. »Ich möchte mich öffentlich entschuldigen«, begann er. »Für meine ganze Generation möchte ich mich entschuldigen, bei allen Jüngeren, die kämpfen mussten. Wir hätten das früher für euch tun sollen … Ihr hättet nicht so sterben müssen.« In meinem Traum war der Mann zu Izzo geworden, umgeben von Kindern, von denen einige in die Kamera lachten und Grimassen zogen. Nichts von alledem sagte ich Tante Zaynab, sondern nur: »Gut habe ich geschlafen.« Was stimmte.

»War das Bett bequem?«

»Sehr.«

»Es ist Izzos Bett«, sagte sie.

Sie wendete den Fladen ein ums andere Mal, bis er auf beiden Seiten golden war. Die Küche roch wie warme Haut. Sie gab mir den Becher Dattelsirup, und ich goss etwas von der dicken schwarzen Flüssigkeit in eine kleine weiße Schüssel. Draußen hörte ich die Stimmen von Onkel Mahmoud und den Kindern. Ich füllte mehrere Gläser mit Joghurtmilch und trug alles auf einem Tablett auf die Terrasse.

Dank

Seine Dankbarkeit angemessen auszudrücken ist niemals einfach, besonders nicht bei einem Buch wie diesem, bei dem ich allein schon dafür unglaublich dankbar bin, dass während der drei Jahre, die ich für das Schreiben gebraucht habe, die Erde unter meinen Füßen standgehalten hat. Aber trotz aller Schwierigkeiten und des Umstandes, dass ich bestimmt nicht allen Beteiligten wirklich gerecht werde, möchte ich es dennoch versuchen.

Dank meinem geliebten Vater, meiner Mutter und meinem Bruder für den Horizont, meinen Onkeln Mahmoud Matar, Faraj Tarbah, Fathi Tarbah und Hmad Khanfore für die Türen, die sie geöffnet haben, Tante Badria Tarbah für den Raum, der allein ihr gehört, und meinen Cousins Hosam Matar, Mohamed Tarbah, Tariq Tarbah, Nasser al-Tashani, Marwan al-Tashani, Nafa al-Tashani, Saleh Eshnayquet und Ali Eshnayquet dafür, dass sie mir geholfen haben, einzutreten.

Paul van Zyl für seine Beständigkeit und Klarheit, Mungo Soggot für seine unerschütterliche, ruhige und ehrliche Verbundenheit, Jalal Shammam, der so lebhaft, vielseitig und verlässlich wie ein Berg ist, Nathalie Latham für Indien und Spanien, die fünf Bäume sowie ihre beiden Hände und zahllosen Gebete, Bashir Abu Manneh für seine Ermutigungen und seinen Humor, David Austen und Rupert Thomson für die Stunden auf dem Dach, Peter K. Isele für die Zuflucht im Piemont, Devorah Baum und Josh Appignanesi für die Zuflucht in Hammersmith, ihre Ideen und ihr besonderes Verständnis, Khaled Mattawa für seine Kameradschaft und seine Gedichte, Rachel Eisendrath für ihre intellektuelle Beredsamkeit und Vielseitigkeit und Professor Nicola Labanca dafür, dass er mir zugehört und mich an seinem Wissen hat teilhaben lassen. Dank auch im Gedenken an Maha Darbi für ihre sanfte Weisheit, die nie den Glauben an die Libyer aller Glaubensrichtungen verlor, und an Andrew Vass, der starb, bevor ich mein Buch zu ihm tragen konnte, und ohne den ich um so viel ärmer bin.

David Remnicks Glaube an dieses Buch, seine Unterstützung und sein Nachdruck haben mir geholfen, *Die Rückkehr* überhaupt erst anzufangen. Der Artikel, den er bei mir in Auftrag gab und der am 8. April 2013 unter gleichem Titel im *New Yorker* erschien, eröffnet das Buch, wenn auch in einer leicht erweiterten Fassung, und war der erste Schritt zu seiner Verwirklichung. Danken möchte ich auch den anderen Redakteuren, die über die Jahre Artikel und Aufsätze bei mir in Auftrag gegeben haben, die zwar nicht ins Buch eingegangen sind, aber dennoch eine große Hilfe waren. Nennen möchte ich Charlie English und Lisa Allardice vom *Guardian* sowie Sue Matthias von der *Financial Times*.

Susan Kamil, meine US-amerikanische Verlegerin, konnte in den ersten Kapiteln bereits das zukünftige Buch erkennen, und ich bewundere ihre Voraussicht und bin ihr dankbar, weil sie immer an mich geglaubt hat. Dank auch an Noah Eaker. Mary Mount in England, Louise Dennys in Kanada, Andrea Canobbio in Italien sowie Georg Reuchlein und Christine Popp in Deutschland folgten Susan, und es war das frühe Vertrauen dieser ausgezeichneten Verleger, die mich in meiner

Entschlossenheit bestärkten. Wie immer schulde ich Mary Mount für ihr genaues Lektorat, ihre Intelligenz und Gründlichkeit großen Dank. Meine gelegentlichen Gespräche mit ihr während der Arbeit an diesem Buch waren so nützlich wie ihr scharfer Bleistift, als ich fertig war.

Weiter schulde ich der Leidenschaft, Gewissenhaftigkeit und positiven Stimmung meiner ausgezeichneten Agenten Dank: Zoe Pagnamenta in New York sowie Georgia Garrett, Peter Straus, Laurence Laluyaux und dem übrigen Team bei Rogers, Coleridge & White in London.

Unermesslich dankbar bin ich jedoch vor allem meiner Gefährtin und ersten Leserin, der Frau und Künstlerin, mit der ich durch dieses Leben gehe, Diana Matar. Sie sagte, so werde es sein.

Hisham Matar